司法案例的使用方法研究

张骐 等 著

北京大学出版社
PEKING UNIVERSITY PRESS

图书在版编目(CIP)数据

司法案例的使用方法研究/张骐等著. —北京:北京大学出版社,2020.11
ISBN 978-7-301-31730-3

Ⅰ.①司… Ⅱ.①张… Ⅲ.①案例—分析—中国 Ⅳ.①D920.5

中国版本图书馆 CIP 数据核字(2020)第 191479 号

书　　名	司法案例的使用方法研究
	SIFA ANLI DE SHIYONG FANGFA YANJIU
著作责任者	张　骐　等著
责 任 编 辑	郭瑞洁
标 准 书 号	ISBN 978-7-301-31730-3
出 版 发 行	北京大学出版社
地　　址	北京市海淀区成府路 205 号　100871
网　　址	http://www.pup.cn
新 浪 微 博	@北京大学出版社　@北大出版社法律图书
电 子 信 箱	law@pup.pku.edu.cn
电　　话	邮购部 010-62752015　发行部 010-62750672
	编辑部 010-62752027
印 刷 者	大厂回族自治县彩虹印刷有限公司
经 销 者	新华书店
	650 毫米×980 毫米　16 开本　13.5 印张　273 千字
	2020 年 11 月第 1 版　2020 年 11 月第 1 次印刷
定　　价	39.00 元

未经许可,不得以任何方式复制或抄袭本书之部分或全部内容。
版权所有,侵权必究
举报电话: 010-62752024　电子信箱: fd@pup.pku.edu.cn
图书如有印装质量问题,请与出版部联系,电话: 010-62756370

作者简介及写作分工

张　骐（第一章、第三章、第四章）

法学博士,北京大学法学院教授、博士生导师、北京大学法学院学术委员会委员,主要研究法理学、法哲学、比较法、产品责任法、司法制度。任最高人民法院案例指导工作专家委员会委员、中国法学会案例法研究会副会长、中国法学会比较法研究会副会长、中国法学会法理学研究会副会长。著有《法律推理与法律制度》《中国司法先例与案例指导制度研究》,译有《法律:一个自创生系统》。

孙海波（第二章）

法学博士,中国政法大学比较法学院副教授、钱端升青年学者,主要研究法哲学、法律方法。著有《裁判对法律的背离与回归:疑难案件的裁判方法新论》《疑难案件与司法推理》,译有《法哲学》《法官如何裁判》等。

赵英男（第五章）

法学博士,中国政法大学比较法学研究院师资博士后,研究方向为比较法与西方法哲学,译有《正义的要素》等。

高　尚（第六章）

法学博士,中国应用法学研究所博士后,中国政法大学法学院副教授,硕士生导师,主要研究领域法理学。著有《德国判例使用方法研究》,译有《德国法中的先例》。

彭　宁（第七章）

法学博士,研究方向为法理学和司法制度。

刘　岩（第八章）

北京大学法学院法理学博士研究生,研究方向为法理学基本理论与中国司法制度。

序　言

案例作为司法经验的总结,既能将人们过去对于法律之解释及适用的方案固定并传承下去,又具有一种面向未来的规范性;某些案例由于对特定问题提供了妥当的法律解决方案,因而蕴含了具有普遍性的裁判规则,典型的如指导性案例,它们对下级人民法院在审理类似案件时具有很强的指导意义。

2018年修订的《人民法院组织法》第18条第2款明确规定:"最高人民法院可以发布指导性案例。"第37条关于审判委员会的职能,增加了"发布指导性案例,可以由审判委员会专业委员会会议讨论通过"。这些修订在法律层面为指导性案例的地位和效力提供了合法性根据。后案法官在审理类似案件时如果没有特别理由并按照一定程序,不得漠视或背离指导性案例,否则很可能会构成法律适用方面的错误。

本书的大部分内容是在笔者主持的最高人民法院2017年度司法案例研究重点课题"司法案例类案标准研究"结项成果的基础上进一步修改完成,其余部分则是在笔者近年研究案例使用方法的文章基础上修改完善而成。为开展研究,课题组成员于2018年4月前往四川省三级人民法院进行实地调研,获得了大量宝贵的一手材料。调研期间,得到了四川省高级人民法院、成都市中级人民法院、达州市中级人民法院、宜宾市中级人民法院、乐山市中级人民法院、崇州市人民法院、成都市龙泉驿区人民法院、成都市开发区人民法院各位领导及同事的大力支持,课题组成员在调研过程中从与三级人民法院领导和法官的座谈中受益匪浅。我们衷心感谢在这次调研中给予宝贵帮助的四川省三级人民法院的各位领导和同事。

本书主要是围绕实践中法官如何使用案例而展开的,共有八章内容,其中既有理论探讨,也有实践观察。本书前两章主要探讨类似案件类似审判原则的性质。针对学界朋友提出的使用案例的"道德义务论"主张，本书提出了"法律原则论"或"法律义务论"，指出类似案件类似审判是一项不得随意放弃的法律要求。本书第三、四、五章研究司法实践中法官对案例的使用，尤其是如何判断案件的相似性。本书提出，判断相似性首先需要选择合适的比较点，其次要围绕这些比较点去发掘两个案件之间的相同点和不同点，最后结合法律所提供的实质理由判断何者更为重要，以决定二者相似与否。在类案判断完成之后，便是如何具体参照类案的问题。类案中所蕴含的裁判规则将成为重要的参考资源，第六章从比较法的角度揭示了裁判规则的性质、类型、功能及在实践中的运用。最后两章主要立足于调研实践，剖析了实践中类案裁判机制的确立逻辑、发展方向及可能存在的问题，并以此为基础进一步描述了目前指导性案例司法适用的现状、问题与前景。

近两年，在司法责任制改革的背景下，类案检索与参照成为我国司法案例制度建设的一个重点。最高人民法院前不久针对类案检索和法律统一适用问题相继出台了一系列文件和制度。本书正是对如何有效、规范地检索、发现和使用案例等问题进行了比较深入的研究，提出了建立在实践考察和理论研究基础上的观点与方法。我们希望本书能有助于实现类案统一裁判尺度，并对我国司法案例制度的发展起到推动作用。

在过去的大半年，新冠疫情席卷全球，给人们的工作与生活造成了严重的冲击。本书各位作者在这一极为特殊的环境下，克服重重困难，通力合作，孙海波博士对全书各章的协调统一付出了巨大努力，最终将这本书呈现给大家。广泛的案例实践在当代中国才刚刚开始，也由于本书作者能力所限，书中错误在所难免，敬请读者诸君不吝赐教！

张　骐
2020 年 11 月 9 日

目 录
CONTENTS

第一章　论类似案件应当类似审判 /001
　一、指导性案例发布"提速"之后　/001
　二、作为法律原则的类似案件类似审判　/003
　三、类似案件类似审判原则的正当性证明　/008
　四、原则、规则与制度　/012

第二章　再论类似案件应类似审判 /019
　一、类似案件应类似审判吗　/019
　二、后果主义的论证　/022
　三、道义论的辩护　/029
　四、结语　/044

第三章　论类似案件的判断 /046
　一、现有观点及存在的问题　/047
　二、判断类似案件的观念与理论基础　/050
　三、确定与运用比较点　/056
　四、相关类似性判断的规则与逻辑　/064
　五、有关中国指导性案例的类似性判断　/069

第四章　再论类似案件的判断与指导性案例的使用
　　　　——以当代中国法官对指导性案例的使用经验为契口　/079
　一、引言——问题与方法　/079
　二、对中国法官判断类似案件实践的理论分析　/080
　三、类比推理能做什么　/088
　四、指导性案例的指导性何在及其实现的基本要求　/093
　五、从隐形使用看案例指导制度　/103

第五章　指导性案例的参照适用与比较点的确定：理论、原则与
　　　　路径　/107
　　一、导论　/107
　　二、类似案件的判断：以普通法先例为参照　/109
　　三、有关比较点的争议及其解决　/115
　　四、确定比较点的原则　/121
　　五、确定比较点的路径：初步假定与实质比对　/123
　　六、结语　/130

第六章　论司法案例中的裁判规则　/132
　　一、判例理论中的裁判规则　/133
　　二、裁判规则与案件事实的分析性关联：一个比较视角　/136
　　三、司法案例中裁判规则的类型及功能　/142
　　四、裁判规则在德国的运用　/144
　　五、结语　/155

第七章　司法实践中的类案类判机制　/156
　　一、司法类案机制的法院实践　/157
　　二、类案实践探索的理念转变　/165
　　三、类案类判司法应用的可能问题　/170
　　四、结语　/175

第八章　"类案审判"的中国实践
　　　　——以指导性案例24号的司法适用为切入点　/177
　　一、问题的提出　/177
　　二、"类案审判"的中国实践：以指导性案例24号的司法适用
　　　　为视角　/179
　　三、"类似案例识别"的中国实践：以案件相似性分析为视角　/190
　　四、中国的"类案审判"为什么难　/199

参考文献　/202

第一章 论类似案件应当类似审判

一、指导性案例发布"提速"之后

今日中国的法学界和法律实务界愈益认识到案例指导制度和指导性案例的重要价值。越来越多的法官、律师、检察官和其他法律人开始在自己的法律实践中使用指导性案例。由四川省高级人民法院、四川大学联合课题组于 2011 年 9 月 6 日至 2012 年 3 月 5 日在四川省 10 个试点法院进行的问卷调查显示,93.7% 的试点法院法官表示自己在办理案件时习惯查找、判断是否有类似的案例;在 176 件应用案例审理的案件中,简易程序案件仅 44 件,普通程序案件达 132 件,比例为 75%。[①] 适应司法实践的需要,最高人民法院近来对指导性案例的发布也开始提速,从 2011 年 12 月发布第一批指导性案例到 2013 年 2 月发布第 4 批,每批发布 4 个指导性案例,而在 2013 年 11 月发布第 5 批指导性案例时,一批就发布了 6 个指导性案例;与前 5 批发布指导性案例的每批间隔大约 4 个月至 9 个月时间不同,第 6 批与第 5 批指导性案例的发布时间仅仅间隔 2 个月。最高人民法院的有关人士指出,今后最高人民法院发布指导性案例的数量将显著增加。[②] 至 2019 年 8 月,最高人民法院共发布 24 批 139 个指导性案例。

(一) 问题

面对司法实践中指导性案例工作的快速发展,法学理论界的研究还

[①] 参见四川省高级人民法院、四川大学联合课题组:《中国特色案例指导制度的发展与完善》,载《中国法学》2013 年第 3 期。

[②] 参见胡云腾:《关于案例指导制度的几个问题》,载《光明日报》2014 年 1 月 29 日,第 16 版。

显得不适应。我们在思维方式、思想观念、制度设计及指导性案例使用方法上的滞后研究制约着我们对指导性案例的使用以及案例指导制度的发展。① 这其中的一个关键问题,就是怎样对待最高人民法院《关于案例指导工作的规定》第7条规定的"各级人民法院审判类似案例时应当参照"? 这涉及最高人民法院《关于案例指导工作的规定》第7条规定的合理性与合法性的问题。笔者拟重点研究此条规定,针对怎样在法律制度上为"类似案件应当类似审判"定位,进行一个规范性研究,从法理上和应然的角度论证类似案件类似审判应当成为我国的一个法律原则。笔者将首先对"类似案件类似审判"与"同案同判"的含义与用法进行讨论;其次,讨论"类似案件类似审判"原则的含义,以及将类似案件类似审判确认为法律原则的必要性;再次,笔者将从不同方面论证为什么"类似案件类似审判"是一个法律原则;最后,笔者将讨论类似案件类似审判原则与相应的法律制度和法律规则的关系。笔者希望这种研究将有助于中国的法官和法律人克服使用指导性案例的观念障碍,真正发挥指导性案例的作用。

(二)"类似案件类似审判"还是"同案同判"?

为了更好地讨论为什么"类似案件类似审判"是案例指导制度的一个关键问题,以及它是怎样的一个关键问题,我们需要首先讨论容易产生歧义的"同案同判"。

"同案同判"是有些学者谈到"类似案件类似审判"时常常使用的词汇。笔者以为,学者们通常所说的"同案同判"是个通俗的说法,而且并非中国古已有之,是西学中译的舶来品。不过,这个中译却不一定是妥当的翻译。根据笔者的了解,"同案同判"是西文"similar cases be treated similarly"②或"like cases should be decided alike"③的中文表述。《英汉法律词典》(修订本)明确地将"similar cases"翻译为"类似案件,类似情况",但是却将"similar cases be treated similarly"翻译为"同样情况同样

---

① 张志铭教授指出:我们在"指导性案例的价值目标、规范性质、作用机制、法律效力或裁判效力等问题"上,"还存在许多重大分歧"。参见张志铭:《中国法院案例指导制度价值功能之认知》,载《学习与探索》2012年第3期。
② 《英汉法律词典》(修订本),法律出版社1999年版,第737页。
③ 〔英〕鲁伯特·克罗斯、J.W.哈里斯:《英国法中的先例》(第四版),苗文龙译,北京大学出版社2011年版,第4页。

处理"。这不符合概念同一律的要求,似乎不妥。同样,《英国法中的先例》(第四版)的中文译者将"like cases should be decided alike"翻译为"同案同判"也似乎欠佳。虽然,这两种中文表述的基本精神是一致的,讲"同案同判",未必主张绝对的同案同判。但是,严格说起来,由于"同案同判"在语义上给人以案件"相同"的联想,而实践中两个案子完全相同的情形极少,判定两个案件相同几乎不可能,所以要求"同案同判"既非上述英文短语的本意,也实在强人所难,不合常理。以它为基本概念展开学术论证会词不达意、易生误会,难以进行有效的学术沟通。而"类似案件类似审判"的重点是考察案件之间的相关类似性,要求对与先例具有相关类似性的待判案件使用相类似的规则或法理进行审判,实现司法公正;并不过分重视案件的相同点。这既是可欲的,也是可能的。[①] 所以,基于上述考虑,笔者下面的行文以"类似案件类似审判"作为核心概念,来置换容易产生歧义的"同案同判"。

二、作为法律原则的类似案件类似审判

最高人民法院《关于案例指导工作的规定》第 7 条提出的是一个具有普遍性、一般性的原则要求,并非在任何情况下都必须类似案件类似审判。这个规定具有原则性,而不是规则性;它具有法律性,而不是道德性,因此是一个法律原则。笔者在此将从类似案件类似审判原则的含义以及确认它为法律原则的必要性两个方面进行论证。

(一)类似案件类似审判作为一个法律原则的含义

法律原则是对法律精神和法律价值的集中概括,规定了特定法律体系的基本品格,指引着国家法律活动的基本方向,因此是一个国家法律体系的重要构成要素。美国法学家德沃金教授是当代研究法律原则最为深入的一位学者。虽然他在有关法律原则的地位和作用等方面的观点与法律实证主义及其他一些学派的学者的观点有很大分歧,但是他对原则内涵的挖掘以及原则与规则的区别的观点还是为许多法学家提供了很大的启发并得到了法学界许多学者的肯定。笔者提出类似案件类似审判应当

---

① 参见本书第三章。

成为我国的一个法律原则,也是以德沃金有关法律原则的界定和研究为基础的。对于法律原则的含义,德沃金教授有一段言简意赅的论述:"当我们说某一条原则是我们法律制度的原则时,它的全部含义是:在相关的情况下,官员们在考虑决定一种方向或另一种方向时,必须考虑这一原则。"① 从法律原则的形成来源方面看,它既有可能来自国家立法机关的明确表述或者司法机关的某个特定决定,也有可能来自法律职业或公众有关妥当性(或正当性)(appropriateness)的意识,来自教科书或者对道德原则的共同接受。这些原则的力量有赖于人们对这种妥当性(或正当性)(appropriateness)的意识的保持。②

笔者提出类似案件类似审判作为一个法律原则,旨在说明它体现了司法公正的价值要求,是我国案例指导制度发展的基本方向。类似案件类似审判原则的具体含义包括以下几点:第一,对于最高人民法院发布的指导性案例的裁判要点,法官或法院在审判类似案件时应当参照;第二,法官负有使用指导性案例的引证义务和不使用类似案例的论证义务,法官使用指导性案例时,应当在判决书的理由部分予以引证,在当事人或其律师提出类似案例,而法官以区别或者推翻等形式不使用该指导性案例时,法官有义务在判决书的理由部分给予正当性证明③;第三,在应当参照而没有参照指导性案例审判案件的情况下,法官要承受一定的法律责任,即其判决要被上级法院撤销。当然,撤销判决的法律理由不是该判决违反了指导性案例,而是因为它违反了指导性案例所依循的法律。

(二) 将类似案件类似审判作为法律原则的必要性

我们可以从以下四个方面说明类似案件类似审判作为法律原则的必要性。

首先,类似案件类似审判原则是实现形式公正的必要条件,是构成公

---

① 〔美〕罗纳德·德沃金:《认真对待权利》,信春鹰、吴玉章译,中国大百科全书出版社1998年版,第45页。

② 参见:Ronald Dworkin, *Taking Rights Seriously*, Harvard University Press, 1978, pp.40—41;〔美〕罗纳德·德沃金:《认真对待权利》,信春鹰、吴玉章译,中国大百科全书出版社1998年版,第62—63页;〔英〕鲁伯特·克罗斯、J. W. 哈里斯:《英国法中的先例》(第四版),苗文龙译,北京大学出版社2011年版,第140页。

③ 请参见张骐:《再论指导性案例效力的性质与保证》,载《法制与社会发展》2013年第1期。

正法律判决的内在的、构成性的要素。公正是法律的内在的、固有价值。① 在现代社会,正义是法律之所以是法律的必要条件,或者说,正义是法律有效性的一个必要支柱。正如哈贝马斯所说:"一旦法律有效性失去与正义之诸方面的联系——这种联系是超越立法者决定的道德联系——法律的认同也就必然会分散瓦解。"② 不过,虽然正义是法律有效性的必要条件,但由于大部分法律是人制定的,而制定法律的人对正义的理解各不相同,于是人们需要发现最基本、最普通的正义,或者说发现正义的最基本含义和实现正义的基本方法。在现代社会,平等是正义的基本组成部分。③ 平等,也可以称为形式正义,是人们发现的最基本、最普通的正义,是正义的最小公分母。类似案件类似审判,是形式正义的一个基本要求,是帮助我们避免不平等、避免不正义的一个基本原则。美国哲学家罗尔斯的《正义论》对正义作了系统、全面、深入的研究,虽然我们不一定同意罗尔斯的全部观点和方法,但是他对正义问题的许多论述闪烁着真知灼见,对我们具有启发意义。在谈到正义的基本含义时,罗尔斯指出:人们可能认为某种社会结构不正义,但是它可以在一定意义上是正义的,即制度由法官及别的官员不偏不倚地、一致地执行着。类似情况得到类似处理,有关的同异都由既定规范来鉴别就是正义。罗尔斯认为,这种对法律和制度的不偏不倚且一致的执行,不管它们的实质性原则是什么,都可以把它们称为"形式的正义"。④ 他指出,"平等基本上是作为规则性的正义。它意味着按照(按法条和先例的界定)类似情况类似处理等准则,公正地运用,并以一致的方式解释规则。"⑤ 换言之,我们虽然不能保证我们每一条立法在内容上都非常公正,但是,我们至少可以通过类似案件类似审判来公正司法,实现形式的公正。

如果把类似案件类似审判当作一个额外的、可有可无的负担,一个外在于法律判决和法律制度的要求,它就有可能是一项道德义务。但是,上

---

① 参见张骐:《法律推理与法律制度》,山东人民出版社2003年版,第164页。
② 〔德〕哈贝马斯:《在事实与规范之间:关于法律和民主法治国的商谈理论》,童世骏译,生活·读书·新知三联书店2011年版,第602页。
③ 参见〔英〕丹尼斯·罗伊德:《法律的理念》,张茂柏译,联经出版事业公司1984年版,第108页。
④ 〔美〕约翰·罗尔斯:《正义论》(修订版),何怀宏、何包钢、廖申白译,中国社会科学出版社2009年版,第45页。
⑤ 同上书,第398—399页。

面的论证表明,类似案件类似审判对于司法公正具有重要的、不可或缺的构成性意义,应当是公正司法的常态,只有在特殊情况和特别论证的情况下,才允许不依照类似案件审判。哈特认为"类似案件类似对待"是"正义的最简单形式(法律适用中的正义)"。① 这表明他也是在法律制度的范围内看待这个问题的。确认类似案件类似审判是一个法律原则,是确保这样一个公正判决的构成性要素在法律制度中得以实现的必要方法。所以说,类似案件类似审判是实现形式公正的基本要求,是司法公正构成性因素。

其次,通过类似案件类似审判规范法官的自由裁量权,限制司法专横。哈贝马斯从商谈论的角度论述了《联邦党人文集》的作者们曾经提出过的思想。哈贝马斯指出,为防止司法部门"自我编程",即防止司法机关自我立法,"司法受现成法律约束"应当是一个原则。② 类似案件类似审判的原则向法官提出具有普遍性、一般性的制度要求,要求法官或者法院类似案件类似审判,并为自己的判决提供正当性证明,如无特别情形,不能朝三暮四,冀此约束法官的审判行为,约束在绝对制定法语境中法官过大的自由裁量权,限制司法专横,在解决纠纷的同时实现"作为规则的正义"。③

再次,通过类似案件类似审判保证判决的合理性。如果我们希望我们的法律判决应当讲理,如果我们认为我们的法律制度是建立在理性基础上的话,那么法律判决就应当建立在理性共识的基础上。④ 笔者以为,哈贝马斯所说的运用性商谈可以作为司法判决理性共识的基础。他指出:"法律判决的正确性的衡量标准,说到底是判决过程对那些使公平判

---

① H. L. A. Hart, *The Concept of Law* (3rd edition), Oxford University Press, 2012, p.159, p.206;〔英〕H. L. A. 哈特:《法律的概念》(第二版),许家馨、李冠宜译,法律出版社 2011 年版,第 162 页。

② 〔德〕哈贝马斯:《在事实与规范之间:关于法律和民主法治国的商谈理论》,童世骏译,生活·读书·新知三联书店 2011 年版,第 210 页。汉密尔顿指出:"为防止法庭武断,必有严格的法典与先例加以限制,以详细规定法官在各种案情中所应采取的判断。"参见〔美〕汉密尔顿、杰伊、麦迪逊:《联邦党人文集》,程逢如等译,商务印书馆 1980 年版,第 395 页。

③ 〔美〕约翰·罗尔斯:《正义论》(修订版),何怀宏、何包钢、廖申白译,中国社会科学出版社 2009 年版,第 184 页。

④ 参见张骐:《再论指导性案例效力的性质与实现》,载《法制与社会发展》2013 年第 1 期。

断成为可能的交往性论辩条件的满足程度。"①换言之,人们需要根据一定的标准对审判过程的判断是否公平进行衡量,这种标准包括若干指标或者要素。类似案件类似审判是这类衡量标准的一个重要指标或要素,是从公平角度满足运用性商谈的交往性论辩的必要条件,因而是保证判决合理公正的必要条件。

最后,类似案件类似审判原则是法治的基本要求之一,需要在法律制度的框架内加以规定。罗尔斯从正义实现的角度界定法治,他指出:"形式正义的观念,即公共规则的有规则的和不偏不倚的实施,在适用于法律制度时,就成了法治。"②美国政治学家福山的论述从另一个角度揭示了法治与正义的联系,并指出它与人治的根本区别:"法治的本质是一组反映社会正义感的规制,比国王的意愿更为崇高。"③法治虽然与人治相对,但是法治的运作离不开人。法治需要可见的管理机构——法官、律师、法庭等。那么,法治如何避免负责运作法治的人的任性与专断?合理的制度、规范与程序是避免人的任性与专断的必要条件。正如福山所说:"法治的正常运作,既是制度和程序上的事务,也是规范性的事务。"④换言之,保证法律严格实施的规范、程序与制度是法治的题中应有之义。而类似案件类似审判原则,就是指导上述规范、程序和制度的重要原则,是维护法治的一个基本原则。罗尔斯指出:"法治也含有类似情况类似处理的原则。如果这个准则不被遵循,人们就不能通过规范的手段来调节他们的行为。……类似情况类似处理的准则却有效地限制了法官及其他当权者的权限。"⑤类似案件类似审判对于法治具有构成性意义,所以需要在法律制度的框架内加以规定。⑥

---

① 〔德〕哈贝马斯:《在事实与规范之间:关于法律和民主法治国的商谈理论》,童世骏译,生活·读书·新知三联书店 2011 年版,第 282 页
② John Rawls, *A theory of Justice*, The Belknap Press of Harvard University Press, 1971, p.235.
③ 〔美〕弗朗西斯·福山:《政治秩序的起源:从前人类时代到法国大革命》,毛俊杰译,广西师范大学大学出版社 2012 年版,第 169 页。
④ 同上书,第 255 页。
⑤ 〔美〕约翰·罗尔斯:《正义论》(修订版),何怀宏、何包钢、廖申白译,中国社会科学出版社 2009 年版,第 186 页。
⑥ 实现类似案件类似审判,对于实现法律的可预期和相对稳定具有重要意义。法律的可预期和相对稳定是拉兹所讲的法治基本原则的两个重要方面。参见〔英〕约瑟夫·拉兹:《法律的权威:法律与道德论文集》,朱峰译,法律出版社 2005 年版,第 187 页。

总之，类似案件类似审判是实现形式公正的基本要求，是司法公正构成性因素，可以规范法官的自由裁量权，限制司法专横，对于保证判决的合理公正具有重要的意义。

三、类似案件类似审判原则的正当性证明

类似案件类似审判原则不仅十分必要，而且具有坚实的法制基础和道德基础。笔者在此就从这两个方面对它进行正当性证明。

（一）类似案件类似审判原则的法制基础

一些学者不认为类似案件类似审判是一个法律要求的原因，是因为他们认为要求各级人民法院审判类似案件时对于指导性案例"应当参照"缺乏法律依据。① 笔者以为，这种看法是有误会的；类似案件类似审判原则具有法律依据与合法性，符合我们的法律制度。笔者的理由如下：

首先，类似案件类似审判原则具有合法性与法律依据，符合我国的法律制度。笔者这里所论的合法性，包括指导性案例的合法性和规定此原则的最高人民法院《关于案例指导工作的规定》的合法性这两个方面。所谓指导性案例的合法性，是指最高人民法院所发布的指导性案例符合我国《宪法》第 33 条规定的"中华人民共和国公民在法律面前一律平等"；1979 年 7 月 1 日第五届全国人民代表大会第二次会议通过、1983 年修正、1986 年修正、2006 年修正的《中华人民共和国人民法院组织法》第 32 条（2018 年再次修订）；1981 年 6 月 10 日第五届全国人民代表大会常务委员会第十九次会议通过的《关于加强法律解释工作的决议》的有关规定。简言之，指导性案例是经过合法程序由最高人民法院审判委员会讨论通过并发布的，具有合法性。笔者在一篇文章中曾着力探讨了指导性案例的法律依据与合法性，此不赘述。②

---

① 例如陈景辉教授认为案例指导制度"会存在着违宪的风险"，因为"应当参照"之类的用语会使得指导性案例具备正式法源的地位，而《立法法》中并未将它规定为正式法源，所以这一制度恐将违宪。陈教授认为："包括'同案同判'在内与司法裁判相关的诸种道德要求，永远也不能凌驾在'依法裁判'的构成性法律义务之上。"似乎类似案件类似审判与依法裁判是有矛盾的。参见陈景辉：《同案同判：法律义务还是道德要求》，载《中国法学》2013 年第 3 期。

② 参见张骐：《试论指导性案例的"指导性"》，载《法制与社会发展》2007 年第 6 期。

类似案件类似审判原则的形式合法性还来自规定此原则的最高人民法院《关于案例指导工作的规定》的合法性。笔者的理由是：第一，通过终局解决纠纷、司法解释等方式维护国家法制的统一，是最高人民法院的职责和权力。① 此判断的法律依据是下述法律规定：《人民法院组织法》（2006年修正）第29条"最高人民法院是国家最高审判机关"，第32条"最高人民法院对于在审判过程中如何具体应用法律、法令的问题，进行解释"。第二，在当代中国，最高人民法院"根据立法精神对审判工作中需要制定的规范、意见等"发布"规定"，在实际上可以具有双重意义：它既是一种有助于纠纷解决审判需要的司法解释形式，也是最高人民法院进行监督和管理的需要。② 第三，中华人民共和国成立以来，特别是改革开放以来的法制实践，逐渐形成了最高司法机关的司法解释需经立法机关的有关机构（主要是全国人大法制工作委员会）认可的非正式制度。③ 借由这种认可，最高人民法院的相关规定具有了统一司法所需要的事实上的合法性。笔者基于上述理由认为，《关于案例指导工作的规定》是最高人民法院以司法解释的形式依法履行其维护国家法制统一的职责并行使相应权力的体现，具有合法性。因此，它所规定的类似案件类似审判原则也当然具有合法性。

其次，类似案件类似审判的重点是类似案件类似判断，并非鼓励非法司法，更不是法外"司法"。法院在参照指导性案例审理案件时，必须依照法律的原则、精神和程序审理。"应当参照"指导性案例并不意味着把指导性案例作为正式意义上的法律渊源。指导性案例是作为非正式意义上的法律渊源发挥作用的。在正式意义上的法律渊源如制定法缺位、模糊

---

① 左卫民教授认为："最高人民法院的司法性功能包括纠纷解决功能、法制统一功能。""法制统一功能即最高人民法院通过其特定的司法行为实现对一个国家内在的法律文化与法律精神及整体的司法理想的统一贯彻，其着眼点在于对一国占据核心地位的法文化精神和法律政策的高度尊崇。"参见左卫民等：《最高法院研究》，法律出版社2004年版，第6、7页。

② 左卫民教授、牛振宇先生分别认为："最高人民法院权力体系主要涵括审判性权力、立法性权力和管理性权力及其运作模式。"广义的最高人民法院规则制定权，是指"最高人民法院通过'抽象司法行为'来制定系统的程序规则及法院内部管理性规则的权力"。"我国最高人民法院在司法统一方面目前拥有一定的法律创制的权力——司法解释权。""我们应当借鉴规则制定权运行机制的合理成分，引入规则制定权制度。"参见左卫民等：《最高法院研究》，法律出版社2004年版，第1、149、162页。

③ 最高人民法院《关于案例指导工作的规定》同样经过了全国人大法制工作委员会的认可。

或者相互冲突的时候,要求法院"应当参照"指导性案例审判案件是要发挥指导性案例作为非正式法律渊源的辅助作用,这是完全符合我国法律渊源的法理的。而且,出现类似案件类似审判的场合,往往是由于规则模糊、相互冲突、缺位,在此种情况下根据指导性案例审判类似案件谈不上与制定法冲突。

最后,类似案件类似审判原则与依法裁判具有根本的一致性。笔者在此借用了德国法学家卡尔·施密特有关法秩序思维的思想。法秩序思维是一种将法律看作一个整体的思维。在法秩序思维中,法秩序是一个统一的整体,组成这个整体的规则更像是法秩序的手段而不是它的构成要素,并且可能常常随整体的需要而改变。① 以法秩序思维看我们的指导性案例,它们在整体上是符合我国的法秩序的。我们虽不能保证在指导性案例的实践中绝对不会出现任何与现行制定法规则不一致的情况,但作为一个原则,类似案件类似审判与依法裁判并不矛盾。从经验上看,到目前为止的狭义的指导性案例和绝大部分广义的指导性案例,是符合我国的法律精神和法律原则的,即它们是与法秩序相一致的。它的方兴未艾本身就证明它是适应我国的社会发展、符合法秩序的。类似案件类似审判原则对法秩序的符合比对某个法规则的符合更为重要。那种认为类似案件类似审判或者"同案同判"与依法裁判有矛盾的看法其实是陷入了某种规范思维的误区。因为只有从规范思维的角度看问题,类似案件类似审判或者"同案同判"才可能与依法裁判相矛盾。而在这个问题上,规范思维的视角是有局限性的。这种局限诚如哈贝马斯在评价法律实证主义时所说的:"把法律理解为一个由取决于运用过程的规则所构成的封闭体系,这些规则在发生冲突时要求法官运用其自由裁量来作出一些全

---

① 卡尔·施密特认为有三种法学思维方式,即以规范(规则或法规)为核心的规则思维方式、具体的秩序思维方式、以决定为核心的决断轮思维方式。施密特认为:"在具体的秩序思维里,法学上的'秩序'并不是规则或规则的加总;反之,规则只是构成秩序的一部分,或只是秩序的一种手段。"卡尔·施密特引用桑提·罗曼诺的话指出:"法的秩序是一种具有统一的实体,是一种——像棋盘上的棋子——某部分随规则而变化,但更常去改变规则的一种实体;因此,规则更像是法秩序的客体或手段,而非法秩序的结构要素。"施密特认为,英国式的案例法就会成为具体秩序思维的演示,完全以特定个案内部的法为依归。从而先例——包括其裁判在内——将会成为未来所有个案的具体典范,而这些个案蕴含着具体的、真实的法秩序。参见〔德〕卡尔·施密特:《论法学思维的三种模式》,苏慧婕译,中国法制出版社 2012 年版,第 8、51、63、98 页。

或无的决定。"①所以,类似案件类似审判原则与依法裁判从根本上讲不仅没有矛盾,而且是一致的。

(二) 从法律与道德的关系看类似案件类似审判原则

类似案件类似审判并非无关道德。相反,类似案件类似审判合乎一般道德,如果类似案件普遍地不能类似审判则是不道德的。在这个意义上,类似案件类似审判也是一种道德义务。此时,道德义务与法律义务发生重叠。

对于道德义务与法律义务的重叠,哈特有过很简明的论述。他指出:"在所有社会里,法律义务和道德义务都有部分的重叠;虽然法律规定的要求范围比较特定,也比道德多了一些详细的例外。"②哈贝马斯从另外一个角度论述了法律与道德的交集,他认为:"以合法律性为中介的合法性之所以可能,是因为产生法律规范的程序也是在道德实践之程序合理性的意义上是合理的,是在这种意义上合理地实施的。"③回归到我们的论题就是:类似案件类似审判的法律原则是得到道德支持的。类似案件类似审判不仅是合乎道德的,借用富勒教授法律的道德性的观点,笔者认为将类似案件类似审判确认为法律原则亦是我们法律内在道德性的必然要求。

但是,把类似案件类似审判作为一个道德义务不足以保证实现类似案件类似审判。我们可以从法律与道德的区别来看类似案件类似审判原则的正当性。

首先,法律具有类似案件类似审判所需要的足够的权威性。虽然道德也具有权威性,但是道德的权威性比不上法律的权威性。类似案件类似审判所需要的权威性是一种法律权威性。法律权威与道德权威相比最

---

① 〔德〕哈贝马斯:《在事实与规范之间:关于法律和民主法治国的商谈理论》,童世骏译,生活·读书·新知三联书店2011年版,第257—258页。
② 〔英〕H. L. A. 哈特:《法律的概念》(第二版),许家馨、李冠宜译,法律出版社2011年版,第162页。哈特把义务和责任的道德规则和法律规则的相似性总结如下:"它们的约束力并不需要个人对其义务的同意,而是得到要求服从的严厉社会压力的支持;遵守法律和道德义务并不被认为是值得褒扬的事,而是对社会生活的起码奉献,是理所当然的事。再者,法律和道德所规范的,是支配反复出现的生活情境里的个人行为,而不是特殊的行动或偶发状况。"
③ 〔德〕哈贝马斯:《在事实与规范之间:关于法律和民主法治国的商谈理论》,童世骏译,生活·读书·新知三联书店2011年版,第567页。

大不同就是：法律权威具有单一性、集中性和国家性。法律的单一权威性来自两个方面：一方面是由于它具有国家意志性和国家强制性。另一方面，从哈贝马斯商谈论的角度看，法律的单一权威性来自民主的立法程序的论证性论辩，这种法律制定程序使得法律将多元道德造成的分歧加以摈除。① 在多元社会中，道德也是多元的，不同的群体有不同的道德，道德因此不具有单一性。当前人们对"弃婴岛"的不同观点，就是道德多元的一个典型。在道德多元的情况下，仅从道德的维度评判法律判决是不够的。因为对于某个法律案件，有可能出现依据某种特定的道德意识和道德规范无法判断、多元道德莫衷一是的情况。这时，我们只能并且需要根据具有单一性权威的法律对司法判决进行判断。

其次，法律可以从制度性、确定性方面保证类似案件类似审判。根据道德的判断常常是模糊的，不确定的。法律具有来自国家制度及法律程序的确定性，可以克服由于道德判断的模糊性造成的行动判断的困难。既然类似案件类似审判本就是公正司法和法律制度内在品格的构成要素，我们就应当做到法律的归法律，道德的归道德——通过法律原则指导下的制度安排，使之具有司法的程序合理性。正如哈贝马斯所说："在冲突、重大问题和社会事件一般来说要求作出明确的、及时的、有约束力的调节的所有行动领域，法律规范都必须把不确定性——假如交给纯粹的道德调节的话会产生出来的那种不确定性——消化掉。"②

四、原则、规则与制度

（一）类似案件类似审判的制度与原则

当笔者作了上述论证之后，也许有读者会提出一个新的问题，即为什

---

① 哈贝马斯指出："法律程序接近于充分的程序合理性的要求，因为它们与建制化的、因而是独立的标准相联系，根据这些标准可以从一个非参与者的眼光出发来决定一个决定是否是符合规则地产生的。道德的、不受法律规则支配的商谈，并不符合这些条件。"哈贝马斯认为："法律规范的更为复杂的有效性向度不允许人们把法律判决的合法性等同于道德判断的有效性，就此而言也不允许人们把法律商谈设想成道德的（运用性）商谈的一个特例。"参见〔德〕哈贝马斯：《在事实与规范之间：关于法律和民主法治国的商谈理论》，童世骏译，生活·读书·新知三联书店2011年版，第282、285、580页。

② 〔德〕哈贝马斯：《在事实与规范之间：关于法律和民主法治国的商谈理论》，童世骏译，生活·读书·新知三联书店2011年版，第581页。

么认为"类似案件类似审判"是一个法律原则？它似乎更是一个制度。①

这里首先需要讨论的问题是：什么是法律制度？关于法律制度的含义，笔者引用几位中国学者比较熟悉的外国学者的观点，这些观点似乎比较稳定，为学者们所接受，在此作为笔者讨论问题的一个支点。美国著名法学家弗里德曼在其著名的《法律制度》一书中作了系统的分析，他在指出不存在一个众口一词的法律制度定义之后指出："实际运作中的法律制度是一个结构、实体和文化相互作用的复杂有机体。"②弗里德曼在书中分析了法律制度的法律性，同时指出了法律制度的动态的、结构性的与行为及法律文化紧密相连的特点。如果说弗里德曼对法律制度的界说具有法社会学特色的话，麦考密克与魏因贝格尔的界说就十分具有规范法学的特色，他们指出："法律的和其他社会的事实是属于制度的事实的东西。""制度—概念是用规则或通过规则表述的，规则的任何出现、发展或进化的过程都可能是制度的出现、发展和进化的过程。这取决于有关的机构将规则的发展或进化加以概念化的方式。"③

虽然学者们对法律制度的界说有所不同，但是都认为法律制度与法律原则具有内在的关系。法律制度与原则的这种内在关系可以大体从两个方面来概括。第一，法律原则是法律制度的灵魂。法律原则与法律制度和组成制度的法律规则之间具有内在的联系。法律原则说明规则和具体制度的目的，是法律规则和价值观念的汇合点，使法律规则或法律制度合理化，使法律规则形成一个有凝聚力的统一体。④ 第二，法律原则是构成法律制度的法律规则之基础。⑤ 第三，法律原则指导法律制度的发展。哈特以阿特金爵士（Lord Atkins）对都诺休诉斯蒂文森案（Donoghue v.

---

① 有学者认为："同案同判"是普通法的制度要求，当然是法律要求，但它不是一个具体规则，也不仅是个法律原则，而是多种法律规则还有原则及制度和程序构成的一套法律制度。如把普通法的同案同判简单地描绘成一个原则甚至是规则，就过于简单了。在大陆法国家，虽然案例或判例也起着不同程度的作用，但也不是简单的一项规则和原则的问题，也包含更多的元素形成的一套制度。

② 〔美〕弗里德曼：《法律制度》，李琼英、林欣译，中国政法大学出版社1994年版，第18页。

③ 〔英〕麦考密克、〔澳〕魏因贝格尔：《制度法论》，周叶谦译，中国政法大学出版社1994年版，第13、19页。

④ 同上书，第91页。

⑤ 弗里德曼从原则的不同作用的角度概括了原则的三种含义，即原则是规则模式或模型；原则是用以衡量规则的价值或效力的标准；原则是"总结许多更小的具体规则的广泛的和一般的规则"。这三种含义可以同时看作原则对规则的三种意义。参见〔美〕弗里德曼：《法律制度》，李琼英、林欣译，中国政法大学出版社1994年版，第48页。

Stevensen)的审判为例,指出法官在审判此案时提出了以前未被提出的"邻人原则"(neighbour principle),该原则构成了分别在不同情境下建立起注意义务(duty of care)制度规则的基础。① 这是原则指导制度发展的一个典型。

"类似案件类似审判"是一个法律制度还是一个法律原则?我们可以说它既是一种制度,也是一个原则。作为制度,它包括了一定的规则、方法与实践。有学者所说的"'同案同判'是普通法的制度要求"就表达了这位学者这方面的感觉。不过我们很难说只有普通法系的制度才要求"类似案件类似审判"。笔者在此要强调说明的是,类似案件类似审判首先是一个法律原则,它是类似案件类似审判制度的灵魂和基础。为了比较好地厘清类似案件类似审判的原则与制度的相互关系,我们可以首先考察英国的情形。

英国法学家克罗斯和哈里斯在《英国法中的先例》的第一章第一段就开宗明义地指出"类似案件类似审判(Like cases should be decided alike)是司法的一条基本原则"。② 这个原则体现为一种法律义务,这种法律义务以严格地遵循先例为特色。并且,这种遵循先例的原则又化为文化,一种遵循先例的文化。这意味着,"在几乎每一个法院里,法官倾向于以另一个法官已经在一个同样案件中作出裁决的方式来裁决案件"③。它可能仅仅是按照之前他人所为行事的喜好,"或者它可能是在缺乏偏离先前决定的正当性证明时遵从先例的一种实证义务的结果。由于遵从先例是在实践中普遍适用的格言,司法先例几乎在各处都有某种说服力。英国先例学说的特色是其很强的强制性"④。可以说,这种以遵循先例为特点的"类似案件类似审判"的文化,也影响到同为普通法系的澳大利亚司法

---

① 参见 H. L. A. Hart, *The Concept of Law* (3rd edition), Oxford University Press, 2012, p.264;〔英〕H. L. A.哈特:《法律的概念》(第二版),许家馨、李冠宜译,法律出版社 2011 年版,第 245 页。

② 转引自 Rupert Cross, J. W. Harris, *Precedent in English Law* (Fourth Edition), Clarendon Press, Oxford, 1991, p.3;〔英〕鲁伯特·克罗斯、J. W. 哈里斯:《英国法中的先例》(第四版),苗文龙译,北京大学出版社 2011 年版,第 4 页。由于笔者对中文译本的此段翻译有不同见解,所以同时列出英文原著和中文译本两个出处。

③ 〔英〕鲁伯特·克罗斯、J. W. 哈里斯:《英国法中的先例》(第四版),苗文龙译,北京大学出版社 2011 年版,第 4 页。

④ Rupert Cross, J. W. Harris, *Precedent in English Law* (Fourth Edition), Clarendon Press, Oxford, 1991, p.3.

体系,克罗斯、哈里斯指出:"即使在宪法问题上,澳大利亚高等法院①从来就不认为自己要受先前判决的影响,但它不会偏离之前的判决,其中所有目前被讨论的论证都在前面的判决基础上进行审议,而且除了法院的组成人员之外不会有什么改变。"②虽然可以说,类似案件类似审判是由多种法律规则、原则和程序构成的一套法律制度,但是类似案件类似审判原则无疑对制度的形成与发展具有十分重要的意义。这是一个比较长的自然演进的过程,是原则与制度相互作用的过程。

在民法法系国家,比如在法国,虽然没有遵循先例的原则和文化,但是,我们仍然可以看到类似案件类似审判作为一种事实上存在的原则为司法界所奉行。因为在法国司法界存在着一套类似案件类似审判的制度,帮助法官参照司法先例审判案件。当出现立法空白时,法国法官就是以司法先例(jurisprudence)的形式创造规范性规则。这些先例具有无可争辩的权威,它们在后来的法官审判类似案件中发挥着重要的作用。法国的法院在之后碰到同样的法律问题时将以和先例同样的方式处理,这不是实证法上的义务,这是习惯,是具有非常可能性的习惯。③ 在当代法国,实际上存在着两套话语,一套是正式的、反映实证法规定的话语;一套是在司法人员中实际使用,而不见立法规定的话语。在法国,司法人员包括法官、代表社会参与诉讼的公设律师(Advocate General)以及从事判例研究、为法官审案提供帮助的判例法官(Reporting Judge)。④ 在非正式的话语中,法官、公设律师和判例法官普遍使用司法先例帮助审理案件,通过先例找到合适的法律解决方案并为判决进行正当性证明。判例法官孔巴迪厄(Combaldieu)的方法提示,司法先例的效力不仅仅是说服性的。公设律师意见的结论和判例法官的报告会强调在法典中所看到的漏洞、冲突、模糊和不充分的地方。在这些法律论证中,司法事业(judicial enterprise)由实用主义的判例分析和政策分析构成。这些法律分析包括对立法、司法先例、学术出版物等的检视和分析。拉塞尔(Lasser)指出:

---

① 根据译文,就是澳大利亚的最高法院。
② 〔英〕鲁伯特·克罗斯、J. W. 哈里斯:《英国法中的先例》(第四版),苗文龙译,北京大学出版社2011年版,第27页。
③ Mitchel de S.-O.-l'E. Lasser, Judicial (Self-) Portraits: Judicial Discourse in the French Legal System, The Yale Law Journal, Vol. 104, No. 6 (Apr., 1995), p. 1338, p. 1354, pp. 1350-1351, p. 1367.
④ Ibid., p. 1355, p. 1356.

"司法界清楚过去的决定,理解它们具有非常重要的规范性力量,感到尊重先例的相当大的制度性压力。"[1]先例对有关争议的法律解决方案具有某种规范性力量。对先例的参照、引用并不仅仅用来支持判例法官的论证,正是先例形成了判例法官所提出的决定的基础。[2]

由于将具有规范性力量的判例用于审判类似案件已经成为习惯性实践、由于存在着"尊重先例的相当大的制度性压力",我们可以说,在法国存在着类似案件类似审判的法律制度。麦考密克认为:"只有根据对那些负有制定、支持、解释、适用和执行法律的任务的社会制度的活动方式的充分理解,才能充分解释这种方式。"[3]笔者同意他的观点并借用其观点反向推理:如果我们充分理解法国这种类似案件类似审判的制度,我们会同意,这个制度的存在本身就证明了类似案件类似审判原则的存在;换言之,如果不是在法国法律生活中事实上存在着类似案件类似审判的原则,就不会生长、发展出类似案件类似审判的制度。弗里德曼在评价美国现实主义法学的规则怀疑论观点时所讲的一段话有助于佐证笔者的上述观点:"由于原则仅仅是一类规则,否认原则的现实性同否认规则的现实性一样容易。事实上还更容易,因为原则是抽象的,因此更没有管辖行为的真实权力。……原则作为效力的标准是实实在在的社会事实,和规则作为社会事实同样实在,有时还要胜过它。"[4]

与英国、法国的情形都不同,在当下中国,"类似案件类似审判"的制度还处在生长发育期,虽然法律界同仁都大体认识到"类似案件类似审判"的必要性,但是在制度设计和思维方式等方面还存在着诸多分歧、面临着诸多困难,中国案例指导制度的发展存在着演进与建构的矛盾[5],在这种情况下,明确提出"类似案件类似审判"的法律原则,作为一种规范性要求,具有重要的现实意义和迫切性。因为这可以使它成为一种在法律制度上具有普遍性的要求,坚定我们对指导性案例和案例指导制度的意

---

[1] Mitchel de S.-O.-l'E. Lasser, Judicial (Self-) Portraits: Judicial Discourse in the French Legal System, *The Yale Law Journal*, Vol. 104, No. 6 (Apr., 1995), p.1367, p.1369, p.1370.

[2] Ibid., p.1376.

[3] 〔英〕麦考密克、〔澳〕魏因贝格尔:《制度法论》,周叶谦译,中国政法大学出版社1994年版,第91页。

[4] 〔美〕弗里德曼:《法律制度》,李琼英、林欣译,中国政法大学出版社1994年版,第51页。

[5] 请见张骐:《再论指导性案例效力的性质与保证》,载《法制与社会发展》2013年第1期。

义的认识和对制度建设的努力方向,指导我们更妥当地进行制度建设,避免在这个问题上的随意性、任意性和不确定性。在这个意义上,我们可以说,这是将道德要求"客观化为法治"的重要方式①,因此是非常必要的。

(二) 原则不同于规则

当我们说类似案件类似审判是一个法律原则时,是说类似案件类似审判应当成为通例,并非要求对所有类似案件都类似审判。事实上,在类似案件类似审判原则之下也并非所有类似案件都类似审判。例如美国1950年代的布朗诉托比卡教育局案,为了遵守美国宪法第十四条修正案平等保护条款,保护黑人学生的平等权利,当时的美国最高法院沃伦并没有按照1896年普莱西诉弗格森案所创立"隔离但平等"的原则"同案同判"。也正因此,才有了美国对少数族裔民权保护的革命性变革。在某些情况下,在面对具体案件或者特定情形时,几个都可以适用的法律原则之间具有分量的区别,某些原则被让位于另一些原则,但这并不妨碍这些原则在其他场合可以继续发挥原则的作用。② 正如哈贝马斯所指出的:"虽然碰巧适合一给定问题的那条特定原则当然享受优先性,但退居其次的原则并不因此而失去其有效性,而仅仅失去其情境相关性。"③ 在上述案件中,与之情境相关的原则是美国宪法第十四条修正案规定的平等保护原则,在这种情况下,类似案件类似审判的原则失去了对这个案件的情境相关性。类似案件类审判的原则让位于平等保护原则,以便法律与时俱进向前发展。类似案件类似审判的原则将在其他场合发挥其作为法律原则的作用。

(三) 法律原则与说服力

这里出现了一个问题,即类似案件类似审判的原则与笔者主张的指

---

① 徐复观:《中国知识分子的历史性格及其历史的命运》,转引自赵瑞广:《为什么要重视"史华慈问题"》,载《读书》2013年第3期。
② 〔美〕罗纳德·德沃金:《认真对待权利》,信春鹰、吴玉章译,中国大百科全书出版社1998年版,第41、43、45—46、47、57页;〔英〕鲁伯特·克罗斯、J. W. 哈里斯:《英国法中的先例》(第四版),苗文龙译,北京大学出版社2011年版,第232页。
③ 〔德〕哈贝马斯:《在事实与规范之间:关于法律和民主法治国的商谈理论》,童世骏译,生活·读书·新知三联书店2011年版,第257页。哈特称法律原则的这个特性为"非决断性"(non-conclusive character)。见〔英〕H. L. A. 哈特:《法律的概念》(第二版),许家馨、李冠宜译,法律出版社2011年版,第241、245页。

导性案例的效力是一种说服力的观点是否矛盾？清华大学周光权教授在一篇文章中，对目前已经发布的刑事指导案例的问题及刑事案例指导制度所遇到的难题进行了深入、细致的剖析，并研究探讨了中国刑事指导案例的前景，主张必须有效整合"制度建构"和"自发秩序"这两种推进指导性案例的研究进路。① 笔者完全赞同周教授的观点，并认为周教授的观点与笔者之前几篇文章的一些想法有异曲同工之妙。但是，笔者认为，指导性案例形成的"自发秩序"需要一个理论支点，即需要确认指导性案例的效力是一种说服力。因为只有在指导性案例的效力是一种说服力的情况下，才有可能使指导性案例自生自发地形成。笔者一方面提出类似案件类似审判是一个法律原则，另一方面又说指导性案例只具有说服力，那岂不是使这个法律原则成为空话？指导性案例说服力的观点与有些教授所提出的同案同判是"道德要求"的观点又有什么区别？笔者对此的回应是：类似案件类似审判的原则与指导性案例的说服力是分别属于不同范畴的问题，前者属于体制建设要求的问题，后者属于个案使用的问题。② 虽然指导性案例的效力是一种说服力，但是，正如笔者在上文所指出的，类似案件类似审判原则是有一系列制度和规范要求的，如果法官没有按照类似案件类似审判的原则审判案件，是要承担一定的法律后果的。③

总之，类似案件类似审判原则对于中国案例指导制度的健康发展和司法公正的实现具有非常重要的意义。中国当代的法制与社会发展以及司法改革的不断推进，为实现类似案件类似审判原则提供了现实基础。笔者希望，通过在理论上回答类似案件类似审判的原则的含义与必要性，指出它的法制基础以及基于法与道德关系视角上的正当性，能够有助于扫清我们前进道路上的障碍，助力中国案例指导制度的健康发展。

---

① 周光权：《刑事案例指导制度：难题与前景》，载《中外法学》2013 第 3 期。
② 雷磊教授在 2013 年 11 月 16 日对外贸易大学法学院"抉择与推进：十字路口的法治中国"的研讨会上指出，指导性案例的效力问题与"同案同判"（类似案件类似审判）是两个问题。笔者同意。
③ 在民法法系国家，先例具有法律性，在法律推理中成为导引性因素。民法法系国家区分两种先例：具有正式约束力的先例和不具有正式约束力的先例。对于不具有正式约束力但提供进一步支持的先例来说，如果没有被审案法官遵照，后案判决将会招致批评，并可能会被推翻；对于具有正式约束力的先例来说，如果没有被遵照，将是不合法的并会在上诉时被推翻。See D. Neil MacCormick, Robert S. Summers, *Interpreting Precedents: A Comparative Study*, Ashgate, 1997, p.472.

第二章 再论类似案件应类似审判

一、类似案件应类似审判吗

类似案件应当类似裁判吗？这是一个老生常谈的问题，答案却往往复杂且充满争议。人们对于"treating like cases alike"并不陌生，大意是指"类似案件应类似处理"，也有不少学者使用"同案同判"的称谓。考虑到"类似案件"与"相同案件"在语义上有着明显的差异，实践中并不存在两个事实绝对相同的案件①，为了更加准确和有效地开展学术对话，笔者更倾向于使用"类似案件"这个表述。许多学者将这一原则与正义的观念联系在一起，认为"类似案件类似处理"旨在维护一种"形式正义"（formal justice）价值。②还有一些学者认为这一原则与法治密切相关，主张以类似的方式处理类似的案件构成了法治的重要基础。③大体上看，人们普遍认为这一原则是有吸引力的，这体现在：一方面，它具有某些外在的价值，在实现某些善的同时又可抑制某些问题的产生；另一方面，人们在直觉上感到这一原则具有较强的拘束力④，除非能够找到相对充分的理由，否则不允许对相似案件作出差异判决。

司法实践中类似案件被不同处理的情形普遍存在，同时不同案件被

---

① 参见张志铭：《中国法院案例指导制度价值功能之认知》，载《学习与探索》2012 年第 3 期。

② "对每个人而言，正义的观念不可避免地让人想起某种平等的概念。"See Chaim Perelman, *The Idea of Justice and the Problem of Argument*, Humanities Press, 1963, pp. 6-7.

③ 参见〔美〕约翰·罗尔斯：《正义论》（修订版），何怀宏等译，中国社会科学出版社 2009 年版，第 186 页。

④ See David A. Strauss, Must Like Cases Be Treated Alike? *University of Chicago Public Law & Legal Theory Working Paper*, No. 24 (2002), p. 2.

类似判决的情形也时常出现,这就使得"类似案件应否类似审判"(下文简称"类案类判")这个问题变得更加复杂。与职业法律人不同,当事人可能更关注案件判决的结果,因为实体结果能够被观察、计算和比较。在实践中,人们往往会基于判决结果之间的比较,而不是根据判决结果与具体法律规范条文的比附来提出对某个特定判决的质疑,这可以回答为何公众通常诉诸"类案类判"而不是更为一般化的理由——"依法裁判"。规范与事实之间存在的各种张力,为法官通过裁量将"法律具体化"创造了空间。由于有时存在着多个具体化的方案可供法官选择,故而在坚守依法裁判的前提下势必会形成不同乃至相反的结果。对于公众而言辨识判决的"违法性"要比"类案是否做到了类判"难度大,因而用"类案类判"替代"依法裁判"就成为理所当然的话语诉求。[①]

显然,通过直观比对类案的裁判结果是否类似已经成为人们监督司法的一种重要形式。不仅如此,类案类判甚至成了司法正义的代名词,不仅在体制内外获得高度一致的认同,而且在宪政的意义上也得到理论确证。[②]在具体的制度建构上,通过各种方式也在不断强化类案类判与司法之间的关联。在普通法系国家,它构成了遵循先例原则最深层的哲学基础;在民法法系国家,它被当作是衡量裁判是否公正的一个重要标准。实现类案类判也一直是我国司法所孜孜追求的一个重要目标,历来是司法改革的重点和难点,尤其是2010年最高人民法院《关于案例指导工作的规定》的出台,标志着中国特色案例指导制度的正式确立。其中第7条规定各级人民法院审判类似案例时应当参照最高人民法院发布的指导性案例,这是以明确制度化的方式要求司法审判活动必须推进或实现类案类判的重要目标。

《关于案例指导工作的规定》所确立的效力要求,到底是一种法律上的约束力,还是仅仅只是一种事实上的约束力,学界一直存在争议。效力指向上的模糊不清确实影响了法官参照指导性案例的积极性,甚至在某种程度上阻碍着案例指导制度的发展。笔者写作的一个初衷,在于尝试

---

① 从根本上来说,"类似案件不同判决"反映了法官在"法律具体化"之理由上的分歧和争议。参见张超:《论"同案同判"的证立及其限度》,载《法律科学(西北政法大学学报)》2015年第1期。

② 参见周少华:《同案同判:一个虚构的法治神话》,载《法学》2015年第11期;白建军:《同案同判的宪政意义及其实证研究》,载《中国法学》2003年第3期。

从效力之争的藩篱中跳出来,从类案类判与司法性质之间的关系切入,来重新审视类案类判之于司法和法官所可能蕴涵的重要意义。换言之,我们所要检讨的议题是,类案类判对于司法审判/法官所提出的要求的性质是什么?它是否只是对法官所提出的一项道德要求,并且是一种较高的道德要求,因为它所指向的是一种"好的裁判"。还是说,它是作为一项法律原则对司法所提出的硬性法律要求,类案类判此时便成为法官所负的一项法律义务(obligation)或责任(responsibility),相应地它所指向的是一种"标准的裁判"。对于这一要求的不同解释,将会为我们塑造两种截然不同的司法面孔。

上述不同的回答代表了两种对于类案类判之性质的不同认识,为讨论方便起见,我们分别将其称之为"强主张"和"弱主张"。前者将类案类判与司法的深层结构勾连起来,并将其看作是司法的构成性义务,这意味着法官如无更强理由一般不得漠视这一原则性要求[①];而后者则认为类案类判只是影响或制约法官裁判的诸多因素之一,在决定是否参照类案裁判的问题上法官拥有自主判断权。更具体而言,类案类判是一种"好的裁判"所要求的内容,"标准意义的裁判"不必非得满足这一要求,因此类案类判对法官而言只是一种能够被凌驾或放弃的道德义务。[②]不难看出,在对何为司法或司法的本质是什么的问题上,以上两类主张之间呈现出了一种实质性的分歧,这一分歧从深层次上影响着法官对于司法裁判过程的心理认知,并制约其对于类似案件在实践中的参照适用。由此可言,阐明类案类判之于司法所可能具有的真正意涵,就变得十分重要。

司法的本质决定了司法活动不同于其他相似的纠纷解决活动,其特殊性就在于它在深层结构上与类型化的推理思维联系在一起,在个案中通过"范例式"或"案例式"的推理从而将抽象性的法律具体化。"弱主张"仅将裁判的标准停留在依法裁判的层面,而未能进一步深入发掘依法裁判与其赖以为基础的类案类判之间的内在联系,从而错失了司法本质的真实面目。基于此,笔者的中心任务是要证成"强主张",即类案类判并不是一项道德要求,而是一项法官不得任意放弃的构成性义务。为了达到这个目的,就需要从正、反两个方面展开论证,既要驳斥弱主张所可能提

---

① 参见张骐:《论类似案件应当类似审判》,载《环球法律评论》2014年第3期。
② 参见陈景辉:《同案同判:法律义务还是道德要求》,载《中国法学》2013年第3期。

出的各种挑战或批评，又要设法为支撑强主张寻找直接的辩护理由，这一论辩过程将贯穿于下文的第二和第三部分。与此同时，就论证性质来看，第二部分从后果主义的进路展开，其目的是要证明类案类判对司法而言确实是非常重要的，但由于后果论本身的局限使其单独尚不足以证成强主张。由此，方才引出了至关重要的第三部分，即从道义论的角度去论证类案类判是如此的重要，以至于它能够成为司法的内在构成性义务。

尽管后果论与道义论代表着两种不同的乃至存在内在紧张的进路，但是在证明"类案类判对司法而言是重要的"这件事上它们起着共同的作用，并可以展开有效的分工和配合。后果论发挥着基础性或初步性的论证功效，道义论所起到的则是根本性和决定性的作用。此外，在正式开启讨论之前，还需简要交代一下讨论语境。既然要着力廓清司法裁判的一般性质或结构，那么很显然这种讨论注定是要有一般意义的，也只能在一般意义的层面上讨论。通过分析所要证成的那个结论，即类案类判在构成性的意义上深嵌于司法的内部结构之中，是对司法性质的一般性描述，这不仅适用于普通法语境中的司法，同时也适用于成文法背景下的司法。在此意义上，笔者是在一般法理学的层面上讨论类似案件应类似审判。鉴于在普通法语境中，以类案类判为基础的遵循先例本身就是一项得到普遍奉行的法律原则，所以后面的讨论会将有意识地偏向于在成文法语境中对于这一命题的辩护。尽管如此，这并不会从根本上破坏文章论证的整体性，同时也不会动摇文章的结论以及这一结论所具有的一般说服力。

二、后果主义的论证

类案类判作为司法活动的构成性规则，一方面固然向裁判者宣称自己是不可被随意放弃的司法要求，而另一方面在具体的实践运作过程中基于充分的理由又是可以被凌驾的，但这种凌驾并不会从整体或根本上破坏其构成性的地位。在本部分中，笔者的关注焦点是设法从后果论的角度来证明类案类判对司法是重要的，至于这种重要性是否已经能够达到将其上升为构成性义务的地位，可能还存在争议或受到质疑。但是，这一辩护仍然是重要的，即便它无法直接证成强主张，但也会拉近我们与强主张所坚持的命题之间的距离。在实践中，由于后果本身的多变性和多样化,后果论的形式也必然不是单一的。但无论采取何种形式的后果来展开辩护,其最终的理论目的都是要展示类案类判所蕴含的价值与意义,以及它对于司法裁判的正常运行所具有的独特的重要意义。

(一) 基于确定性与可预测性的论证

司法裁判的一个重要特征,在于它追求裁判结果的确定性和可预测性。诉讼两造将争议案件提交至法院,他们相信司法能够给他们一个确定的结果,并且这个结果能够根据事先已经存在的法律进行预测。反过来说,如果司法裁判的过程和结果都是任意的、非理性的,比如说通过抓阄或掷骰子的方式定胜负,或者说裁判结果与已有法律无任何逻辑或因果上的关联,那么这种裁判活动将很难再称作是司法活动,至少它已经不再是我们头脑中通常所想象的那幅司法模样。由此,从司法活动组织的意义上讲,它需要一种能够确保司法可以带来确定性和可预测性的活动原则。

从维护确定性和可预测性切入,是一种较为常见的后果论进路。它基于类案类判能够给司法带来确定性和可预测性的重要外在价值而展开。稳定性通常以确定性作为基础,"稳定性"(stability)与"确定性"(certainty)虽然存在一定关联,但是确定性并不必然能够带来稳定性,在一个不稳定的法律体系下仍然可能有许多法律是相当确定的。[①]相比之下,确定性和可预测性(predictability)通常更为紧密地捆绑在一起。一般而言,法律越是确定就越具有可预测性。那么接下来,我们便要看看类案类判是如何为司法带来确定性和可预测性的。

类案(群)存在的意义,就在于通过一定数量的类案能够形成并固化对某个法律的理解或解释,从而可以在实践中反复径直采纳或适用这一法律,而无需在每一次适用该法律时都重新开启对其内容的讨论。通常,如果说能够在法律与裁判结果之间建立起单线的联系,亦即某个特定的法律能够为裁判提供明确的或决定性的指引,我们说这个法律是确定的,同样基于这个法律所推导出的裁判也是确定的。遵循或参照以往的类似案件,为从根本上一以贯之地遵循这些类似案件所具体化的法律提供了

[①] See Neil Duxbury, *The Nature and Authority of Precedent*, Cambridge University Press, 2008, p.159.

保证。正因如此,普通法学者在论及为何遵循先例时,都将确定性当作这一原则存在的重要理由。[①]同样地,可预测性的意义在于它能保护人们对于司法的合理预期,这种合理预期体现为两个方面:其一,判决结果能够从现存法律中被大体预料到;其二,眼前案件的裁判与以往类似案件的裁判结果保持一致。在这一点上,我们看到确定性与可预测性是密切联系的,类案类判原则在确保裁判确定性的同时,其实也是在巩固和维护裁判的可预测性。

总而言之,类案类判原则与确定性和预测性之间其实也存在着一种良性互动的关系。一方面类案类判这一原则的一个重要价值就是能够带来确定性和可预测性,另一方面为了减少不确定性和任意性,又内在地要求裁判者在裁判时尽可能尊重和遵守这一原则。显然,在实现确定性与可预测性方面,类案类判的确具有十分重要的意义。但是,尽管如此,也应看到类案类判并非是实现确定性与可预测性的唯一途径,比如尊重或重视裁判传统或者一种裁判上的习惯或惯性也可能会带来确定性和可预测性的效果。[②]除此之外,确定性和可预测性也不是司法最重要的价值,换言之它对于司法组织活动并不具有决定性的意义,在特定情况下要向其他一些更为重要的价值让步。

(二)基于信赖利益保护的论证

对于公权力机关而言,"禁止翻供"或"禁止反言"(estoppel)是现代法治的基本原则之一。它要求公权力机关对自己作出的决定信守承诺,禁止反复变更和随意翻供。将这项原则引入司法裁判过程,主要是为了保障人们对于现存法律的信赖,同时也保护人们相信法院会按照一种融贯的方式裁决类似纠纷的信赖利益。从整体上来看,保护信赖利益也是类案类判所产生或旨在实现的一种外在价值,基于这一思路的论证自然也是一种典型的后果论进路。将遵照以往的类似案例裁判与信赖利益保护

[①] 古德哈特将确定性看作是遵循先例的最为重要的一个理由。See Arthur L. Goodhart, Precedent in English and Continental Law, *The Law Quarterly Review*, Vol. 50, No. 1 (1934), p. 58.

[②] See Anthony T. Kronman, Precedent and Tradition, *The Yale Law Journal*, Vol. 99, No. 5 (Mar., 1990), pp. 1029-1068.

联系在一起，人们又将这个原则称之为一种"财产规则"（rule of property）①，从另一个侧面也突出了对信赖利益保护的重要意义。

过去的司法裁判，既是法官审判智慧和经验的凝结，也是在相当一段时间内法官对于某项法律的一贯见解。可以说，在较长的一段时间中，这种循环往复的活动向当事人以及社会公众释放了一个信号，如若将来再次面对类似的案件，那么他们将仍然尽可能地以类似的方式来进行处理。而人们从法院对法律的一贯适用中，有充分的理由相信法院在未来的类似案件中确实会这么做。也就是说，"人们越是确信法院会遵守其所既已确立的（系列）判例，人们在未来实践中就越看重这类具有相似性的判例。而人们越是看重这类判例，就越是更倾向于以此作为指引自己行动的理由。如此一来，结果就是对判例的肆意默示或背离会侵害人们的信赖利益。"②由此，法院有义务对基于信赖所产生的利益给予相应的保护。

保护这种信赖利益的一个重要方式，就是要求法院信守过去的承诺或继续一以贯之地践行过去的裁判思路。从规范的意义上讲，即要求法官在没有充分理由或根据偏离以往裁判思路的情况下，仍应采纳与以往类似的方式来审理眼前类似案件。如此一来，久而久之便会产生一种制度化的良好效果。这具体表现为，"人们越是确信法院会遵照既往的判决及其理由，在未来人们就越会依赖这些类似的判决。而人们越是依赖这种类似的判决，就越有信心将法律当作可靠的行动指南。此外，人们越是依赖法律，那么以公正裁判来对抗恣意司法的主张就会更加的强有力"③。而如果法院不顾人们的信赖，恣意改变裁判或偏离既往的裁判思路，则违背了类似案件应类似审判的基本司法原理，同时也会挫败人们对于司法的信任。

基于信赖利益保护的论证虽然简洁有力，但仍然遭到了不少指控。比如，兰迪·科泽尔在承认保护合理的信赖对于论证遵循先例原则所具有的重要意义的同时，也十分严厉地指出这一论证可能存在的一个问题，

---

① See E. W. Thomas, *The Judicial Process: Realism, Pragmatism, Practical Reasoning and Principles*, Cambridge University Press, 2005, p. 148.
② Richard A. Wasserstrom, *The Judicial Decision: Toward a Theory of Legal Justification*, Stanford University Press, 1961, p. 68.
③ Neil MacCormick and Robert S. Summers (eds.), *Interpreting Precedents: A Comparative Study*, Dartmouth Publishing Company Limited, 1997, pp. 334-335.

那就是法律是在不断变化的,未来案件的情形也是纷繁复杂的,在哪些情形下需要保护人们对既往判例的信赖并不十分确定和清晰,因此这一论证可能会受到严重的限制或挑战。[①]达克斯伯里也认为这一论证至少存在两个问题:其一,在决定是否遵循既往先例判决时,要不要保护当事人的信赖利益并不是唯一的考量因素;其二,更为严重的一个问题在于这一论证可能会陷入一种循环论证形式[②],一方面法院之所以要遵循先例是因为要保护当事人的信赖,而当事人的信赖又源自法院会遵循先例。但是,仅仅凭借人们承诺这一事实尚不足以说明法官就应遵循既往判例,仍然需要进一步回答这一信赖本身为何是合理的。

即便这一论证存在着上述难题,对于这些难题的回应已经超出了本书的目的,但其仍然为类似案件应类似审判原则提供了一种相对有说服力的解释。在司法活动中,法院不断回溯性地参照既往判例,这一事实催生了人们对于司法裁判规律的信任,法院在未来的裁判活动中不断循环反复地确认或确证这一事实,又进一步强化了人们对法院会遵循自己既往判例的信念。尽管保护信赖利益并非决定是否遵照先例的唯一决定性理由,但它确确实实是一个不可忽视的重要理由。

(三)基于限制自由裁量权的论证

除了以上两种后果论的论证形式以外,还有一种后果论的形式也值得注意,这就是基于限制自由裁量权的论证。其论证结构也较为简单,当追问司法审判为何应坚持类案类判时,答案是它可以有力地限制司法自由裁量权。对比一下可以发现,前两种论证形式主要着眼于保护当事人乃至公众的利益,而基于限制自由裁量权的论证则主要针对司法权运行本身。这项论证将向人们展示,司法活动如欲规制或限制自由裁量权,避免司法专断或恣意,坚持类案类判实属必要。司法自由裁量权本身是一个复杂的问题,这里主要聚焦限制司法偏见的问题。

[①] See Randy J. Kozel, Precedent and Reliance, *Emory Law Journal*, Vol. 62, No. 1 (2013), p. 1471.

[②] See Neil Duxbury, *The Nature and Authority of Precedent*, Cambridge University Press, 2008, p. 163. 托马斯和瓦瑟斯特罗姆这两位学者也都注意到了"循环论证"的问题,see Richard A. Wasserstrom, *The Judicial Decision: Toward a Theory of Legal Justification*, Stanford University Press, 1961, p. 69.

不仅常人对待事物会有各种各样的偏见,要求根据理性进行判断的法官作为人同样难以避免或排除偏见。从总体上说,偏见属于对待事物的偏离常规看法的一种观点或态度。具体又分为正当的偏见与不正当的偏见,前者比如司法裁判过程中法官个人所持有的一种"前见",后者是指一些影响或决定裁判不公正的明显具有偏私性的意见或态度,比如说利益上的偏见、种族偏见、性别偏见等。此处,我们所关心的主要是后一种意义上的偏见。司法过程不可避免地会充斥着偏见,并且这种偏见必然会影响法官的判决。①比如法律现实主义者所宣称的"法官应依照其个性乃至偏见来做判决"②,更有甚者主张法官的胃口或消化都会影响他实际的判决。

司法裁判不断追求理性化决策的目标,因此应尽可能将包括偏见在内的非理性因素排除出去。法院在过去所作出的判决,凝结了对于某个法律该作何理解以及如何适用的判断,并且这种判断在不断重复性的裁判实践中反复得到尊重和固化。在未来的实践活动中,法官要是忽视或任意背离这些判决,转而依据自己所持有的偏见裁判案件,这种做法显然是让人无法接受的。由此,类案类判作为一种制度化的实践,能够很好地起到限制自由裁量权的作用。汉密尔顿在《联邦党人文集》第78篇中就谈道:"为防止法庭武断,必有严格的法典与先例加以限制,以详细规定法官在各种案情中所应采取的判断。"③在普通法的实践中,不少学者都注意到了遵循先例对于防止法官偏见所具有的重要意义。④还有一些学者讨论裁判过程中的正义应以一种看得见的方式实现,这实质上讨论的也是以明确的方式去限制自由裁量权的问题。

---

① 美国学者 Linda G. Mills 曾对与"司法与偏见"这一主题相关的文献做过十分系统的梳理。See Linda G. Mills, *A Penchant for Prejudice: Unraveling Bias in Judicial Decision Making*, The University of Michigan Press, 1999, pp. 11-26.

② See Jerome Frank, Are Judges Human? Part One: The Effect on Legal Thinking of the Assumption That Judges Behave like Human Beings, *University of Pennsylvania Law Review and American Law Register*, Vol. 80, No. 1 (Nov., 1931), pp. 17-53.

③ 〔美〕汉密尔顿、杰尹、麦迪逊:《联邦党人文集》,程逢如等译,商务印书馆1980年版,第467页。

④ 瓦瑟斯特罗姆指出,先例对于检验后案法官的偏见或成见具有重要的意义。See Richard A. Wasserstrom, *The Judicial Decision: Toward a Theory of Legal Justification*, Stanford University Press, 1961, p. 69. 古德哈特也提出了类似的观点,认为遵循先例可以防止法官的偏见,从而使得我们生活在法治而不是人治之下。See Arthur L. Goodhart, Precedent in English and Continental Law, *The Law Quarterly Review*, Vol. 50, No. 1 (1934), p. 56.

在成文法的语境下,类案类判的原则同样具有防止法官专断、排除司法偏见的重要意义。这是因为,既往类似的判例以较为直观的方式将具有一般性的法律具体化了,并且在这种具体化的判决中实现了抽象法律与鲜活事实的高度糅合。这种制度安排"在直接的意义上回答了'如何做'——如何制作和运用司法判例的问题,给予操作技术上的指引"[①]。所以,在未来的实践活动中,法官对于某个法律的理解或适用是否受到了偏见的不当影响,都可以直观地根据眼前判决与以往类似案件的判决是否一致进行检验。从这个角度来观察,我们会发现类案类判为裁判者施加了一种约束,并且通常也会为背离以往类案的裁判设定了论证负担以及相应的法律责任。

这一论证尽管很有启发意义,仍然也面临着一些问题。它引发的第一个批评在于这一论证的解释力是有限的,其根本原因取决于这一论证自身的性质,作为后果论的一支,它无法从根本上证立类似案件应类似审判的命题。当然,这个指控是所有后果论都必然要面对的。与此相关的第二个批评在于,类案类判并不是限制自由裁量权或防止偏见的唯一手段,甚至也不是最佳的或最有效率的手段,因此在实践中它有可能被搁置或凌驾。进一步地,还有一个批评认为,坚持类案类判原则的重要目的是限制自由裁量权,而由于这一原则本身是空洞的,就导致在解释和具体落实这一原则的过程中法官重新获得了一定的自由裁量权,这无疑会陷入一种循环式的悖论。一言以蔽之,类案类判原则之贯彻,非但不能达到限制司法自由裁量权之功效,反而会滋生新的甚至更大的自由裁量权。

以上三种进路并未从根本上穷尽后果论的所有形式,除此之外,不少学者也都将眼光投向"效率",认为坚持类案类判原则,其实就是一个不断重复过去判决思路以及与过去判决结果保持一致的过程,这有助于节省法官思考的过程、提高裁判效率。[②]然而,和其他三种论证一样,效率也只是形式方面的一个特征,类案类判并不是实现效率的唯一方式,通过抛硬币或掷骰子的方式可能效率会更高。一定程度的效率对司法体系的运作确实十分重要,但其终究不是司法裁判体系的内在价值,因而这种论证的

[①] 张志铭:《司法判例制度构建的法理基础》,载《清华法学》2013 年第 6 期。
[②] See James Hardisty, Reflections on Stare Decisis, *Indiana Law Journal*, Vol. 55, No. 1 (1979), p. 55.

效果也十分有限。诸如此类的后果论形式可能还有一些,限于篇幅在此不能一一详述。客观地对待后果论的辩护,要求我们一方面应承认这类论证的价值,它们能够证明类案类判对司法活动的运行所具有的重要意义;另一方面,也应看到这类论证所存在的限度,它们无法从根本上证明类案类判是司法活动的构成性义务。

三、道义论的辩护

后果论的辩护只完成了整个辩护的第一步,如欲从本质上证成类案类判能够作为司法的构成性义务,还需要往前迈进更有实质性的一步,即从道义论的角度进一步提高辩护的梯度和强度。换言之,后果论的各种版本会基于类案类判在实现确定性和可预测性、保护信赖利益以及限制自由裁量权等方面的价值来展示这一原则对于司法的重要性,但其最终充其量只能支持"弱主张"。唯有道义论的论证,才能从根本上支持"强主张"。道义论辩护的核心可以归结为一点,即司法活动中所坚持的类案类判本身是有内在价值的(intrinsic value)。但道义论的具体辩护同样也有不同版本,包括先例就应遵守的制度性事实、类似情况类似处理的正义原则以及司法裁判的融贯性。接下来,本部分将分别围绕这三点展开对"强主张"的辩护,同时也会检讨和清理一些相反的主张。

(一) 先例就应遵守的制度性事实

需要再次说明的是,为了行文和讨论便利的需要,这里所提及的先例并非是严格意义下的普通法中的先例,而意指司法活动中作为判决结果的先前案例的总称。并且,这里所重点指向的是先前的类似案件。当问及为何应遵循既往先例时,道义论立场所给出的第一种辩护思路是,"之所以应遵循先例,原因就在于它是先例",换言之,遵循先例的理由来自一个事物是先例这一事实本身。[①]雷丁曾极力捍卫这一点,他说:"对于由可敬的法官所制作的一个先例,如果法院仅仅基于如下原因而遵循它,那么这种做法根本就不是遵循先例,即因为该先例是正确的判决,即它是符合

[①] See Neil Duxbury, *The Nature and Authority of Precedent*, Cambridge University Press, 2008, p.168.

逻辑的，或者因为它是公正的，或者因为它符合权威的重要价值，或者因为它被普遍地接受并践行，或者因为它能够确保一个有益于共同体的结果。而相比之下，真正的遵循先例只能取决于一个先前判决是先例本身这一事实，而绝非任何其他的什么理由。"①

这一论断显然是在支持一种"强主张"，细心的读者可能会注意到，这一主张似乎除了告诉我们"因为先例是先例所以应遵守它"之外，再也没有向我们提供进一步的其他理由和主张。甚至有人指责其犯了一个循环论证的错误，这表现在：一方面我们需要论证为何法院应遵循先例或参照类案，另一方面答案又告诉我们仅仅因为它们是先例所以应参照它们。论题与结论混为一体，而并无进一步的支撑性论据，这里显然出现了"乞题"（begging the question）的常见论证谬误。

这里就需要进一步解释或解决为何先例本身是需要尊重的。一种解释从传统入手，认为我们之所以应遵循先例，原因在于它们代表着过去，基于文化上的传承等原因我们有义务尊重过去的（裁判）传统。②达克斯伯里对此提出了两点批评：第一，不能因为过去自身的缘故而当作珍视它的决定性理由，这意味着，值得珍视的东西一定是美好的，而过去的先例判决未必都能达到这一点；第二，应区分尊重过去与尊重先例，尊重过去只是可能会提请我们审慎地对待先例，但它并不强迫我们必须这么做。③陈景辉在辩护"弱主张"时，提出过类似的批评，认为法官遵照过去的类似案件裁判，并不是因为受到了类案类判原则的拘束，而是因为尊重过去的司法传统。④对于这一点指控，笔者完全赞同。确实，撇开"过去或传统是否一定是好的"不论，类案类判并不是支撑尊重过去或尊重传统的唯一理由，因此从传统的角度出发所做的论证最终会导向"弱主张"。

诉诸"传统"的解释路子显然走得并不成功，那么就需要进一步寻找可能的替代性解释方案。笔者尝试从制度性事实入手来为道义论进路辩护，简而言之，正是由于先例是先例这一特殊的制度性事实（institutional

---

① Max Radin, Case Law and Stare Decisis: Concerning "Präjudizienrecht in Amerika", *Columbia Law Review*, Vol. 33, No. 2 (Feb., 1933), p. 200.
② See Anthony T. Kronman, Precedent and Tradition, *The Yale Law Journal*, Vol. 99, No. 5 (Mar., 1990), pp. 1029-1068.
③ See Neil Duxbury, *The Nature and Authority of Precedent*, Cambridge University Press, 2008, p. 169.
④ 参见陈景辉：《同案同判：法律义务还是道德要求》，载《中国法学》2013年第3期。

facts),决定了法官们有义务在司法实践中应尊重它们。制度性事实,意指以人为主体的实践活动这一事实,比如包括立法、司法、订立契约等活动中所确立的行动制度,它们能够产生规范性的力量(normative force),亦即能够从中推导出"人们应当怎么样去做"。①从制度性事实入手,我们可以很好地为判例何以应当被遵守提供一个较为令人信服的解释。这一解释性进路,首先打破将立法作为唯一法源的做法,司法活动所创立的判例规则或先例规则这一事实同样也能够形成法源。

对于将成文法独尊为法源,哈特曾经有过一段精彩的批评:"认为所有的法律基本上或'事实上'都是立法的产物,是一个错误的观点。在英国的法体系中,成文法优于习惯与判例,因为习惯法和普通法皆可被成文法剥夺其法律地位。但是,它们的法律地位并非来自立法权的'默然'行使,而是来自对承认规则的接受,此承认规则赋予习惯与判例独立的但逊于成文法的地位。"②由于鉴别法律的承认规则较为复杂和多样,其中既包括立法权的行使,同时也包括司法裁判先例。因此在哈特看来,现代法律体系的法源应呈现出一种多样化的姿态。在一般意义上,判例或先例的效力源自以下事实:其一,先例往往基于权威的形式或程序得以制作和发布;其二,持续的实践对既往先例不断加以遵循和尊重,强化了人们内心对此种制度事实的确信,这表现为一方面人们预期法院会以此为标准裁判案件,另一方面认为或相信此标准就是具有拘束力的规范③;其三,先例所蕴含或体现的道理具有一般性,能够超越个案对未来类似案件产生普遍性的约束力。这一解说可以证立由于某个裁判本身是先例,因而可以要求法官遵从之。

就我国的案例指导制度而言,指导性案例究竟具有法律上的还是事实上的拘束力向来存在争议。确实,它不像制定法和司法解释那样能够直接获得正式法源的地位。但是,作为一种特殊的制度性事实,可以说它能够同时满足以上三个要件,其普遍的指导效力可以获得制度性(权威性产生的形式约束力)和实质性(说理充分产生的实质说服力)的双重保证。

---

① See Neil MacCormic, *Institutions of Law: An Essay in Legal Theory*, Oxford University Press, 2007, pp. 11-14.
② 〔英〕H. L. A. 哈特:《法律的概念》(第二版),许家馨、李冠宜译,法律出版社 2011 年版,第 95 页。
③ 〔德〕卡尔·拉伦茨:《法学方法论》,陈爱娥译,商务印书馆 2003 年版,第 300 页。

这两个方面叠加在一起所产生的规范性力量,要求法官在实践活动中无充分理由不得任意偏离相关的指导性案例。基于附属的制度性权威,指导性案例已成为司法裁判中具有弱规范拘束力的裁判依据,由此获得了一种"准法源"的地位。①这实质上是说,指导性案例所要求的类案类判应能并且事实上能够成为司法的内在构成性义务,而泮伟江认为这恰恰正是最高人民法院"应当参照"的表述所试图表达的效果。②另外更进一步地,从指导性案例在实质上补充和创造规则(造法)的角度看,这种普遍性的约束力也能得到相应的支持。

通过以上的讨论,可以看到,基于"先例就是先例因而应遵从之"的论证,尽管这一论证在表达或逻辑上有些霸道,在具体的解释方面也存在一些缺陷,但是,作为一种从道义论的角度对类案类判能够成为司法的构成性义务所做的初步论证,笔者认为它仍然有很大的信服力。聚焦于判例自身的性质,作为司法活动的产物,它一方面是抽象法律的实例化或标准化,另一方面其本身就在创制法律或生成规则;由于它蕴含了一种能够超越个案的正确性裁判主张,因而能够对未来类似案件的裁判产生一种具有普遍性的约束力或指导力。正是在这个意义上,我们可以说,类案类判就是司法的一项重要的构成性义务。

(二) 类似情况类似处理的正义原则

第二种版本的道义论最具吸引力,即诉诸类似情况类似处理的正义原则。甚至可以说,这几乎成了所有学者在解释为何应坚持类案类判时都无法轻易避开的一个重要理由。依照这一辩护思路,类似情况类似处理作为一个形式正义原则,对于司法裁判而言不仅是重要的,而且这种重要性能够成为决定司法裁判运行的一种独立的内在价值。为此,笔者首先试图展示这一正义原则对于司法而言为何是重要的以及这种重要性体现为何,其次将选择一些比较冲击性的批评或指责进行回应。如此做的目的是要证明,如果司法活动任意地背离类似情况应类似处理的正义原则,那么这种活动将很难再能被称之为司法裁判。

英文的"justice"一词有"正义""司法"或"大法官"等意思,而在中文

---

① 参见雷磊:《指导性案例法源地位再反思》,载《中国法学》2015年第1期。
② 参见泮伟江:《论指导性案例的效力》,载《清华法学》2016年第1期。

中,"司法"与正义也有着难以割舍的概念性联系,甚至可以毫不夸张地说,正义是司法所欲追求的首要价值。形式正义要求类似的情况类似处理、不同的情况不同处理,由此可见正义的核心是平等。劳埃德指出:"正义并不意味着我们可以不顾个体的差异而必须同样地对待每一个人。……这一形式(正义)原则的真正意义在于同等的情况应同等地对待,因此出于某一特定的目的,归属于同一范畴之下的每一个人都应以同样的方式被对待。"①事物以类型化的方式存在着的,依照考夫曼的见解,平等是一种关系上的平等、是一种类推,而基于这种类推才能获得秩序。②法律的存在及其平等实现同样依靠类推,而这恰恰是类案类判原则的全部核心要义所在。

有些学者在讨论类似情况类似处理的重要意义时指出,这一要求的实际重要性可能超乎人们的想象,甚至在某种意义上能够拥有终极性价值的地位,以至于一些支持者会使用"自然正义"(natural justice)来突显或强调这一要求的重要性。③他们甚至援引罗尔斯关于自然义务的论述,将类似情况类似处理拔高到一种近似自然义务的地位。根据罗尔斯的论述,自然义务不是经由社会安排的规则所设定的,而是我们在社会中本来就负有的义务。他区分了职责(obligation)与自然义务这两个概念,认为职责的义务性强度更小,因为职责的设定需满足规范本身具有公正性以及人们的自愿接受这两个条件。而相比之下,自然义务的强度更大,它几乎要求实践中的人们无条件地予以服从,而不管我们是否愿意承担这些行为。④赋予类似情况类似处理以自然义务的地位,这实质上等于将其尊奉为一种构成性义务,实践活动不得随意放弃这一要求。

类似情况类似处理这个正义原则拥有独立的内在价值。这包含两层意思:第一,它并不是一种可有可无的外在价值,而是一种内在于法律体系或司法的固有价值,这体现为"就摆在法院面前的争议问题而言,对类

---

① See Dennis Lloyd, *The Idea of Law*, Revised Edition, Penguin Books Ltd, 1981, pp.119-120.
② 参见〔德〕阿图尔·考夫曼:《法律哲学》,刘幸义等译,法律出版社2004年版,第179页。
③ 参见陈景辉:《同案同判:法律义务还是道德要求》,载《中国法学》2013年第3期。
④ 参见〔美〕约翰·罗尔斯:《正义论》(修订版),何怀宏等译,中国社会科学出版社2009年版,第87—90页。

似案件进行平等地对待是法律秩序所固有的一种深层次期待"。①第二，类似情况类似处理所要求的平等对待，就其自身而言是一个独立的道德价值，其存在并不依赖于其他种类的任何道德原则。②在此意义上，类似情况类似处理的形式正义原则可以支持"强主张"，因为它从根本上决定和形塑了司法裁判活动应以平等对待的方式进行，任何背离这一要求的行动不仅违背了正义原则，而且在本质上将很难再被看作是一种常规的司法活动。大家不妨设想，一种不受平等对待拘束、可恣意甚至任性地作出裁判决定的活动，是否还能被称之为真正的司法裁判。

以上笔者初步论证了类似情况类似处理的正义原则对于司法而言是重要的，并且这种重要程度能够使其自身上升为构成性的角色或地位。当然需要说明的是，由于种种原因，此处我们无法穷尽所有的论据，也未能提及其他一些支撑性理由。接下来，本书要转向对"强主张"辩护思路的批评，并尝试做一些澄清和回应。在诸多的批评声中，我们看到，有学者指出类似情况类似处理只是正义的一个纯粹形式性的要求，并不能指明案件在实质上受到公平对待是什么样子的。③这一批评的标靶指向了形式性标准无法推导出实质性内容。这其实与另一种更为致命的批评是联系在一起的，即形式正义的原则是空洞的，无法告诉人们形式上相似的两个案件为何在实质上也应以一种相似的方式裁决。

类似情况类似处理的形式正义原则呈现出的空洞性，尤其体现在它不能直接告诉人们何种案件是"相似的"或"不相似的"。如果想在司法活动中成为具有决定性的行动理由，那么它必须要提供或增补一套判断案件相似性的标准。或者用陈景辉的话来说，如欲用类似情况类似处理来辩护类案类判的强主张，那么就得附加类型化标准的条件。④在解释形式正义原则空洞性这一点上，很多学者都会援引哈特的著名论断：" '等者等之，不等者不等之'是正义观念的核心元素，它自身还是不够完备，在没有补充原则的情况下，它无法为行为提供决定性的指示。……在我们明定

---

① Edmond N. Cahn, *The Sense of Injustice: An Anthropocentric View of Law*, New York University Press, 1949, p.14.
② See Larry Alexander & Emily Sherwin, *Demystifying Legal Reasoning*, Cambridge University Press, 2008, p.37.
③ See Martin P. Golding, *Legal Reasoning*, Broadview Press, 2001, p.98.
④ 参见陈景辉：《同案同判：法律义务还是道德要求》，载《中国法学》2013年第3期。

哪些相似性和差异性与个案'相关'之前,'等者等之'就只能是个空洞的形式。"①类似的主张还有很多,比如劳埃德也曾指出:"形式正义是一个十分空泛的范畴,有点儿类似于康德的绝对命令,因为倘若要使它具有特定的内容,就需要诉诸于形式平等以外的其他原则。"②总而言之,形式正义原则要想发挥作用,就必须依赖于一些更加实质性的标准。

除此之外,在对形式正义原则空洞性的诸多批评中,最值得一提的是密歇根大学的彼得·韦斯滕教授。1982年他在《哈佛法律评论》上发表了一篇名为《平等观念的空洞性》的文章,其核心内容也是在批判形式正义的空洞性。他认为类似情况类似处理的平等原则如果想要获得意义,就必须包容一些外部性价值以决定何种情形以及何种对待是类似的,而一旦找到这些外部价值,平等对待原则本身也就变得多余了。③这篇文章一经刊出便产生了巨大的影响,随后不少学者(既有来自法学界的也有来自哲学圈的)陆续加入这场关于形式正义原则是否具有空洞性的讨论中。其中一些学者追随韦斯滕继续为这一原则的空洞性摇旗呐喊,而另外一些学者则站在对立面为形式正义所具有的实质性内涵进行辩护。尽管这场争论已经超出了法学关注的范围,但对于我们此处的讨论却具有十分直接且重要的意义。④接下来,针对类似情况类似处理具有空洞性的批评,笔者将做有针对性的回应。

首先,涉及批评者对于构成性义务本身的理解。

笔者的基本观点是,在讨论构成性义务的特质时,应注意区分"不可

---

① 〔英〕H. L. A. 哈特:《法律的概念》(第二版),许家馨、李冠宜译,法律出版社2011年版,第153页。

② See Dennis Lloyd, *The Idea of Law*, Revised Edition, Penguin Books Ltd, 1981, pp. 119-120.

③ See Peter Westen, The Empty Idea of Equality, *Harvard Law Review*, Vol. 95, No. 3 (Jan., 1982), pp. 537-596.

④ 围绕韦斯滕的主张所产生的后续讨论文献,包括但不限于:Erwin Chemerinsky, In Defense of Equality: A Reply to Professor Westen, *Michigan Law Review*, Vol. 81, No. 3 (Jan., 1983), pp. 575-599; Anthony D'Amato, Is Equality a Totally Empty Idea? *Michigan Law Review*, Vol. 81, No. 3 (Jan., 1983), pp. 600-603; Peter Westen, The Meaning of Equality in Law, Science, Math, and Morals: A Reply, *Michigan Law Review*, Vol. 81, No. 3 (Jan., 1983), pp. 604-663; Christopher J. Peters, Equality Revisited, *Harvard Law Review*, Vol. 110, No. 6 (Apr., 1997), pp. 1210-1264; Kent Greenawalt, "Prescriptive Equality": Two Steps Forward, *Harvard Law Review*, Vol. 110, No. 6 (Apr., 1997), pp. 1265-1290. 对于这场争论的始末及文献观点的梳理,可进一步参见阎天:《平等观念是空洞的吗?——一页学术史的回思》,载《政治与法律评论》(第二辑),法律出版社2013年版,第137—176页。

放弃性"与"不可凌驾性"这两个概念。就司法这种高度具有组织性的活动而言,在这一活动运行原则意义上所坚持的"不可放弃性"与在其具体运行中的"可被凌驾"并不冲突。这也就是说,司法活动所要求的类案类判原则在实践中基于特定的理由是可以被凌驾的。对此,笔者在下一部分将会有进一步的讨论,但是这种被凌驾的事实并不改变它作为司法构成性义务的地位。

陈景辉正是在这一点上对类似情况类似处理的形式正义原则提出了批评,认为即便是类案类判具有类似于自然义务的地位,但也无可否认其他自然正义的可能性,诸如生命、财产和自由等,因此它仍然有被其他道德要求凌驾的可能性。他认为,只要存在被凌驾的可能性,就难以再成为一项构成性义务。① 在笔者看来,这一批评不能成立。理由在于,我们对待构成性义务的观念是不同的,前文已经论证了构成性义务并不是绝对不可被凌驾的。在普通法的实践中,形式正义原则无疑具有构成性的地位,然而实践中正当地偏离先例的现象时有发生,如果说坚持构成性义务绝对不可被凌驾,那么我们就无法解释普通法的这一实践活动。由此,那种从形式正义原则可被权衡进而可被凌驾的角度驳斥其能够具备构成性地位的观点,是不能被接受的。

其次,类似情况类似处理的形式正义原则能够支持"强主张"。

指责形式正义具有空洞性的批评者,不约而同地主张形式正义如果要想支持"强主张",就必须提供一种判断何为相似案件的标准。如果它不能明确地告诉人们到底什么是相似的情形以及什么是不相似的情形,那么这一原则在实践中就无法发挥作用。对于空洞性的指控,笔者计划从两个方面进行回应。

其一,面对诸多针对形式正义原则具有空洞性的指控,我们需要考虑这一原则到底是不是空洞的?

类似情况应进行类似处理,不同情况应作出不同处理,这一具有高度形式性的表述很容易给人们一种假象,即认为这一要求完全是形式化的,而无任何实质性内容。其实不然,这一形式化的表述背后,依然与实质性的内容是紧密联系在一起的。戈尔丁就主张类似情况类似处理仍与实质正义(substantive justice)有着关联。当一个案件已经以某种方式裁决,

---

① 参见陈景辉:《同案同判:法律义务还是道德要求》,载《中国法学》2013年第3期。

尤其是后来一系列的类似案件都根据这种特定的方式裁决，人们就可以合理地预见自己的案件也应以同样的方式得以裁决。随意偏离先前的判例就会挫败人们的预期，这在实质上是不公平的。平等对待的形式正义原则并不是一种空洞的口号，它在实质上能够为行动者或决策者提供具有决定性的理由。

格林沃特站在韦斯腾的对立面，也驳斥了其关于平等对待观念之空洞性的立论。他认为"类似情况类似处理"具有实质性的意涵，这一原则提供了一种遵照以往解决方案来处理类似问题的道德理由。以某种间接的方式，这一原则也影响着对于不平等对待如何进行正当性证明，并告诉我们在相关事物是否相似难以确定的事例中应该如何处理。并且，他反复强调形式正义原则具有一种独特的道德力量（moral force），该原则表达了一种关于服从有关标准的道德判断。在一些情形下，该原则仍然能够为已确立标准的平等对待提供真正的指引。①这是因为，在相关的平等对待标准被立法者确立之前，这个一般性的原则事先早已存在，并且对立法活动发挥了直接的指导乃至决定具体立法方案的作用。除此之外，这种实质性的道德力量还体现在，如果打破标准的情形过多，那么平等对待甚至能成为主张改变既有标准的道德基础。②回到类案类判，这一原则的实质性作用体现在两个方面：第一，真正的类案并非形似而是在实质上相似；第二，从处理结果上来看，它要求尽可能做到实质上的平等对待，这一点将在下文要讨论的裁判融贯性中有所体现。

其二，许多批评者认为类似情况类似处理的形式正义原则并不包含具体的判断标准，这导致它在实践中无法直接发挥作用。陈景辉详细陈述了这一点，并具体给出了两个方面的论证，接下来我们分别对其进行回应。

第一个方面的论证是，事先穷尽所有类别划分与"强主张"是不相兼容的。其理由是，如果在先前的立法工作中就已经实现了全面的类别划分，那就意味着它将会取消所有的自由裁量权，从而会取消类案类判原则

---

① See Kent Greenawalt, How Empty Is the Idea of Equality? *Columbia Law Review*, Vol. 83, No. 5 (Jun., 1983), p. 1170.
② 对此他举了一个例子加以说明，一个班级将70分划定为考试的及格线，结果70分以下的同学较多，如果一个心肠较软的老师让6个考了69分的同学都及格了，那么第7名同样考了69分的同学便可以基于平等对待的理由向老师主张及格。

适用的空间。①言外之意，此时类案类判变成了一个冗余的原则性要求。针对这一点，即便立法能够实现高度乃至全面的类型划分，也只会在一定程度上会限制但不可能取消自由裁量权，类案类判的原则依然能够发挥作用。对于案件类似性的判断并不是一个仅凭演绎逻辑就能完成的工作，在很多时候需要结合规范目的对案件的相关比对点作出实质性的判断。因此，可以暂时得出结论说，实现穷尽类别划分既不会完全抽空自由裁量空间，也不会让类案类判原则变成冗余性的教条，从根本上说这种做法不会威胁到"强主张"。

第二个方面的论证在于，事实领域的类别化工作是高度复杂的，任何两个事物既可以说是相似的，在某些方面又是不同的，如此一来可能会存在不同类别化的标准，也很难找到充分的理由去支撑何种划分是理性的或合理的。②诚然，立法者预知未来的能力是有限的，加上社会事实变幻万千、纷繁复杂，因此立法者无法完全、准确地预料到将来可能发生的一切事项，但是这并不意味着在立法过程中事先进行初步的类型化工作是不可能的。一如我们所反复强调的，事物（包括法律在内）本身就是一个类型化的存在，我们对于法律的认识也需借助于一种类型化的思维，而法律在实践中的现实化更要依赖于一种类型化的思路。由此可以说，立法者在立法之时便已有意识地接受并贯彻形式平等原则，所以认为形式平等原则唯有补充或附加实质性判断标准之后才能发挥作用的观点是不能接受的。

在承认立法可以对规范要件事实进行初步类型化的前提下，仍需回应的问题是：究竟何种类型化的标准是可欲的。这个问题其实可以进一步转化为，实践中是否存在着一种理性化的判断案件相似性的方案。对此，不少学者持怀疑论立场，认为案件事实的复杂多变性难以支撑一种客观的相似性判断标准。③立法是人们所能达成的一种最低限度的价值共识，体系化是立法所追求的重要价值，而实现体系化的一个重要手段便是类型化。立法过程中的类型化显然并非完全局限于事实范畴的分类，更重要的是，这种分类是以法律规范作为基本脉络或主线，将规范所包含或

---

① 参见陈景辉：《同案同判：法律义务还是道德要求》，载《中国法学》2013 年第 3 期。
② 同上。
③ See Neil Duxbury, *The Nature and Authority of Precedent*, Cambridge University Press, 2008, p. 177.

可能映射的事实拆解为多个要素或单元，然后在规范目的的指引下，对这些要素或单元再做进一步的排列组合，从而实现对规范要件事实的类型化划分。

在立法上对规范要件事实所进行的类型化，仍然是一般性的和可能性的，真正具体的、现实的类型化主要是在司法裁判过程中完成的。无疑，这种现实化的过程需要借助于一定的判断标准。判断两个案件到底是否相似，首先不仅要求它们在形式要件上相似，更重要的是要求它们在实质内容上相似。依笔者看来，判断相似性或类型化的标准可以用"规范目的＋关键性事实（相关相同点和相关不同点）"这个公式来表示。具体而言，要寻找案件的关键性事实，并于其中区分出前后案件的相同点与不同点，其中只有"相关相同点"（relevant similarities）与"相关不同点"（relevant differences）是重要的。在此之后，依靠规范目的的指引进一步判断两个案件的"相关相同点"与"相关不同点"何者更为重要。如果说前者更为重要，那么就可以得出结论说二者是相似案件；如果后者更为重要，则可判定这二者是不同的案件。

这里做一个简要的总结，在类似情况类似处理的形式原则是否一定空洞的问题上，笔者持否定的态度。这一具有高度形式化的表述背后其实有着非常强的实质性内容，能够为实践活动提供非常强有力的行动理由。与此同时，退一步而言，即便我们承认批评者关于形式正义原则具有空洞性的指责，我们仍然可能为这一原则提供可供操作的标准或指南。如上所述，不仅立法活动可以初步实现对规范要件事实类型化的安排，而且在司法裁判过程中仍然可以为判断案件的相似性确立一种理性化的客观标准。这套标准之所以能够在众多备选方案中胜出，是因为它要求裁判者将目光不停地来回往返于关键性事实与规范目的之间，从而可以很好地实现形式比对与实质判断的完美统一。所以在此意义上，类似情况类似处理的形式正义原则完全能胜任证成"强主张"的任务。

（三）司法裁判的融贯性

为了进一步支撑"强主张"，这里我们转向第三种版本的道义论辩护，即诉诸司法裁判的融贯性，来证成类案类判能够成为司法的构成性义务。比如，克里斯托弗·彼得斯就采纳这一立场，结合德沃金所提出的整全法为遵循先例原则辩护。①与此同时,安德瑞·马默、陈景辉等学者虽然赞同融贯性是一种道义论的辩护思路,但是认为这种辩护由于其所具有的一些内在缺陷,最终所支持的仍然是一种关于类案类判的"弱主张"。②接下来,我们首先界定裁判融贯性的意涵,在此基础上回应对于融贯性的一些批评,同时也力图展示融贯性如何能够辩护"强主张"。

融贯性(coherence)是知识论中的一个重要概念。按照知识是否可以以信念作为辩护基础,可以划分为信念理论和非信念理论。在回答认识规范来源以及一个认识何以为真时,前者诉诸一个人所持有的合理信念,也就是说了除了我们的信念之外再无任何东西可以进入知识的辩护之中;后者则抛弃信念假设,主张知识的辩护一定要立基于对其他非信念要素的考量。③在信念论中典型的有基础论和融贯论,前者将对知识的辩护层层追溯到基础信念,但其难题在于基础信念自身无法完成自我辩护。相比之下融贯论更胜一筹,它将辩护基础建立在各个具有平等性信念的相互支持的基础之上,从而可以消解基础论所面临的基础信念无法进行自我辩护的困境。

融贯性是一个相对模糊的概念,与其含义较为接近的是"一致性"(consistency)。这两个概念存在一定的联系,同时在本质上又是不同的。按照其字面意思来解释,一致性就是"前后连贯一致、协调、不相互冲突",司法裁判中的一致性意指推理的过程前后在形式上要符合逻辑。融贯性的初步要求就是逻辑上的连贯一致,在这一点上它与一致性是相通的;同时,许多学者也普遍认为融贯性包含一些比一致性更具深层意涵的内容,但是这种更深层次的东西却又很难清晰地表达出来。④一致性是融贯性

---

① See Christopher J. Peters, Foolish Consistency: On Equality, Integrity, and Justice in *Stare Decisis*, *The Yale Law Journal*, Vol. 105, No. 8 (Jun., 1996), pp. 2031-2115.

② 参见陈景辉:《同案同判:法律义务还是道德要求》,载《中国法学》2013年第3期;See also Andrei Marmor, Should Like Cases Be Treated Alike? *Legal Theory*, Vol. 11, (2005), pp. 36-38.

③ 参见〔美〕约翰·波洛克、乔·克拉兹:《当代知识论》,陈真译,复旦大学出版社2008年版,第28—31页。

④ 比如,比克斯认为融贯性是一个比纯粹一致性更强硬或更原则性的问题,但是对此却难以进一步清楚地予以表达。参见〔美〕布赖恩·H.比克斯:《牛津法律理论词典》,邱昭继等译,法律出版社2007年版,第37页;安德瑞·马默也有类似的判断,认为融贯性的要求相比之下更高,但是这些严格的要求到底是什么却很难说清楚。See Andrei Marmor, Coherence, Holism, and Interpretation: The Epistemic Foundations of Dworkin's Legal Theory, *Law and Philosophy*, Vol. 10, No. 4 (Nov., 1991), p. 385.

的必要但不充分条件,这就意味着仅仅有一致性尚不足以确立融贯性,除此之外还需要更高层面的规范性价值之间的相互支持与证立。

融贯性的一个重要特征在于它具有程度性,程度的强弱取决于支持关系的数量、支持链的长度、支持强度标准、理由链之间的关系、理由之间的优先序位、理由之间的相互证立等。[1]依照融贯性的强度,笔者认为,可以初步分为规范层面的融贯性与价值层面的融贯性。[2]规范层面的融贯性是一种初阶的融贯性,着眼于规则之间的和谐、有序,以及司法裁判合乎逻辑地依照规则进行推导,在这一点上融贯性与一致性基本上是高度叠加在一起的。价值层面的融贯性主要是法律体系在整体面向上的展开,不仅要求规范之间的形式一致性,同时更注重诸价值之间的相互协调、支持与证立。因此相比之下,第二个层次的融贯性显然要更强一些。

这里我们重点关注和强调的是价值层面的融贯性,德沃金的原则融贯论思想在这方面是个典范,他将法律实践视为一个解释性实践,这种解释活动要接受两道门槛的检验:首先是"符合"(fit),对于法律实践要素或标准的解释应符合实践,排除那种对于实践的凭空捏造;其次是"证立"(justification),要求对法律实践所做的解释能够在价值上与其他原则保持融贯。[3]其实德沃金在其作品中尽管并未直接使用"融贯",他用的是整全性(integrity),但是学者们认为其所建构的整全法理论有着极强的融贯性品质。[4]这种原则融贯性集中体现为:"要求政府对所有公民,必须要以一个声音说话、以一个具有原则性且融贯的方式来行动、把自己对某些人所使用的公平或正义之实质性标准,扩张到每个人。"[5]它要求法官应像写章回体小说的作者那样把裁判实践看作是一个整体,并将这种原则融贯性价值贯穿于整个裁判过程。

---

[1] See Robert Alexy and Aleksander Peczenik, The Concept of Coherence and Its Significance for Discursive Rationality, *Ratio Juris*, Vol. 3, No. 1 (2010), pp. 130-147.

[2] 这个划分参考了侯学勇的观点,他将融贯性分为法规范层面的融贯性、局部(部门法)层面的融贯性以及法体系整体的融贯性三个方面。参见侯学勇:《融贯性的概念分析:与一致性相比较》,载陈金钊、谢晖主编:《法律方法》(第九卷),山东人民出版社2009年版,第129—132页。

[3] 参见〔美〕罗纳德·德沃金:《法律帝国》,李冠宜译,时英出版社2002年版,第70—72页。

[4] See Joseph Raz, Speaking With One Voice: On Dworkinian Integrity and Coherence, in Justine Burley (eds.), *Dworkin and His Critics: With Replies by Dworkin*, Blackwell Publishing Ltd, 2004, pp. 285-290.

[5] 参见〔美〕罗纳德·德沃金:《法律帝国》,李冠宜译,时英出版社2002年版,第174页。

融贯性是司法裁判的基础性价值,同时这一价值又是独立存在的,它从根本上形塑着司法实践的真实样态。在此意义上,它几乎具备了一种构成性地位,正因如此学者们用其来支撑类案类判的"强主张"。这等于说,一项解决争议的活动之所以能够被称之为司法,关键就在于它能够贯彻原则融贯性的要求。一种任意践踏这一要求的活动可能仍然能够解决纠纷,但却已经偏离了我们标准意义上的司法。当然,这一论证本身也并非无懈可击,可能会面临一些批评,接下来笔者将对几个主要的批评意见逐一回应,以最终辩护"强主张"。

第一个批评,认为融贯性论证可能会面临"回溯性难题"。

该批评认为,原则融贯性既然具有过去和未来双重指向性,那么其既可能来源于过去的实践活动,亦可能产生于未来的审判实践。如果说在裁判中以未来的融贯性标准作为裁判依据,那么势必会产生"回溯性难题"。其实,在普通法遵循先例的框架下,通过推翻先例、创制新的先例规则来解决过去的案件,已经成为实践中的客观现实,并且也构成了普通法实践的重要内容,然而这种司法行动所产生的最直接问题便是"回溯性难题"。[①]这个问题其实就是司法造法的正当性问题。

首先,造法性的司法活动并未篡夺立法权,无论面对何种案件法官负有裁判之义务,在既有法律标准存在缺陷甚至缺位时,法院事实上获得了一种默许的、十分有限的权力来偏离既有的成文法或判例[②],司法的客观事实迫使法院必须面对回溯性难题。

其次,原则融贯性可以化解回溯性难题。原则融贯性包含规范融贯性与价值融贯性两个层面,简单案件中的融贯性主要是强调第一个维度,体现为裁判结论合乎逻辑地从规范前提中推导出来。而回溯性难题往往出现在疑难案件(hard cases)中,推翻既往先例或偏离既有法律标准,便会触及价值层面的融贯性。此时虽然眼光面向未来,但是所创制的新规

[①] 对融贯性所遭遇的"回溯性难题"的讨论,See Kenneth J. Kress, Legal Reasoning and Coherence Theories: Dworkin's Rights Thesis, Retroactivity, and the Linear Order of Decisions, *California Law Review*, Vol. 72, No. 3 (May, 1984), pp. 398-400;对普通法遵循先例蕴含的"回溯性困境",国内学者尚未给予充分关注,但这方面的英文文献确实是颇为丰富的,代表性的有:Ben Juratowitch, *Retroactivity and the Common Law*, Hart Publishing, 2008; Charles Sampford, *Retroactivity and the Rule of Law*, Oxford University Press, 2006.

[②] See Cass R. Sunstein, Problems with Rules, *California Law Review*, Vol. 83, No. 4 (Jul., 1995), p. 1008.

则要在价值的维度上符合支撑该法律的原则,使得新标准与原有(先例或成文法)标准能够融贯地连接为一个整体。

最后,融贯性使得过去、现在和将来有机地结合在一起,更为重要的是未来是相对于过去的未来,没有过去的映衬和依托就没有未来。所以原则融贯性的高明之处在于它可以将未来看作是对过去的一种延伸,如此一来回溯性难题便在一定程度上弱化了。恰如菲尼斯努力弱化新法与旧法的界限那样:"司法中采用的'新'标准,由于已经被非常狭窄地控制在既有实定法之可能性内,以至于它在很强的意义上已经是法律的一部分。"[1]由此可以说,回溯性难题并不能从根本上击倒融贯性的论据。

第二个批评是,融贯论无法应对价值的多元性。

这种批评的思路在于,可赋予法律实践的价值是多元化的,原则融贯性只是诸多备选方案中的一个,这与"强主张"是存在内在张力的。[2]首先应承认,这一批评注意到了实践中价值多元性这一事实,这是十分重要的。我们确实也可以从不同的价值维度来解释某一特定实践,除非原则融贯性是一种单一价值论,否则它仍然能够应对价值多元化的事实。德沃金对此回应道,他的"目的"并非是单一的原则或价值,相反是一组能够提供最佳证立的原则集合体。这组原则包括公平、正义与程序性正当程序。[3]这就可以看出,原则融贯性背后所彰显的是一组相互联系的实体性价值,这些价值经由原则融贯性的整合最终被结合成一个有机的整体。

其次,即使回应了原则一贯性作为单一价值的批评,问题仍然没有完全得到解决。原则融贯性仍然有可能与其他备选价值相互竞争,我们需要证明原则融贯性总是能够在每一次竞争中都胜出,或者换句话说,原则融贯性能够取得优先性或支配性的地位。顺着德沃金的思路往下走,原则融贯性包含公平、正义与程序性正当程序三项价值,其中前两项价值明

---

[1] See John Finnis, Natural Law: The Classical Tradition, in Jules Coleman and Scott Shapiro (eds.), *Oxford Handbook of Jurisprudence and Philosophy of Law*, Oxford University Press, 2002, pp. 10-11.

[2] 参见陈景辉:《同案同判:法律义务还是道德要求》,载《中国法学》2013年第3期。拉兹也提出过类似批评,认为德沃金的融贯论是一种"强的一元融贯论",其旨在找到一个可以支配解释对象的单一目的。See Joseph Raz, *Ethics in the Public Domain: Essays in the Morality of law and Politics*, Oxford University Press, 1995, p. 320.

[3] See Joseph Raz, Speaking With One Voice: On Dworkinian Integrity and Coherence, in Justine Burley (eds.), *Dworkin and His Critics: With Replies by Dworkin*, Blackwell Publishing Ltd, 2004, pp. 339-395.

显具有更多的实体性,而后一种价值则主要是形式性或程序性价值。这也体现出了原则融贯性既有高度实质性的一面,同时也具有形式性的一面,它们交织在一起形成了融贯的完整体系。

最后,在公平、正义与正当程序之外,确实还有一些价值,比如诚信、效率等。然而最能够以最佳的形式或状态将司法活动的本质结构展现出来的莫过于公平、正义与正当程序这三项价值,它们处于价值体系的最内核,其他的则是一些边缘性的价值。在此意义上,原则融贯性似乎能够为司法裁判提供最佳证立。更进一步,德沃金提出了"价值一体化"命题,认为价值是客观的,具有真值性,同时价值之间并不冲突,而是相互关联和促进并从而成为一个价值整体。[①]如此一来,原则融贯性所蕴含的价值一体化命题,可以帮我们有效地回应上述第二项批评。

以上便是对两个主要批评的回应,它们均未从根本上摧毁原则融贯性作为司法核心价值的地位。当然除此之外,还有一些批评,比如认为裁判一致性的要求为尊重有缺陷的先例提供了道德理由。[②]根据前文的论述,一致性只是融贯性的必要但不充分条件,它只是较低层次的融贯性。由于原则融贯性包含比一致性更丰富,更深层的内涵,它兼顾了形式与实质,贯穿过去、现在与未来的实践活动。在面对有道德缺陷的先例时,它并不会要求机械地遵从,反而倡导灵活地补充或续造法律。核心之处在于,这种续造不仅具有现实必然性,而且在理论上能够与融贯性实质性的一面相互兼容,从而不必打破原则融贯性对于司法裁判的拘束或要求。总而言之,作为一项极具吸引力的独立的道德价值,原则融贯性能够强有力地支撑类案类判的"强主张"。

四、结　语

类似案件应当类似审判,作为一项基础性的法律原则,回答了司法最深层的本质结构是什么的问题。司法的本质并不是简单地体现为解决纠纷,而是表现在依靠一种类型化的案例推理式思维将较为抽象的法律进

[①] 参见郑玉双:《价值一体性命题的法哲学批判:以方法论为中心》,载《法制与社会发展》2018年第2期。

[②] See Neil Duxbury, *The Nature and Authority of Precedent*, Cambridge University Press, 2008, pp. 169-170.

行具体化。这在一定程度上修正了将"依法裁判"奉为司法之本质的观点,其问题在于"依法裁判"本身具有空洞性而有待于具体化,同时"依法裁判"亦未能从根本上彰显司法最独具特色的品质。在此基础上,笔者分别从后果论与道义论的角度展开,前者主要是从类案类判所可能带来的有益后果出发论证类案类判对司法而言是重要的,而后者则从该原则自身的存在基础出发,证成了类案类判能够成为司法的构成性义务,这也就意味着类案类判是对司法裁判所提出的一种法律性要求。

将类案类判看作司法的构成性义务,主要是要求它在司法组织活动原则的意义上具有不可放弃性,但是在具体的实践操作上基于更强的理由有被凌驾的可能性。这种凌驾性与不可放弃性其实是兼容的,并未从根本上危及"强主张",否则我们就连普通法遵循先例的常规实践都无法解释了。由此,在坚持构成性地位的同时,我们也应看到这一原则自身的限度,盲目且机械地固守类案类判原则,可能最终会产生不受欢迎的裁判结果。在过去的先例案件存在缺陷甚至出现道德错误时,通过区分技术将前后两案判定为不同案件并作出差异化判决,实质上也符合类案类判所包含的"不同案件不同处理"的精神。最后需要强调的是,澄清类案类判的基本性质有助于扫清案例指导制度发展的一些障碍,这种"强主张"非但不会让案例指导制度变成一种冗余的设计,反而在制度建构的层面会进一步强化指导性案例对于类案裁判的规范性拘束力。

第三章 论类似案件的判断

在当代中国,案例指导制度和指导性案例越来越受到法律人的重视。这可以从各类学术期刊中有关指导性案例研究文章的数量和分量,从多种法律出版物中有关指导性案例、案例指导的文章种类和数量看出。但是,目前指导性案例的实践效果却差强人意。笔者以为,"类似案件类似审判"①既是案例指导制度理论研究中的一个尚未真正解决的重要问题,也是提升指导性案例实践效果的一把钥匙。笔者在此所说的类似案件类似审判,既指最高人民法院《关于案例指导工作的规定》第7条所说的"最高人民法院发布的指导性案例,各级人民法院审判类似案例时应当参照",也指笔者在其他文章和下文将要提到的对广义指导性案例的类似案件类似审判。实现类似案件类似审判需要解决两个关键问题:如何判断类似案件?怎样做到类似审判?笔者拟集中讨论第一个问题,同时在一定程度上兼顾第二个问题。如果人们不知道什么样的案件是与指导性案例相类似的案件,指导性案例就很难有用武之地。笔者将首先讨论目前有关上述问题的学术观点及现有研究中存在的问题,接着,探讨判断类似案件的观念与理论基础;然后,讨论判断案件类似性方法的两个方面:一是确定并运用比较点,二是判断相关类似性的规则与逻辑。笔者期望这些探讨有助于我们解决使用指导性案例的方法论困难,以真正发挥指导性案例的作用。

---

① 笔者这里所说的类似案件类似审判,与张志铭教授等学者讲的"同案同判"的意思是一致的。但是类似案件类似审判是更准确表达笔者思想的用词。

一、现有观点及存在的问题

关于判断类似案件的标准与方法,王利明教授提出类似性应当具有四个特点:案件的关键事实相似、法律关系相似、案件的争议点相类似、案件所争议的法律问题具有相似性。① 四川省高级人民法院、四川大学联合课题组倡导一种简便易行的相似性识别技术,提出"以'裁判要点'为判断相似性的基准:待决案件的事实与'裁判要点'所包括的必要事实具有相似性;待决案件所要解决的法律问题与'裁判要点'涉及的法律问题具有相似性"②。张志铭教授进一步提出,应当"立足于案件事实与具体法律条文的联系,即以案件事实的法律特性为线索,来确定两个案件的事实在整体上是不是涉及相同的法律问题,是不是属于同样法律性质的案件"③。刘作翔、徐景和两位教授认为:应当"分析案件事实,明确主要问题。通过对案件事实的分析,明确当事人争议以及法院需要裁决的主要问题"④。黄泽敏同学和张继成教授提出了实现同案同判的认识规则、断定同判的判断规则等,指出"同案同判的最终标准是实质理由论证"⑤。

在什么情况下会发生类似案件类似审判的问题?刑事案件是否可以运用指导性案例做到类似案件类似审判?周光权教授通过对目前已经发布的刑事指导性案例进行深入细致的分析,给出了肯定的回答。周教授提出:"对被告人有利的刑法解释,即便属于类推,也应该允许。"⑥同时,周教授经过对指导性案例第13号的分析,指出指导性案例第13号在不修改以往司法解释的前提下,对有关司法解释进行了澄清,属于"拓展司

---

① 王利明:《成文法传统中的创新——怎么看案例指导制度》,载《人民法院报》2012年2月20日,第2版。
② 四川省高级人民法院、四川大学联合课题组:《中国特色案例指导制度的发展与完善》,载《中国法学》2013年第3期。
③ 张志铭:《中国法院案例指导制度价值功能之认知》,载《学习与探索》2012年第3期。
④ 最高人民法院研究室编:《审判前沿问题研究——最高人民法院重点调研课题报告集》(上册),人民法院出版社2007年版,第441页。
⑤ 黄泽敏、张继成:《案例指导制度下的法律推理及其规则》,载《法学研究》2013年第2期。
⑥ 周光权:《刑事案例指导制度:难题与前景》,载《中外法学》2013年第3期。

法解释"型的指导性案例。①

我们可以看到,当代中国学者在有关类似案件类似审判的探讨中已经达成了一定的共识,取得了一定的进展。这些共识与进展是:认识到案件事实的重要性,特别是案件的关键事实(必要事实)的重要性;认识到存在于必要事实中的争议问题或者说是待决案件所要解决的法律问题与指导性案例的裁判要点(包括必要事实)和裁判要点涉及的法律问题相似是重要的;认识到相关法律规定与案件事实的关联性;刑事案件也可以运用指导性案例类似案件类似审判。上述共识与进展有助于我们更深刻地认识类似案件类似审判,更好地发现类似案件类似审判的方法。

但是学者们在有些问题上仍然存在分歧,有些问题还有待于进一步研究。这些分歧及有待解决的问题有:

其一,类似案件审判的内涵与表述。对于最高人民法院《关于案例指导工作的规定》第7条"最高人民法院发布的指导性案例,各级人民法院审判类似案件时应当参照"的表述与含义,张志铭教授用"同案同判"来概括这项规定,并从表述形式和表述内容两个方面对第7条进行了分析,认为这里的"同案"应当表述为"同样案件",因为"同类案件"的意思重心在"异"而不是"同","同样案件"的意思重心在同而不是异;并且,"同类案件"容易使人误以为寻找指导性案例只涉及案件事实的比较,而案件比较应当是"以案件事实的法律特性为线索,来确定两个案件的事实在整体上是不是涉及相同的法律问题,是不是属于同样法律性质的案件"②。所以,张志铭教授认为"同样案件"比"同类案件"的表述更可取。③

其二,何为案件的"关键事实"? 何为刘作翔、徐景和两位教授在上面引文中所说的"主要问题"? 刘作翔、徐景和两位教授在谈到排除适用指导性案例的原则时认为:"只要找出两案在事实方面的差异,甚至是细微的事实差异就可能达到排除指导性案例适用的目的。"④笔者以为,这是需要条件的。因为很难想象随便什么细微的事实差异就可以排除指导性案例的适用。那么需要什么样的条件? 在什么情况下细微的事实差异就

---

① 周光权:《刑事案例指导制度:难题与前景》,载《中外法学》2013年第3期。
② 张志铭:《中国法院案例指导制度价值功能之认知》,载《学习与探索》2012年第3期。
③ 同上。
④ 最高人民法院研究室编:《审判前沿问题研究——最高人民法院重点调研课题报告集》(上册),人民法院出版社2007年版,第443页。

可以排除指导性案例的适用？周光权教授认为应当认真研究判决理由与事实概要，"建立二者之间的联系，从中寻找与该案件的事实关系有紧密关联的判决的核心意思（本意、要旨），防止边缘事实不同而彻底'架空'指导性案例"①。周教授的主张与刘、徐两位教授的观点既有共同点又有不同，周教授所说的"与该案件的事实关系有紧密关联的判决的核心意思（本意、要旨）"与刘、徐两位教授所说的"主要问题"和王利明教授所说的"关键事实"的观点很相似。但什么是"与该案件的事实关系有紧密关联的判决的核心意思（本意、要旨）"呢？我们怎样寻找它们？同时，周教授所说的"防止边缘事实不同而彻底'架空'指导性案例"的意见与刘、徐两位教授"细微的事实差异就可能达到排除指导性案例适用的目的"的观点各执一端。那么，谁正确呢？四川省高级人民法院、四川大学联合课题组提出的属于区别技术的"决定性理由"与前面学者们的观点英雄所见略同。②那么，什么是、怎样确定"决定性理由"或"实质理由"？我们是否有可能制定许多法官所希望的那种"案例相似性比对规则"？③

笔者接下来将针对如下问题进行讨论：

（1）为什么案件事实在实现类似案件类似审判时重要？什么是实现类似案件类似审判案件所需要的事实？什么是实现类似案件类似审判所需要的关键事实（必要事实）？何为案件的"主要问题"？

（2）为什么存在于必要事实中的争议问题，或者说待决案件所要解决的法律问题与指导性案例的裁判要点（包括必要事实），或者说裁判要点涉及的法律问题在判断类似案件的相似性时重要？为什么需要将相关法律规定与案件事实关联起来？

如何确定存在于必要事实中的争议问题？它与裁判要点（包括必要事实）或裁判要点涉及的法律问题是什么关系？如何比较待决案件所要解决的法律问题与指导性案例的裁判要点（包括必要事实）、存在于必要事实中的争议问题以及裁判要点涉及的法律问题是否类似？

（3）如何对待指导性案例与待判案件在事实方面的差异？在什么情况下细微的事实差异就可以排除指导性案例的适用？怎样防止由于边缘

---

① 周光权：《刑事案例指导制度：难题与前景》，载《中外法学》2013年第3期。
② 四川省高级人民法院、四川大学联合课题组：《中国特色案例指导制度的发展与完善》，载《中国法学》2013年第3期。
③ 同上。

事实不同而彻底"架空"指导性案例?

(4) 什么是"与该案件的事实关系有紧密关联的判决的核心意思(本意、要旨)"? 如何确立判决理由与事实概要二者之间的联系,怎样从判决书中寻找与该案件的事实关系有紧密关联的判决的核心意思(本意、要旨)? 是否存在区别技术的"决定性理由"? 什么是、怎样确定区别技术的"决定性理由"?

(5) 我们是否可以制定某种"案例相似性比对规则"?

二、判断类似案件的观念与理论基础

(一) 类似案件判断与类比推理

判断类似案件是一个理性思考的过程。类比推理作为一种理性的思考方式,是人们判断类似案件的重要方法。布雷克顿在13世纪谈论类推时指出:"如果出现任何新的和不寻常的情况,而且已经出现过与之类似的事情,就以相似的方式(like manner)来裁判该案件,'以此类推'。"① 运用类比推理判断类似案件是一个自然而然的选择。在普通法系国家,由于类似案件必须类似审判(Like cases must be decided alike)要求对前一个判例中的判决进行类推扩展,所以遵循先例原则使得法官们按照类推的方式进行推理。当然,类似案件必须类似审判要求的另一面,就是必须要注意相反的规则,不类似的案件必须有不同的判决。所以,美国哈佛大学法学院布儒教授指出:类比与先例是法律职业所独有的、独特的工作方法。"类推在许多领域,尤其是在决疑的道德与法律推理中发挥着重要作用"。② 克罗斯和哈里斯指出,就一个单独的先例而言,类推司法推理有三个阶段:首先,是对先前判例和法院面前的案件之间的相似性的判断;其次,是确定先前判例的判决理由;最后,是决定把该判决理由适用于当

---

① 转引自 Rupert Cross, J. W. Harris, *Precedent in English Law* (Fourth Edition), Clarendon Press, Oxford, 1991, p.26;〔英〕鲁伯特·克罗斯、J. W. 哈里斯:《英国法中的先例》(第四版),苗文龙译,北京大学出版社2011年版,第31页。中文本将"like manner"翻译为"同样的方式"似乎不是最佳翻译,笔者根据英文原词和原文上下文译为"相似的方式"。

② See Scott Brewer, Exemplary Reasoning: Semantics, Pragmatics, and the Rational Force of Legal Argument by Analogy, *Harvard Law Review*, Vol 109, No. 5(Mar., 1996), p.956.

下案件。类比推理在这三个阶段中的第一阶段和第三阶段发挥作用。尤其是在第三阶段,"在该阶段,法官必须考虑他面前这个案件的事实和先前那个判例的事实是否类似到足以适用其判决理由"。① 在民法法系国家,类比推理的质量对于先例作用的发挥具有重要的影响,"一个先例的力量与合理性就是这些案例之间类比的力量"②。

根据《西方哲学英汉对照辞典》,从词源上讲,类比(analogy)由希腊文 ana(起来、通过)和 logos(理性)结合而成。这个词原来指不同事物之间的数学比例,现在已经扩展来指不同事物之间的类似和相像。③ 布儒教授认为:"类比的古代意思是作为比例的平等。"④美国实用主义哲学家皮尔士对类比的说明非常精到:"类比是如下推断:一组数目不大的对象如果在许多方面都一致,很可能在另一方面也一致。"⑤《美国遗产词典》关于类比推理的定义是:"一种建立于这样一种假定之上的逻辑推论方式或者是这种推论的一个结果,即如果已知两个事物在某些方面相类似,那么它们一定在其他方面类似。"⑥《牛津英语词典》的定义是:"从相似案件中所做的推理过程;基于如果事情在某些方面属性类似,那么它们其他的属性也将类似的假设的假定推理。"⑦

笔者引述这些论述和词典的目的,是想请读者注意有关类比推理的三个关键词:比较、扩展、推论。即类比推理是有关事物之间的比较;它是把人们对已知事物的认识扩展到未知事物上;它是一种或然性的推论,而不必然是颠扑不破的真理,其正确性取决于许多因素。

---

① 〔英〕鲁伯特·克罗斯、J. W. 哈里斯:《英国法中的先例》(第四版),苗文龙译,北京大学出版社 2011 年版,第 209 页。
② D. Neil MacCormick, Robert S. Summers, *Interpreting Precedents: A Comparative Study*, Ashgate, 1997, p. 474.
③ 〔英〕尼古拉斯·布宁、余纪元编著:《西方哲学英汉对照辞典》,人民出版社 2001 年版,第 41 页。
④ Scott Brewer, Exemplary Reasoning: Semantics, Pragmatics, and the Rational Force of Legal Argument by Analogy, *Harvard Law Review*, Vol 109, No. 5(Mar., 1996), p. 942.
⑤ 转引自〔英〕尼古拉斯·布宁、余纪元编著:《西方哲学英汉对照辞典》,人民出版社 2001 年版,第 41 页。
⑥ *American Heritage Dictionary* 66 (3d ed. 1992),转引自 Scott Brewer, Exemplary Reasoning: Semantics, Pragmatics, and the Rational Force of Legal Argument by Analogy, *Harvard Law Review*, Vol 109, No. 5(Mar., 1996), p. 951.
⑦ *Oxford English Dictionary* 432 (2d ed. 1989),转引自 Scott Brewer, Exemplary Reasoning: Semantics, Pragmatics, and the Rational Force of Legal Argument by Analogy, *Harvard Law Review*, Vol 109, No. 5(Mar., 1996), p. 951.

案件类比虽然以类比推理为工具，但案件类比并不是一个简单的逻辑作业过程。我们以往多是在形式逻辑的框架下谈论类比推理，难免使我们对类比推理的理解和使用具有唯理主义的倾向。这反倒限制了我们运用类比推理判断类似案件。诚如考夫曼教授所说，类推结论是或然的、有疑问的判断，而"创造性的、崭新的知识几乎都不是以一种精确的逻辑推论来进行"。① 笔者以为，我们在思考类似性判断方面需要一种观念的改变、升级。所以，我们在讨论类似案件判断的具体问题之前，需要先讨论影响类比判断正确性的因素与类比扩展的特点。

(二) 类似性判断与人的主动性

对事物进行类似性判断，就是进行某种形式的分类。中国古代先哲对此有着丰富的、对我们非常具有启发性的论述。《周易·系辞下》讲："古者包牺氏之王天下，仰则观象于天，俯则观法于地，观鸟兽之文与地之宜，近取诸身，远取诸物，于是始作八卦，以同神明之德，以类万物之情。"②《荀子》讲："有法者以法行，无法者以类举。以其本知其末，以其左知其右，凡百事异理而相守也。庆赏刑罚，同类而后应。政教习俗，相顺而后行。"③我们从这些论述中可以学到：中国古代先哲把类比作为认识世界的重要方法；事物虽各有不同，但人们可以通过对事物的比较、关联、类比，由此及彼，认识、把握客观事物。《庄子》则从另一个角度告诉我们类比的奥秘："自其异者视之，肝胆楚越也，自其同者视之，万物皆一也。"④客观事物千差万别，但是人们可以通过从不同角度对这些事物的比较、关联、类比，根据对事物进行类比的不同标准，发现事物多侧面的相同点或不同点。换言之，类比推理就是人们根据一定的标准把不同事物相同处理，而这些标准是被证明为正当的。德国考夫曼教授在谈到类推时表达了类似的观点。他指出，类推是"在一个已证明为重要的观点之下，对不同事物相同处理，或者我们也可以说，是在一个以某种关系为标

---

① 〔德〕亚图·考夫曼：《类推与事物本质——兼论类型理论》，吴从周译，台湾学林文化事业有限公司1999年版，第77、79、135页。
② 黄寿祺、张善文撰：《周易译注》，上海古籍出版社1989年版，第573页。在这个问题上，笔者受到郑智博士在2013年10月19日中国法学会比较法学研究会年会论文《身体思维下的"情实"问题及其巫术根源》的启发。
③ 章诗同注：《荀子简注》，上海人民出版社1974年版，第303页。
④ 陈鼓应注译：《庄子今注今译》，中华书局1983年版，第145页。

准的相同性中(关系相同性,关系统一性),对不同事物相同处理"①。类推的实质是"以一个证明为重要的观点为标准,而将不同事物相同处理之思想"。②

现代社会的"类型"概念最早由生物分类学转化而来,后广泛用于建筑学、语言学等许多领域。在建筑学上,"'类型'表现更多的是一种元素的观念,这种观念自身就应该作为特定模式的规则"③。人们把自然科学的分类行为称为"分类学",而把社会领域的分类行为称为"类型学"。"类型学"研究可变性和过渡性。因为一个类型只需研究一种属性,所以类型学可以用于各种变量和转变中的各种情势的研究。根据研究者的目的和所要研究的现象,可以引出一种特殊的次序,而这种次序能对解释各种数据的方法有所限制。所以对类型学进行研究的学者认为,分类的规则不是客观的,而是一种"人类心灵的建构"。④ 在人对于分类与类比的主动性上,法律分类与类比法律推理同社会领域的分类具有共性。克罗斯和哈里斯就认为,"对先前案件和法院面前的案件之间的相关类似或区别的感知在很大程度上取决于情境"。这甚至"主要是一个心理学问题"。⑤

(三) 类似案件判断与法律的密不可分联系

我们从上文的讨论可以看出,人们通过从不同角度、按照一定的标准对事物进行比较、类比,发现不同事物的相同点或不同点,从而得出某些事物类似或不类似的结论。那么,人们在法律生活中对案件进行比较、类比,根据什么标准确定不同案件的相同点或不同点,从而得出案件类似或不类似的结论?法律。法律是人们判断案件相似性的重要标准。可是,人们进行类似案件判断往往是由于制定法不能给我们提供审判案件的标准,所以需要在判例的指导下审判案件。这就给人一个错觉,以为对类似案件的判断是不需要法律或者没有法律可作依据的。其实,我们所说的

---

① 〔德〕亚图·考夫曼:《类推与事物本质——兼论类型理论》,吴从周译,台湾学林文化事业有限公司1999年版,第59页。
② 同上书,第61页。
③ 沈克宁:《建筑类型学与城市形态学》,中国建筑工业出版社2010年版,第21页。
④ "关于类型学",http://blog.sina.com.cn/s/blog_472767a30100iabi.html,最后访问时间:2020年9月15日。
⑤ 〔英〕鲁伯特·克罗斯、J.W.哈里斯:《英国法中的先例》(第四版),苗文龙译,北京大学出版社2011年版,第212—213页。

案件类似都是规范性、法律性的类似,所以对案件类似的判断还是以法律为基础。哈佛大学法学院布儒教授指出:"一个人如果不首先形成用来处理相关的同一性的法律规则,永远不可能声称甲在法律上同乙类似。为什么?因为那正是法律相似、平等、相同或类似所意味的。它们意味着按照既定的规定性处理规则,甲和乙规定性的相同。"① 佩赞尼克教授在谈到民法法系国家判例方法时指出:"判例之间的类比需要建立它们之间的联系,这种联系不会是别的,就是涵摄这些判例的规范,这种规范或者已经先在,或者由解释者所创造,但它一定是可思议的。"②

(四)判断类似案件所依据的法律和所使用的推理方法

我们说"类似案件类似审判"与法律有密不可分的关联,但这里的法律并非规范思维模式(规则主义)下的法律规则,而是卡尔·施密特所说的法律秩序思维模式中的法律③,或者是考夫曼教授所说的"实质的具体的法"。考夫曼指出:对真实的生活事实而言,法律是实证的、具体的、有历史性的。考夫曼称这种实证法的具体性与现实性为实质的实证性,它包含在具体的法律判决中,而与制定法规范(或"习惯法"或"法官法"规范)并不完全是一回事。考夫曼认为,制定法的内容是普遍的,因此并非实质—具体的,而只是形式的(亦即概念上的)被具体化,考夫曼称之为"形式的实证性"。④ 考夫曼所说的真实的、具体的法的实质,是"本质不同者间对应的统一性:在当为与存在间、在规范与生活事实间对应的统一性"。⑤ 他认为:"法是一种对应,因此法的整体并非条文的复合体,并非规范的统一体,而是关系的统一性:关系统一性。"⑥简言之,这种法律是应然与实然的统一。理解并实现这种法律可能并非易事,但也并非玄事。

---

① Scott Brewer, Exemplary Reasoning: Semantics, Pragmatics, and the Rational Force of Legal Argument by Analogy, *Harvard Law Review*, Vol 109, No. 5(Mar., 1996), pp. 958-959.

② D. Neil MacCormick, Robert S. Summers, *Interpreting Precedents: A Comparative Study*, Ashgate, 1997, p. 474.

③ 〔德〕卡尔·施密特:《论法学思维的三种模式》,苏慧婕译,中国法制出版社 2012 年版,第 46、51 页。

④ 〔德〕亚图·考夫曼:《类推与事物本质——兼论类型理论》,吴从周译,台湾学林文化事业有限公司 1999 年版,第 23 页。

⑤ 同上书,第 43 页。

⑥ 同上书,第 41 页。

可以说，一个国家法律秩序或法律制度的情况体现在一个国家的法律判决的情况中；我们国家目前的许多法律判决缺乏法律根据和法律说理，未尝不是我们国家目前法律状况的反映。

　　判断类似案件所使用的基本推理方法是类比推理。而类比推理是一种"类型的思维方式"。它在法律实践中的作用具有双重性：它既是形成法律统一性的纽带，又是法律获得现实性（事实性）的桥梁与钥匙（关键）。换言之，类比推理，既是构成法律的要素，又是理解法律、实现法律的方法。考夫曼认为："'在法之中，当为与存在既非同一亦非相异，而是类似地（对应地）联系在一起'——可以说，法的现实性本身是根基于一种类推，因此法律认识一直是类推性的认识。法原本即带有类推的性质。"① 所以，考夫曼指出："关系统一性，对应：这正意味着类推。'Ανα-λογοδ'，字义就是：使一对话，合乎理则……类推既非相同亦非相异，而是两者兼具；……或者如 Hegel 所说的'辩证的统一'，'同一与非同一之同一'。"② 考夫曼对法律实质的论述不同于中国学者通常所理解的法律。但是借助于前文所引《荀子》的论述，我们似乎可以接受、同意考夫曼的观点。③ 由于类推具有这种双重作用，尤其他是"生法者"实现法律规定与客观现实间统一性的纽带，所以，人们运用类比推理的方法进行案件类似性判断以使用先例的过程，实际上就是运用类比展现法律、发展法律的过程。④

　　类推的双重作用使得类推的意义（significance）也具有双重性："一方面使制定法能够有创造力，历史性，适应力，另一方面也限制法律发现者的恣意。"⑤当我们运用类比推理判断类似案件时，我们并不是在进行无规范的法律发现，我们可能确实没有具体的制定法规则可作依据，但是，我们是在一个法律体系、一个法律秩序内进行法律发现，而类比推理在帮助法官进行法律发现并规范法官的法律发现活动的同时限制其恣意。考

---

　　① 〔德〕亚图·考夫曼：《类推与事物本质——兼论类型理论》，吴从周译，台湾学林文化事业有限公司1999年版，第43、45页。
　　② 同上书，第41、43页。
　　③ "有法者以法行，无法者以类举。以其本知其末，以其左知其右，凡百事异理而相守也。庆赏刑罚，同类而后应。政教习俗，相顺而后行。"章诗同注：《荀子简注》，上海人民出版社1974年版，第303页。
　　④ 所以长期以来，普通法国家的法官认为他们运用、发展判例法是"发现法律"，而非造法。
　　⑤ 〔德〕亚图·考夫曼：《类推与事物本质——兼论类型理论》，吴从周译，台湾学林文化事业有限公司1999年版，中文版序言，第7页。

夫曼认为：除了制定法之外，法官据以运用类比推理判断类似案件的法律秩序还包括：道德、习惯、"普遍的文化与世界观""所有公平与公正思维者的礼仪感"或裁判者本身的法律感情与良心。① 考夫曼的这个观点与德沃金有关法律原则的来源的观点具有相通之处，也与施密特对法律的秩序思维模式的观点有相通之处。从施密特的秩序思维模式看，运用类比推理判断类似案件所依循的法律，是法律秩序；而司法先例、法律原则都是此法律秩序的具体体现。②

总之，我们以类比推理的方法判断类似案件，而类似案件的判断和类比推理的运用与人的主动性有直接关系，也就是要以法律为标准进行判断；但这里的法律是法律秩序或作为整体的法律，而非具体的法律规则；类比推理一方面有助于法官判断类似案件，另一方面也规制法官对类似案件的判断，限制司法专横。

三、确定与运用比较点

（一）相关类似性、比较点与争议问题

一定的法律秩序是判断类似案件的依据。但是仅有法律秩序还不足以对案件是否类似作出判断。事物类似的方面可以是无限广泛的。对解决案件争议有帮助的类似性，是相关的类似性，即这种类似对于解决待判案件有直接帮助。由于类似性判断、类比是人的一种有特定目的的认识活动，所以，判断两个或数个案件是否类似需要确定案件的比较点，以便确定案件在什么意义上类似。这种比较点是比较者进行案件比较的支点，也是决定类似性是否相关的支点。例如，在英国，一个由于姜汁啤酒瓶内进入死蜗牛而使原告受到伤害的案件，与一个由于生产商的粗心大意（carelessly）而使过量硫磺进入内衣裤商品从而导致购买者饱受皮炎之苦的案件是否类似？如果单从作为重要事实之一的产品上讲，一个是饮料，一个是衣物，两个案件不类似；但是如果从由于生产者疏忽生产了

---

① 〔德〕亚图·考夫曼：《类推与事物本质——兼论类型理论》，吴从周译，台湾学林文化事业有限公司1999年版，第25页。
② 〔德〕卡尔·施密特：《论法学思维的三种模式》，苏慧婕译，中国法制出版社2012年版，第98页；〔德〕亚图·考夫曼：《类推与事物本质——兼论类型理论》，吴从周译，台湾学林文化事业有限公司1999年版，第29页。

缺陷产品而导致受害者身体受伤这点看,两个案件是类似的。因此适用于先前案例的法律解决方案,也应当适用于当下案件。当年的英国法院就是如此审判的。①

从上述案例可以看出,确定比较点的过程并非一个单纯的事实发现过程。发现比较点,一如考夫曼所说的法律发现,是"一种使生活事实与规范相互对应,'一种调适',一种同化的过程"②。类似案件的判断,既有事实问题,又有法律问题;既不是单纯的事实比较,也不是单纯从定义、概念出发进行类比的逻辑作业,而更多的是从案件和法律的意义,从法律拟规范的生活事实的本质中得出。③ 这是一个在规范与事实之间的循环往复的判断、是同时进行的双向"自我—开放"过程。④ 这个过程包括两个方面:"一方面针对规范调适生活事实,另一方面针对生活事实调适规范"。这种过程的目的是要发现意义(meaning, meaningfulness)、事物的本质;也就是发现法律所秉承和所体现的价值,人们制定、实施、遵守法律的目的,它代表特殊与普遍,是特殊中的普遍,是类推的关键点和基础。⑤

在这里,意义的作用是作为类似性判断的支点、作为调适法律理念或法律规范与生活事实、"当为与存在"的媒介,在双方之间形成一种关联、对应,帮助人们进行先例与待判案件之间具有相关类似性的判断。⑥ 意义不是放之四海而皆准的真理,而是一种语境化、情境化的判断和认识。例如,在上述案例中,生产者因疏忽造成产品缺陷导致的被害人伤害是否应当承担法律责任?一个由于姜汁啤酒瓶内进入死蜗牛而使原告受到伤害的案件与一个由于生产商的粗心大意而使过量硫磺进入内衣裤商品从而导致购买者饱受皮炎之苦的案件是否类似?在这里,法官的判决不仅

---

① 〔英〕鲁伯特·克罗斯、J. W. 哈里斯:《英国法中的先例》(第四版),苗文龙译,北京大学出版社 2011 年版,第 55 页。"carelessly"译为"粗心大意"比"不小心"更合适原意,See Rupert Cross, J. W. Harris, *Precedent in English Law* (Fourth Edition), Clarendon Press, Oxford, 1991, p.48.

② 〔德〕亚图·考夫曼:《类推与事物本质——兼论类型理论》,吴从周译,台湾学林文化事业有限公司 1999 年版,第 87 页。

③ 同上书,第 89 页。

④ 此处所讨论的类似案件的判断当主要是针对涉及疑难案件先例适用的判断。

⑤ 从此种"事物本质"产生的思维是"类型式的思维。"〔德〕亚图·考夫曼:《类推与事物本质——兼论类型理论》,吴从周译,台湾学林文化事业有限公司 1999 年版,第 91、103、107、109 页。

⑥ 同上书,第 133、135 页。

必须正确评价法律规范的意义,还必须在法律规范所意含的类型性中掌握生活事实①,以便作出符合公正和生活发展道理的有关案件相关类似性的判断。

　　法律人的任务和才能,主要是"在法律的—规范的观点之下分析生活事实",而不是拘泥于对制定法的了解进行三段论作业。② 在前述案件比较中,法官要解决的问题是:对生产者因疏忽造成产品缺陷导致的被害人伤害是否应当承担法律责任？这里,生产者疏忽造成产品缺陷导致的被害人伤害是个事实问题,由何种产品导致的伤害也是个事实问题。但怎样界定产品缺陷则是一个法律问题。③ 缺陷产品导致被害人伤害是否应当承担责任也是个法律问题。疏忽是侵权法上的一个重要概念,如何界定疏忽则既有事实问题也有法律问题。④ 可以说,所有这些问题都既不是一个单独的事实问题,也不是一个单独的法律问题,而是事实与法律、事实与规范、事实与价值相混合的问题。由于该问题在既定的法律规则中没有现成答案,所以需要法官根据法律秩序、法律原则、司法先例通过类比推理作出决定。⑤

　　充当案件比较支点的比较点,需要面对事实与法律、事实与规范或事实与价值双重争议。换言之,案件比较点常常是兼具事实与法律、事实与

---

　　① 这里所说的类型是指"规范类型",即"法律理念与生活事实的这个中间点,所有法律思维最后都围绕在该中间点上；亦即,它是规范正义与事物正义的中间点"。〔德〕亚图·考夫曼:《类推与事物本质——兼论类型理论》,吴从周译,台湾学林文化事业公司1999年版,第115、113页。
　　② 同上书,第87页。
　　③ 在产品责任法发展的早期只是对产品制造缺陷追究责任。随着经济、社会以及人们对公正、法律需求的发展,才逐渐有了对设计缺陷、警示缺陷及其相应法律责任的规定；而对制造缺陷、设计缺陷和警示缺陷的判断,需要依照法律。法官在判定一个特定案件的产品是否存在缺陷时,往往要根据产品缺陷的法律规定、法律精神和法理进行综合判断。
　　④ 根据美国侵权法,是否构成疏忽,主要取决于行为人是否尽到了合理注意(reasonable care),而在中国则取决于是否违反了法律所规定的标准。法官在判定一个特定案件的行为人是否尽到了合理的注意或是否违反了法律规定的标准时,往往要根据有关合理注意或有关法定标准的法律规定、法律精神和法理进行综合判断。
　　⑤ 所以,考夫曼认为"'制定法比立法者聪明',亦即,从制定法中可以解读出立法者根本未作规定的判断。如果我们把具体法律判决的获得单纯理解为一种'法律适用',那么上述这种现象将是个无法解答的谜"。〔德〕亚图·考夫曼:《类推与事物本质——兼论类型理论》,吴从周译,台湾学林文化事业公司1999年版,第95页。也就是说,法律适用,尤其是有关司法先例和指导性案例的法律适用,其实是一个法律创制的过程,是以司法的方式对立法加以发展的过程。

规范或事实与价值双重争议的问题。比较点一般不是单纯的事实问题,单纯事实认定而没有任何法律因素的问题,是科学问题或技术问题,不大会成为需要参照先例的法律疑难问题;单纯的法律问题而没有任何与具体案件的事实因素相关联的问题,是纯粹的学术研究、理论探讨或制定法规定,与有争议的案件解决没有直接关系,同样不构成比较点。比较点是法律与事实的结合,是"已经与价值关联的事实"[①],涉及并融入了比较者的价值判断。所以比较点既具有事实性,又具有"意义性与价值性",人们根据这个支点对比较对象进行有意义和有特定价值的观察和比较。因此考夫曼说,比较对象的"类似性透过一种'目的论'的程序而被确定"。[②]而且比较点可能不止一个。这是因为,类似性判断是人的一种有特定目的的认识活动,所以类似性判断不是线性的、只有一个方向、一个可能,而是有多重可能、多种方向,取决于比较者的需要和目的、取决于比较者在什么意义上比较。[③]

所以,我们可以说,我们决定类似案件的比较点、判断两个案件之间的类似性是否相关,就是看争议问题是否类似或具有同类性,而争议问题一定兼有事实性和法律性。这就回答了我们前面所提出的问题:为什么案件事实在实现类似案件类似审判时重要?因为法院的任务就是解决有争议的问题,只就争议、纠纷问题作出决定,而争议问题存在于具体的案件事实当中。所以,在普通法系国家,法官会仔细检视实质性事实以确定相关类似性的程度,学者会使用事实的相关性或不相关性作为对其论证的支持,律师会强调事实的相似性或不相似性作为他们向法庭陈述立场的一个主要的结构性组成部分。[④]

(二) 争议问题与判决理由、实质事实

进行类似案件判断的比较点是案件的争议问题,或案件的"主要问

---

① 〔德〕亚图·考夫曼:《类推与事物本质——兼论类型理论》,吴从周译,台湾学林文化事业有限公司1999年版,第31页。
② "所谓的'涵摄'无非就是一种'内在构成要件的类似推论'"。同上书,第81、83、85页。
③ 正如考夫曼所说:"比较点不是永远只有一个而且同一个,一只狗是否只与狮子类似,无法绝对地这么说;因为在此取决于何种类似性范围,何种比较点:'家畜'或者是'温血的脊椎动物'"。参见〔德〕考夫曼:《法律哲学》,刘幸义等译,法律出版社2004年版,第120页。
④ D. Neil MacCormick, Robert S. Summers, *Interpreting Precedents: A Comparative Study*, Ashgate, 1997, p 387.

题"。争议问题与案件的重要事实直接相连,这些重要事实是判断类似案件所需要的"关键事实",或称"必要事实"。美国哈佛大学法学院的布儒教授在谈到先例的重要事实(必要事实)时指出:"根据理由规范,一个先例的权威效力只限于该先例所要解决的争议的、被先例(法律)证成的相关必要部分的特定事实性特点。"① 在普通法系国家,与争议问题相关联的实质事实是适用先例中判决理由、法律解决方案的前提,是判例法规则的逻辑构成中的前提和先例的重要组成部分。只有明了实质事实,"才可能确保受先前判例约束的法院以与其他法院相同的方式来裁决新案件"。② 司法先例中的实质事实(必要事实)相当于制定法规则的"行为模式",是衡量行为人行为的法律后果的充分必要条件。如抢劫罪,是否实施抢劫行为,是对抢劫者定罪量刑的根据。我们在进行案件比较时,只有将相关法律规定与案件事实关联起来,才能够发现问题的意义和实质,即确定案件类似性的比较点。在普通法系国家,如果法官要遵循先例审判案件,那么,先例中判决理由的法律论点是三段论推理的大前提,而据以作出判决的案件事实就是小前提,法院的判决则是这个三段论的结论。③ 类似案件类似判断的首要步骤之一,是将待判案件的争议事实与先例中的实质事实进行对比。如果经过对比,构成类似案件,就应当遵循先例,按照先例的法律解决方案进行审判,如果不构成类似案件,则不应当按照先例中的法律解决方案进行审判。

有的学者以为将待判案件的争议事实与先例中的实质事实进行对比的过程是一个单纯的事实比对过程。其实不然。将待判案件的争议事实与先例中的实质事实进行对比的时候需要同时考虑先例中的判决理由,其中涉及对有关法律问题的辨析和判断。这是因为,一个案件有许多案件事实,用来比较、判断相关类似性的案件事实,一定是在争议中具有重要意义,而且具有法律意义的事实。例如前述姜汁啤酒瓶内进入死蜗牛而使原告受伤害案与过量硫磺进入内衣裤商品案的比较。通常,审案法官会在先例的判决理由中说明他是根据什么样的事实作出判决的,那些

---

① Scott Brewer, Exemplary Reasoning: Semantics, Pragmatics, and the Rational Force of Legal Argument by Analogy, *Harvard Law Review*, Vol 109, No. 5(Mar., 1996), p. 1019.
② 〔英〕鲁伯特·克罗斯、J. W. 哈里斯:《英国法中的先例》(第四版),苗文龙译,北京大学出版社2011年版,第49页。
③ 同上书,第54页。

在判决理由中加以说明的事实就是实质性事实,就是重要事实。① 因此,在普通法系国家,判决理由对于确定案件的必要事实具有重要的意义。

在此,我们遇到了一个问题的"连环套":先例中的实质事实是判决理由的前提,而对实质事实的判定又有赖于对判决理由的理解。这不是故弄玄虚,而是多年判例法实践积累的"人为理性"。对于如何确定"判决理由",许多学者都进行了深入的研究,得出了各自不同的结论。克罗斯、哈里斯指出古德哈特确定判决理由的方法有更大的优点。他们指出:

> 按照古德哈特博士的观点,一个判决的判决理由要通过查明法官认为属于实质的(必要的——引者)事实来确定。要根据这些事实,从法官的判决里得出原则。任何受该判例约束的法院必须得出类似的结论,除非它面前的案件另有其认为属于实质的事实,或者除非某些在前面判例中被认为属于实质的事实在该案件中是缺乏的。②

古德哈特博士在一起涉及银行担保的案件中,对于"被告从这个欺诈行为中受益这个事实属于实质事实还是非实质事实"进行了讨论。法官认为被告从这个欺诈行为中受益属于实质事实,所以,该案的判决理由是"雇主要为雇员或代理人在受雇期间或为了雇主的利益犯下的任何错误负责"。③ 由于被告从这个欺诈行为中受益属于实质事实,如果雇主没有从雇员或代理人受雇期间的欺诈行为受益,就不能根据这个先例要求雇主为雇员或代理人的错误行为负责。

---

① 在英国,"一般而言,一份没有理由的判决的权威是非常弱的,因为很难说得出哪些事实重要,哪些事实被认为是不重要的"。但是,这并不是绝对的。克罗斯、哈里斯指出:"某些早期的判例汇编收入了对没有陈述理由的判决的详尽说明。认为这样的判决必然缺乏使其能够被引作先例的判决理由是错误的,因为它们必须依赖的法律论点可以或多或少地从事实和结论中推论出来。"〔英〕鲁伯特·克罗斯、J.W.哈里斯:《英国法中的先例》(第四版),苗文龙译,北京大学出版社2011年版,第4、56、59、175页。他们的观点对我们具有启发意义。因为在当代中国,根据笔者的田野考察,有些法官面对疑难案件,有可能会作出合理合法、值得其他法官以后审判类似案件参照的判决,但是限于时间和理论能力,他们可能不能在判决书中做出充分的法律论证。所以,一方面,我们呼吁中国法官在判决书中说理,以便为指导性案例的发展创造条件;另一方面,在寻找、编辑指导性案例的时候,我们不应当拒绝那些虽然缺乏判决说理但适用法律正确、判决得当的对疑难案件的判决。

② 〔英〕鲁伯特·克罗斯、J.W.哈里斯:《英国法中的先例》(第四版),苗文龙译,北京大学出版社2011年版,第72页。

③ 同上书,第77—78页。

在20世纪初的美国纽约发生了与英国的Donoghue v. Stevenson案相似的MacPherson v. Buick Motor Co.案,该案是一起由于汽车缺陷导致用户受到严重伤害,用户作为原告要求汽车生产者予以赔偿的案件。此前,这类案件是根据合同法审判的。由于此案原告与被告没有合同关系,如果按照合同法审判该案,没有合同关系就没有责任,原告就无法得到赔偿。卡多佐法官是该案的上诉审法官。他援引Thomas v. Winchester①及其他有关判例认定:该先例所确立的法律原则不仅限于毒药、爆炸物或此类物品;如果可以合理地确定一种物品被疏忽制造就会使生命与肢体遭遇危险,那该物品就是危险物品;如果该物品会被买主以外的人不加检测地使用,那么与合同无关,该危险物品的制造商就有仔细制造的义务;如果把最终产品投入市场的制造商疏忽,而危险是可以预见的,就有责任。② 这种责任是不同于合同责任的侵权责任。正是基于上述理由,由生产者疏忽生产的有缺陷的汽车造成用户身体伤害的MacPherson v. Buick Motor Co.案与由于生产者将有毒药品错贴标签致人伤亡的Thomas v. Winchester案是类似的。在作为先例的Thomas v. Winchester案中,被告并没有因无合同关系而免责,那么MacPherson v. Buick Motor Co.案中的被告也不应因无合同关系而免责。卡多佐的上述论点就是判决理由。它揭示了事物的本质,是人们判断案件事实是否类似的根据。卡多佐后来总结说:"在纽约,只要制造的产品可能对生命造成威胁,不管合同的相对性,都可以依据侵权法

---

① 在托马斯诉温切斯特(Thomas v. Winchester)案件中,被告给颠茄错贴了蒲公英标签,之后它被卖给药店;药店又转卖给消费者。消费者从最初贴标签的卖主(与消费者没有"契约当事人关系")处得到了赔偿。法院认为,被告的疏忽将人类的生命置于迫近的危险。一种错贴了标签的毒药,可能会伤害得到它的任何人。由于危险是预知的,所以就有义务避免这种伤害。这种对契约当事人以外的人的义务在托马斯案中属于特例,即只是在有"迫近的危险"(imminent danger)的情况下。See 6 N. Y. 397 (1852)。

② 卡多佐对托马斯诉温切斯特案进行了新的解释:"我们认为,托马斯诉温切斯特的原则不仅限于毒药、爆炸物,以及此类性质的东西,那种在其正常操作中就是破坏性工具的东西。如果事物的性质可以合理地肯定一旦过失地制造就会置生命和肢体于危险中,它就是危险物品。……如果对于危险的成分有进一步的了解即此物将会被买主以外的人使用并且不会再行检测,那么,与合同无关,这种危险物品的制造商就有仔细制造它的义务。……必须知道危险很可能发生而不仅仅是可能发生。以某种方式使用几乎任何东西,如果其有缺陷,都可能产生危险。在其单独的合同义务范围内追究制造商是不够的。……这种关系的近或远是一个考虑因素。我们现在正在处理最终产品的制造商的责任问题,是他将产品投入市场而他的顾客会不加检查地使用。如果他有过失,危险是可预知的,就有责任。"See MacPherson v. Buick Motor Co., 217 N. Y. 382.

针对有过错的生产者申请救济。"①上述判断被不断用作衡量案件事实是否类似的标准。借用考夫曼的话说,判断案件相似性的比较点,是发现"规范正义与事物正义的中间点"②。在这里,我们看到了真实版的施密特的法秩序思维,并可以具体理解他说的"英国式的案例法就会成为具体秩序思维的演示,完全以特定个案内部的法为依归"③。

代表民法法系法律方法的佩赞尼克教授认为,类似案件的判断"可以通过掂量与平衡各种理由、常常是原则,而得到正当性证明"。"人们需要一个'相关性的钥匙',一个使掂量与平衡各种理由得以可能的概念。"这一点与上述我们谈到的普通法系国家的判决理由的作用相似。佩赞尼克教授认为,相关的相似性与许多不同的东西有关,诸如:人、物、文件、权利、义务、与时空有关的情形以及相关"故事"中判例的地点。④ 这些因素对于人们确定和使用那个"相关性的钥匙"、对于掂量与平衡各种理由、原则并进行正当性证明具有重要的意义。

我们可以这样总结我们上面的讨论:首先,判决理由及实质事实是争议问题的具体体现;其次,判决理由的确定不是静止不变的,而是动态的——判决理由以及实质事实是由后来的法官加以认定的。在以侵权法追究缺陷产品制造商的责任、为受害人提供法律救济方面,卡多佐指出,随着这种救济的适用范围不断扩展,被列为危险的事项也持续增加,从错贴了标签的有毒物质,到脚手架和汽车,甚至包括在其中发现了钉子或者其他异物等说明书中未提及的配料的馅饼和蛋糕。⑤ 可见,比较点或相关的类似性事项是可以延展的。关键问题是"将不同的案件视如相同,在什么情况下是正当的"⑥。这就是佩赞尼克所说的确定和使用"相关性的

---

① 〔美〕本杰明·N.卡多佐:《法律的成长 法律科学的悖论》,董炯、彭冰译,中国法制出版社2002年版,第44页。
② 〔德〕亚图·考夫曼:《类推与事物本质——兼论类型理论》,吴从周译,台湾学林文化事业有限公司1999年版,第113页。
③ 〔德〕卡尔·施密特:《论法学思维的三种模式》,苏慧婕译,中国法制出版社2012年版,第98页。
④ D. Neil MacCormick, Robert S. Summers, *Interpreting Precedents*: *A Comparative Study*, Ashgate, 1997, p.474.
⑤ 〔美〕本杰明·N.卡多佐:《法律的成长 法律科学的悖论》,董炯、彭冰译,中国法制出版社2002年版,第44页。
⑥ 〔美〕艾德华·H.列维:《法律推理引论》,庄重译,中国政法大学出版社2002年版,第6页。

钥匙"。

四、相关类似性判断的规则与逻辑

当我们运用类比推理判断类似案件时经常遇到的问题是：我们怎样判断甲案件与乙案件而不是丙案件相似？同时，当我们说两个案件或几个案件类似的时候，我们是说这种（些）类似是相关的。那么我们怎样判断、衡量这种相关性？当我们判定甲案件与乙案件而不是丙案件相似的时候，我们根据什么相信这样一种判断是合理的、正确的？类似案件的判断是不是变戏法，人们可以为所欲为、各显神通？是否存在属于区别技术的"决定性理由"？一些中国法官所希望的那种"案例相似性比对规则"是否可能？笔者以为，我们是有可能制定某种"案例相似性比对规则"的，我们确实可以找到、形成判断类似案件的方法和规则，虽然这些规则不会像酸碱试纸那样简明灵便，也不能放之四海而皆准。在有些情况下，问题的意义和事物的本质比较容易发现，人们比较容易取得共识。但有时，上述问题的意义和事物的本质就不那么显而易见，更谈不上取得共识了。此时，一定的规则和理由，对于我们进行比较复杂的类似案件的判断就显得十分必要。这种规则可以一方面辅助我们进行类似性判断，另一方面规范我们的判断、防止进行类似性判断时的专断和失误。

哈佛法学院的布儒教授对有关样例推理（exemplary reasoning）的类比保证规则（analogy-warranting rule——AWR）和类比保证理由（analogy-warranting rationales——AWRa）的研究对我们研究类似案件的判断具有启发意义。我们可以从布儒教授对具体案例的分析中了解他所提出的类比保证规则和类比保证理由的含义和作用。

在亚当斯案中，旅客亚当斯放在所乘轮船客舱的贵重物品被偷。轮船老板没有失职疏忽。旅客也不存在疏忽。争议的问题是：轮船老板是否对旅客的丢失物负有严格责任？有两个不同的先例可以用来比较。在一个先例中，旅馆老板对旅客贵重物品的被偷承担严格责任；在另一个先例中，铁路公司对旅客在开放式卧铺车厢里的贵重物品被偷不承担严格责任。需要回答的问题是：以法律的眼光看，如果轮船旅客贵重物品被偷案要依照判例法得到类似法律处理的话，那么轮船与旅馆更类似，还是与火车更类似?①

布儒教授总结并分析了审案法官进行案件对比时的基本推理步骤。为了方便、简明地分析判例之间的关系,他将待判案件称为目标案例,此处是需要比较的发生失窃案的轮船老板案,以 y 表示;用来比较的先例被称为源案例,此处是用来比较的旅馆老板案,以 x 表示。

目标案例(y)=轮船老板案;

源案例(x)=旅馆老板案。

两个案例共享的特点是:

F:有一位基于特定理由 R(隐私等)获得一个房间的旅客。

G:有欺骗和偷窃旅客的诱惑性机会(旅客由于身居相对私密的房间而会把贵重物品放在房间里,因而存在欺骗和偷窃旅客的诱惑性机会)。

推导出来的特点是:

H:老板负严格责任。

我们知道,进行类似案件的判断,就是运用类比推理进行归类,在这里进行的归类是:"在目标案例和源案例共有一个和多个共同点的基础上,推理者推论出目标案例也具有已知的源案例所具有的(其他——引者加)特点。"②

法官的论证步骤是:

(1) y 有 F 和 G(目标案例前提)

(2) x 有 F 和 G(源案例前提)

(3) x 还有 H(源案例前提)

(4) 类比保证规则:如果某事件有 F 和 G 并且有 H,那么所有事件都有 F 和 G 并且有 H;

(5) 所以,y 有 H。③

布儒教授指出:这是一个样例论证,其中第四步是此论证的类比保证规则,在整个论证中至关重要。在此案中,样例论证提供了为适用审判案件所需要的判例法(先例)进行证成解释的必要语境,即待判案件是否与

---

① Scott Brewer, Exemplary Reasoning: Semantics, Pragmatics, and the Rational Force of Legal Argument by Analogy, *Harvard Law Review*, Vol 109, No. 5(Mar., 1996), pp. 1003-1004。

② Ibid., p. 967.

③ Ibid., p. 1005.

先例相类似；而类比保证规则在重构此类比论证中满足了衍推（蕴涵）需要，即由于两案相类似，先例的法律解决方案可以衍推至待判案件。类比保证规则作为与"待判案件前提"一起的前提，演绎地推出结论，满足了为样例推理（语境）进行正当性证明的目的。①

这里，类比保证规则的获得，是通过演绎推理得到的。② 其推理步骤是：

大前提：如果有 F 和 G，就有 H

小前提：乙（所有事件）有 F 和 G，

结论：乙（所有事件）有 H。

类比保证规则（AWR）的作用是"表明已知的可共享的、被比较项目的那些特点与那些待推断的特点之间的逻辑关系"，保证在某个具体特点或者某些具体特点的类比项目的提出中，允许人们从某个具体特点或者某些具体特点得出推断项目来；"把规范精确化以便在相关的类似案件中提供指导"③。它保证了类似案件的类似是"相关的类似性"④。

并不是在所有类比论证中都需要类比保证规则。类比保证规则适用于类比论证出现疑问的语境。⑤ 如此这般的道理在于，法官必须在相关的概然辩论性先例中解释该论证，以便决定什么是它建立的规则（理由），以及该规则是否应当影响他自己的决定。法官寻求重构一个特定的论证以便他可以理解该特定论证从前提到结论的推演并受它的指导。⑥

类比保证理由是另外一个在有说服力的类比论证中十分重要的部分。类比保证理由通过彼此具有密切关联的解释与证成支持类比保证规则。⑦ 所谓类比保证理由解释类比保证规则是指以法律的眼光看，为什

---

① Scott Brewer, Exemplary Reasoning: Semantics, Pragmatics, and the Rational Force of Legal Argument by Analogy, *Harvard Law Review*, Vol 109, No. 5(Mar., 1996), p.1005.

② 考夫曼教授曾经指出，"类推是一种演绎法与归纳法混合的形态。"〔德〕亚图·考夫曼：《类推与事物本质——兼论类型理论》，吴从周译，台湾学林文化事业有限公司1999年版，第77、79、135页。

③ Scott Brewer, Exemplary Reasoning: Semantics, Pragmatics, and the Rational Force of Legal Argument by Analogy, *Harvard Law Review*, Vol 109, No. 5(Mar., 1996), pp.965, 981.

④ Ibid., p.1015.

⑤ Ibid., p.980.

⑥ Ibid., p.986.

⑦ Ibid., p.965.

么人们获得或者应当获得由类比保证规则所说明的那些特点之间的逻辑关系?① 例如,在旅馆老板承担责任案中,类比保证理由解释说明:之所以轮船老板责任案与旅馆老板担责案相类似,是因为旅馆老板担责满足论证推断特点的充分条件,即对其客户的严格责任。由于旅馆老板所拥有的特殊便利,所以他对客人承担严格责任。这是公平合理的。在这个问题上,拉兹的观点从另一个角度加强了布儒的观点。拉兹认为,规则的理由,即规则的合理性(rationale)或规则所服务的目的,证明了规则的正当性。②

需要说明的是,类比保证规则与类比保证理由以普通法为法律基础,以样例推理与假说推理(abduction)为理论基础,并以语义学和语用学等理论为学术工具。笔者在此简化了布儒教授提出的类比保证理由对类比保证规则的解释与证成。

推理者在进行类比推理时,使用描述事物及其相互关系的谓词逻辑和关系逻辑。因为对有待认识的事物,是在一个与另一个比它更为众所周知的事物的关联(关系)中加以认识的。③ 所以,"类型无法被'定义',只能被'描述'"④。布儒教授指出:"在有关某种谓语的扩展或某个文本的意思出现疑问的语境下,就有假说推理。"⑤法律论证中的"疑难语境",是法官或律师遇到或者面对几个判例,而无法确定是否将其适用于某一个待判案例。在这种疑难情况下,推理者(如法官)寻求"发现"一种规则整理这些事例,这种所发现的规则就是类比保证规则。⑥ 类比保证规则和类比保证理由的作用是提供为类比判断所必需的意义基准和范围。⑦

---

① Scott Brewer, Exemplary Reasoning: Semantics, Pragmatics, and the Rational Force of Legal Argument by Analogy, *Harvard Law Review*, Vol 109, No. 5(Mar., 1996), p.1012.
② 〔英〕约瑟夫·拉兹:《法律的权威:法律与道德论文集》,朱峰译,法律出版社2005年版,第176—177页。
③ 〔德〕亚图·考夫曼:《类推与事物本质——兼论类型理论》,吴从周译,台湾学林文化事业有限公司1999年版,第116、118、136页。
④ 同上书,第117页。
⑤ 假说推理"是一些哲学家用以描述发现过程的术语"。Scott Brewer, Exemplary Reasoning: Semantics, Pragmatics, and the Rational Force of Legal Argument by Analogy, *Harvard Law Review*, Vol 109, No. 5(Mar., 1996), p.962.
⑥ Scott Brewer, Exemplary Reasoning: Semantics, Pragmatics, and the Rational Force of Legal Argument by Analogy, *Harvard Law Review*, Vol 109, No. 5(Mar., 1996), p.962.
⑦ 即《庄子》所说的:"自其异者视之,肝胆楚越也,自其同者视之,万物皆一也。"陈鼓应注译:《庄子今注今译》,中华书局1983年版,第145页。

因为不类似的案件不能同类处理,所以我们还需要有判断非类似案件的方法。有关轮船老板责任案与铁路公司老板免责案之间的对比,就是对两个案例不相类似,从而作出区别判断的典型。审案法官有关案件不相类似的基本论证是:

> 当天在卧铺车厢使用开放卧铺的铁路旅客,既没有期待也不应当期待他的贵重物品将会得到对抗盗贼的保护。与旅馆客人和轮船客人不同,铁路旅客并没有通过得到一个带锁的、可以在其中睡觉的隔舱,以使自己放松、得到虚假的安全感。所以铁路旅客没有基于与轮船旅客或旅店旅客同样的隐私理由等使用(当天的)卧铺车厢。而且,基于同样的理由,铁路卧铺车厢的老板没有旅店和轮船老板所有的,欺骗和偷窃旅客的诱惑性机会——因为旅客并没有在开放的卧铺留存贵重物品以使自己放松。①

布儒把铁路卧铺车老板案称为第二个目标案例,用 z 表示;我们补充的排除类似性论证的公式是:

(z)=铁路卧铺车老板案。

(2a) z 并没有 F 和 G。

因为在这个案例中,取得 H 的唯一方式是同时满足得到 H 的充分条件——F 和 G。

所以,人们不能得出 z 有 H 的结论。②

由于 z 没有 H,所以,z 与 y 不同,也就是说,铁路公司老板案与轮船老板案不相类似。这是一个"非类比论证"。前面亚当斯案所使用的类比保证规则在这里起着非类比保证规则(disanalogy-warranting rule——DWR)的作用。根据此规则,第二目标案例与源案例或者(第一)目标案例在共享特点与推断特点方面不具有相关的类似性。③ 为了解释、说明非类比保证规则的合理性,需要非类比保证理由(disanalogy-warranting rationale——DWRa)。后者的功能是解释:以法律的眼光看,为什么由非

---

① Scott Brewer, Exemplary Reasoning: Semantics, Pragmatics, and the Rational Force of Legal Argument by Analogy, *Harvard Law Review*, Vol 109, No. 5(Mar., 1996), p. 1004.
② Ibid., p. 1015.
③ Ibid., pp. 1015-1016.

类比保证规则所说明的那些特点之间的逻辑关系获得或者应当获得?①在这里,非类比保证理由说明,铁路老板免责案与旅馆老板担责案或者轮船老板责任案,之所以在共享特点与推断特点方面不具有相关的类似性,是因为铁路老板并未满足具备推断特点的充分条件,即铁路老板并没有对其客户的严格责任。②铁路老板并不拥有可以欺骗和偷窃旅客的特殊便利,所以他对客人并不承担严格责任。这也是公平合理的。

五、有关中国指导性案例的类似性判断

(一) 有关指导性案例的类似性判断实践

中国的指导性案例与案例指导制度在案例表现形式、案例性质、案例在法律体系中的地位和作用等,既不同于普通法系国家的判例法,也不同于民法法系国家的先例和先例制度。所以,在研究与中国的指导性案例有关的类似案件判断时,我们需要考察在中国法律体系的语境中使用指导性案例时进行类似案件判断的情形。在直接考察有关指导性案例的比较判断之前,我们需要首先明确研究中国指导性案例使用的几个限制性因素。首先,由于中国大陆有规模的指导性案例应用实践还不多,所以可供研究和总结的素材有限。其次,目前中国的指导性案例可以分为两类,即:狭义的指导性案例和广义的指导性案例。狭义的指导性案例单指最高人民法院按照《关于案例指导工作的规定》发布的指导性案例;广义的指导性案例则包括《最高人民法院公报》《人民法院案例选》《人民法院报》、最高人民法院及其业务庭、一些高级人民法院发布的具有指导性的案例。③再次,中国的狭义指导性案例的形成过程基本上是行政性的,指导性案例的表现形式是编写式的,其结构不同于判决书的结构。最后,许多中国法律人(法官、检察官、律师、法学工作者等)是在制定法体系或者

---

① Scott Brewer, Exemplary Reasoning: Semantics, Pragmatics, and the Rational Force of Legal Argument by Analogy, *Harvard Law Review*, Vol 109, No. 5(Mar., 1996), p.1012.
② Ibid., p.1014.
③ 《最高人民法院关于切实践行司法为民大力加强公正司法不断提高司法公信力的若干意见》称之为"参考案例"。参见《人民法院报》2013年10月29日,第2版。

制定法文化①中想象、期待指导性案例的。在明确上述限制性因素后,我们来考察几个运用指导性案例进行类似性判断的范例。

范例一,广东省高级人民法院等于 1993 年发布指导性案例指导处理房地产诉讼案。人民法院报社课题组研究报告指出:

> 1993 年国家实行宏观调控措施导致海南和广东、广西部分地区房地产市场经济泡沫破裂以后,为了规避市场风险,出现大批房地产诉讼案件,其基本模式是房地产转让出让方主张合同有效,要求履行,受让方主张合同无效或者请求解除合同返还转让款。这种情况下,案件较多的高级人民法院及时发布一批指导性案例指导相关案件的审判,配合政府的宏观调控措施取得很好的社会效果。②

范例二,麦当劳餐厅顾客物品丢失案。待判案件是于 2004 年 11 月 13 日发生在北京市朝阳区农光里麦当劳餐厅的顾客物品丢失案。原告在餐厅就餐时丢失了挎包及包内的手机、现金等。原告要求被告赔偿。被告,麦当劳餐厅以自己不存在违反经营者的合同附随义务和安全保障义务的情况等为理由,拒绝承担赔偿责任。朝阳区人民法院在审理该案时,参考了北京市崇文区人民法院(2001)崇民初字第 2780 号和北京市第二中级人民法院(2002)二中民终字第 1043 号民事判决书。崇文区麦当劳案的案情是:2001 年 8 月 14 日,一位顾客与其 10 岁的儿子在位于崇文区的北京市麦当劳食品有限公司前门老车站餐厅就餐时,装有照相机、变焦镜头、闪光灯等物品的手提包丢失。顾客作为原告起诉餐厅赔偿,在一审、二审中都败诉。刘作翔和徐景和两位教授分析了两个案件的相同事实和不同事实,以及两案原告的主张及两案被告的主张,之后,刘、徐两位教授指出:

> 在这两个案件中,双方当事人争议的焦点是:被告是否具有保管消费者所携带的物品的随附义务,被告是否存在违约行为以及是否

---

① 美国法学家米尔伊安·R.达玛什卡在讲到民法法系国家法官对待司法先例的态度时指出:"法官在'先例'中所寻找的是更高的权威所作出的类似于规则的表述,而案件的事实却被弃置一旁。"参见〔美〕米尔伊安·R.达玛什卡:《司法和国家权力的多种面孔——比较视野中的法律程序》,郑戈译,中国政法大学出版社 2004 年版,第 51 页。

② 最高人民法院研究室编:《审判前沿问题研究——最高人民法院重点调研课题报告集》(上册),人民法院出版社 2007 年版,第 455 页。

承担违约责任。承担违约赔偿责任必须具有违约行为、财产损失、因果关系的构成要件。违约行为、财产损失、因果关系属于案件的基本事实。在朝阳区案与崇文区案中,上述三个方面具有完全的相似性。所以,按照崇文区案的判决,朝阳区法院判决驳回原告的全部诉讼请求,第二中级人民法院驳回上诉,维持原判。①

范例三,是四川省高级人民法院、四川大学《中国特色案例指导制度的发展与完善》课题组研究总结的"案例应用试点案件审理报告实例"(一份真实的法院审理报告②),四名刑事被告人盗窃案。法院说明:四名被告人为非法占有他人财产,采取假冒老乡身份、虚构事实等欺骗手段,趁被害人不备窃取其储蓄卡,再背着被害人秘密取走存款,被告人的诈骗行为是为其后的盗窃行为创造条件,最终通过秘密窃取完成对他人财产的非法占有,因此,被告人行为构成盗窃罪而不是诈骗罪。审案法院的上述观点参考了四川省高级人民法院公布的《案例指导》第20号案例。"审理报告"引述了第20号案例的"裁判规则":行为人以欺诈手段骗取被害人的信任,假装进行交易,但最终通过秘密窃取方式非法占有被害人财物的,构成盗窃罪。③

上述三个范例各有特点,但都展示了中国使用指导性案例的方式和方法。笔者在此将着重总结范例二和范例三。在范例二中,刘、徐两位教授将判断类似案件的着眼点置于案件的基本事实,认为此处属于案件基本事实的违约行为、财产损失、因果关系"三个方面具有完全的相似性",所以两个案件属于类似案件。笔者同意两位教授对于基本事实的确认以及它们在判断类似案件中作用的看法。但是补充一点,即法律在此类似案件的判断中具有不可缺少的作用,甚至是关键性的作用。此案的"违约行为"就是具有法律意义的事实。法官需要根据法律来分析原告与被告之间的合同关系的内容与性质。此处的关键是经营

---

① 最高人民法院研究室编:《审判前沿问题研究——最高人民法院重点调研课题报告集》(上册),人民法院出版社2007年版,第438—439页。

② 审理报告是法官审判案件而制作的仅在法院内部阅读的工作卷宗,其中包括了承办法官对案件事实的查证、认定以及对审理案件中有关法律适用问题的意见和见解,反映了法官审判案件的全部真实过程。

③ 案号分别是(2008)内刑初字第41号(一审)、(2009)川刑终字第35号(二审)。参见《四川省高级人民法院、四川大学〈中国特色案例指导制度的发展与完善〉课题组附件》,第188—189页。

者的合同附随义务包括哪些？显然，法院并不认为为顾客看管物品属于经营者的合同附随义务，因此，作为经营者的麦当劳餐厅就不存在由于顾客物品丢失而违约的行为；两个案件因此相似。在范例三中，法律在类似案件的判断中同样具有不可缺少的作用，即需要根据犯罪嫌疑人的全部行为事实，结合刑法典关于盗窃罪与诈骗罪的规定，对嫌疑人行为的性质作出判断。范例三所要解决的是犯罪嫌疑人的犯罪性质问题。《案例指导》第 20 号案例的行为人以诈骗行为为开路，以盗窃行为得手，所以构成盗窃罪。这里的"诈骗"与"盗窃"都是以刑法典及相应的司法解释为基准来进行判断的。待判案件的嫌疑人在行为表面上与《案例指导》第 20 号案例的行为人的行为相似，经过对照刑法典及相应的司法解释，我们理解了法律的精神实质后，就可以有把握地认定两个案件是相类似的。

（二）有关指导性案例类似性判断的关键事实、判决理由

现在似乎可以回应我们在上文所提出的问题：是否存在属于区别技术的"决定性理由"？什么是、怎样确定"决定性理由"？什么是"与该案件的事实关系有紧密关联的判决的核心意思（本意、要旨）"？如何确立判决理由与事实概要二者之间的联系，怎样从中寻找与该案件的事实关系有紧密关联的判决的核心意思（本意、要旨）？

笔者以为，中国虽然不是普通法系国家，但是在判断待判案件与指导性案例的类似性时，同样要以争议问题作为类似性判断的比较点。因为争议问题是案件比较的缘由。具体来说，可以成为判断相关类似性比较点的，是待判案件所要解决的争议问题与指导性案例的裁判要点。后者集中了指导性案例的争议问题及其解决方案。与裁判要点中的法律问题有不可分割、内在的、结构性联系的事实，就是关键事实或实质事实。所谓"与该案件的事实关系有紧密关联的判决的核心意思（本意、要旨）"，是与关键事实或实质事实紧密关联、解决有关关键事实争议的法律解决方案，也是判决的核心意思（要旨）或"决定性理由"。在待判案件中，与争议问题有不可分割、内在的、结构性联系的事实，则可能是待判案件的实质事实。

那么，如何比较待判案件所要解决的争议问题及其中所涉及的法律问题与指导性案例的裁判要点、裁判要点涉及的法律问题是否类似？

这个问题涉及四个因素:事实、法律意义、争议、相关的类似性。首先,它一定与事实有关;其次,它一定具有法律意义;再次,它是有争议的,即该问题在法律评价上是有疑问的;最后,它们的争议问题是类似的,即它们的类似具有相关性。例如,在上述麦当劳餐厅案中,两个案件争议的问题都是"被告是否具有保管消费者所携带的物品的随附义务,被告是否存在违约行为以及是否承担违约责任"?这种类似的相关性是显而易见的,即都涉及被告人是否承担责任的充分必要条件。范例三是一个刑事案件,在此案中没有公诉人与被告人的争议问题,但是存在对法官而言的待决问题,此待决问题相当于前述争议问题。待判案件的待决问题是,对嫌疑人以虚构事实等诈骗行为为手段、最终通过秘密窃取完成对他人财产的非法占有的行为应该如何定性、处理?这与指导性案例所解决的问题是类似的。这种类似也是相关的,都涉及嫌疑人以骗而盗的行为性质的认定。因此,此待决问题就是案件类似性的比较点。

狭义指导性案例的结构包括以下部分:关键词、裁判要点、相关法条、基本案情、裁判结果、裁判理由。从类似案件的判断上讲,其中尤以裁判要点和裁判理由最为重要,它们都有可能成为判断基础。最高人民法院的权威人士对裁判要点的定位是:"裁判要点是指导案例的概要表述,是人民法院在裁判具体案件过程中,通过解释和适用法律,对法律适用规则、裁判方法、司法理念等方面问题,作出的创新性判断及其解决方案。"[①]可以说,裁判要点包括了对争议问题的精当、简明的概括。因此,它可以成为判断类似案件的比较点。而且,按照中国指导性案例的制度设计,要求法院"应当参照"的也是裁判要点。所以裁判要点在判断类似案件中具有更明显的作用。

但是,如果我们从说服力的角度理解中国的指导性案例,我们可能不能排除,裁判理由中的某一点,有可能被后来法院识别出来,作为具有指导意义的部分和判断类似案件的比较点,尤其是在裁判要点可能没有将

[①] 胡云腾、吴光侠:《指导性案例的体例与编写》,载《人民法院报》,2012年4月11日,第8版。

指导性案例中的所有要点都包括进来的情况下。① 不过,我们需要注意周光权教授所指出的问题,在目前的指导性案例的结构模式下,"目前公布的两批指导性案例,大多简明扼要,并不详列证据,指导性案例是否和法官当下处理的案件属于相同情形,不好判断,所谓的'应当参照执行'也就无从谈起"②。换言之,如果裁判理由不能把案件事实及支持性证据、必要的证明过程、法律适用的论证过程撰写充分,不仅会影响根据裁判理由的比较,也会影响对裁判要点的比较。黄泽敏、张继成两位学者就认为:"裁判理由本身会在判定待决案件与指导性案例是否属于同案的标准中,成为论证待决案例与指导性案例是否相同的实质理由。"他们认为:"实质理由就是在裁判理由中给出了证明裁判要点能够成立的理由。"③

(三) 有关指导性案例类似性判断的规则

虽然中国不是普通法系国家,前述美国哈佛大学法学院布儒教授提出的类比保证规则与类比保证理由不一定完全适用于中国,但是,在有些情况下,某种形式的类比保证规则与类比保证理由是需要的。比方说,假如前述麦当劳案的原告提出一个店主对顾客遗失物品承担责任的案例,并要求法官类似案件类似审判,法官就需要证明为什么不要店家承担责任的两个案例更为类似,而与要求店家承担责任的案例不相类似?我们可以把论证步骤简写如下:

目标案例(y)=朝阳区农光里麦当劳餐厅的顾客物品丢失案;

源案例一(x)=崇文区麦当劳案。

两个案例共享的特点是:

---

① 笔者认为裁判理由在法律推理、法律论证方面同样可能对后来的法院具有指导意义。请参见张骐:《指导性案例中具有指导性部分的确定与适用》,载《法学》2008年第10期。在这方面,周光权教授似乎有类似的见解:"未来的刑事指导性案例,其内容应当包括推理过程以及控辩双方观点详细的展示。"但是,制作指导性案例的司法机关是否"应当尊重下级裁判结论、推理过程的原则"?参见林维:《刑事案例指导制度:价值、困境与完善》,载《中外法学》2013年第3期。笔者以为,只要尊重结论就可以了,不必须拘泥于原审判决书的推理过程。因为有时原审法院可以作出出色的法律判决,但未必可以写出同样出色的判决书,后来的指导性案例制作机关可以根据原判决写出类似于笔者以往提出的案例评析一样的裁判理由来。

② 周光权:《刑事案例指导制度:难题与前景》,载《中外法学》2013年第3期。

③ 黄泽敏、张继成:《案例指导制度下的法律推理及其规则》,载《法学研究》2013年第2期。按照他们的看法,狭义指导性案例2号、3号、4号、5号、6号、7号、10号给出了实质理由,而指导性案例1号、8号、9号、11号和12号没有给出实质理由。但这种评价可能会使读者提出一个新的问题:"实质理由的标准是什么?"

F:顾客在餐厅就餐时丢失物品。

G:经营者的服务合同附随义务不包括为顾客看管物品。

推导出来的特点是:

H:店主不承担责任。

用公式表示上述论证步骤是:

(1) y 有 F 和 G(目标案例前提);

(2) x 有 F 和 G(源案例前提);

(3) x 还有 H(源案例前提);

(4) 类比保证规则:如果某事件有 F 和 G 并且有 H,那么所有事件都有 F 和 G 并且有 H;

(5) 所以,y 有 H。

两个案例都有 H,所以两个案例类似。

这里的类比保证规则是:如果某事件有 F 和 G 并且有 H,那么所有事件都有 F 和 G 并且有 H。

上述论证及其中的类比保证规则需要一个理由来加以解释和论证,亦即需要类比保证理由。我们可以撰写如下:原告与被告之间虽有餐饮服务的合同关系,但是经营者的合同附随义务并不包括为顾客看管物品,因此,作为经营者的麦当劳餐厅就不存在由于顾客物品丢失而违约的行为。所以,两个案件类似。这是公平合理的。

笔者在此提供一个被告对顾客丢失物品承担赔偿责任的案例。这是一个餐厅将顾客遗落 LV 包错还他人,餐厅因顾客物品丢失而承担责任的案例。在此案中,顾客在餐厅就餐时将 LV 公文包遗落在座位上,虽然餐厅服务员及时将包保管,但 LV 包却被别的顾客冒领走。法院判决餐厅承担赔偿责任。担任一审的北京市东城区人民法院的办案法官表示,餐厅没有尽到善良管理人的义务,是本案判决餐厅承担责任的关键。①

---

① 审案法官解释:餐厅之所以作为善良管理人,是由于其应该具备一定的知识经验,和其职业有关,在有人来领包时,餐厅服务员需要详细核实包的特征,核实包里的物品。也就是说,餐厅服务员所需尽到的注意义务,比普通市民要高得多。"如果是普通市民捡到了包,如果出现冒领的情况,承担的责任与餐厅不同。"法官说,根据具体案情,普通市民有可能不承担责任,或者承担的责任很小。就本案来讲,法院在判决时并未支持原告对于包内物品索赔的诉求,因为原告没有包内放有物品的证据,所以仅对包本身的价值酌情判决餐厅赔偿。《餐厅将顾客遗落 LV 包错还他人被判赔四千》,http://news.xinhuanet.com/legal/2012-01/18/c_122600857.htm,最后访问日期:2013 年 12 月 18 日。

假如朝阳区麦当劳餐厅的原告人提出这个案例作为类似案例,要求法官类似案件类似审判,法官就需要进行排除类似性的论证。

我们可以看到,在LV包案中,餐厅服务员保管LV包产生的善良管理人的义务,是朝阳区麦当劳店案所没有的,我们可以把这个因素用I表示。

我们把论证步骤简写如下:

源案例二(z)=餐厅将顾客遗落LV包错还他人案。

I:善良管理人义务

(2a) z并没有G,有I(源案例前提);

即此案不存在餐厅服务合同附随义务不包括为顾客看管物品的问题,但是存在因餐厅服务员保管LV包产生的善良管理人义务。

(4a) 排除类比保证规则一:如果某事件有F和G并且有H,那么所有事件有F和G并且有H;

(4b) 排除类比保证规则二:如果某事件不具有I就有H,那么所有事件不具有I就有H;

(4) 所以,z没有H(将顾客遗落LV包错还他人案的餐厅不免除责任)。

源案例二没有H,所以与目标案例不类似。

因为取得H的唯一方式是同时满足得到H的充分条件——F和G,在源案例二z中并不具备;而且z有I。这两个因素使得这两个案件不相类似。

在这里,步骤4,是非类比性规则(DWA)。相应的支持排除类比性规则的排除类比性保证理由是:朝阳区麦当劳案的店家既没有基于合同附随义务并不包括为顾客看管物品的义务,也不具有保管顾客物品产生的善良管理人的义务,所以,朝阳区麦当劳店不存在违约行为,因而不承担责任。所以,人们不能得出z有H的结论;也就是说,z与x不具有相关类似性,餐厅将顾客遗落LV包错还他人案与朝阳区麦当劳案不相类似。

笔者以为,类比保证规则与类比保证理由可以在一定程度上作为许多中国法官所希望的那种"案例相似性比对规则"。虽然它们在中国的表现形式和存在方式可能与判例法国家的类比保证规则与类比保证理由的表现形式和存在方式有所不同,但是,从类比保证规则的角度判断案件相似性，对于我们有效地使用指导性案例是大有助益的。

从类比保证理由的角度看，根据我国法院现在对指导性案例裁判理由的界定①，裁判理由与此处讨论的类比保证理由没有必然的对应关系。从裁判理由的功能看，裁判理由有可能起到为裁判要点进行解释和证成的作用②，也就是说有可能成为类比保证理由。在这种情况下，裁判理由就具有类比保证理由的作用。这种情况下的类比保证理由大体相当于黄泽敏、张继成两位学者所称的"实质理由"。虽然我们不能说指导性案例的裁判理由就是类比保证理由，但是我们可以从类比保证理由的角度思考未来裁判理由的撰写。因为这会使得裁判理由与裁判要点的联系更加紧密，更有利于指导性案例的使用和案例指导制度的发展。

与指导性案例类似性判断中的关键事实相关但方向相反的一个问题，是如何对待指导性案例与待判案件在事实方面的差异？在什么情况下细微的事实差异就可以排除指导性案例的适用？怎样防止由于边缘事实不同而彻底"架空"指导性案例？例如，云南非医师美容失败赔偿案与贾国宇案是否类似？前者是一个因美容失败引起的损害赔偿案件，后者是一个产品责任案件。③ 我们如果从诉讼标的、案件事实等因素看这两个案件，它们有很大的区别，是完全不同的两个案件。但如果我们从案件的争议问题看，两个案件是类似的。它们的类似性是：由于行为人的不当行为给被害人造成了身体和精神损害，对于精神损害是否应当承担法律责任？所以，在进行案件类似性判断时，事实差异不一定导致我们对案件类似性的否定性判断，只要案件的争议问题类似，就属于类似性案件，可以参考或参照指导性案例进行类似性审判。由此看来，直接针对案件争议问题所提出的判决理由就是判决的核心意思（本意、要旨）、决定性理由；审案法官在撰写判决书的判决理由、其他法官或法律人在撰写指导性案例的裁判理由时，都需要紧紧围绕案件的争议问题进行论证。这对后

---

① 胡云腾、吴光侠两位先生指出："裁判理由是指导案例裁判要点的来源和基础，是联系基本案情和裁判结果的纽带。"胡云腾、吴光侠：《指导性案例的体例与编写》，载《人民法院报》2012年4月11日，第8版。

② 胡云腾、吴光侠两位先生指出：论述裁判理由应注意把握的第一个要点是："把握重点，紧紧围绕案件的主要问题、争议焦点或者分歧意见，有针对性的展开论述，充分阐明案例的指导价值和**裁判为什么这样做的道理**（加粗为引者所加）。"参见同上。

③ 参见张骐：《论寻找指导性案例的方法——以审判经验为基础》，载《中外法学》2009年第3期。

来进行类似案件判断,从而决定是否使用指导性案例,具有十分重要的意义。

　　总之,类似案件的判断是发挥指导性案例作用的重要前提。判断类似案件的过程是一个理性思考的过程。类比推理是这种理性思考的重要方法。类比推理是一种人们依照某种标准进行的以比较、扩展、推论为特点的思维活动。人们在运用类比推理进行类似案件判断时的标准是法律,是作为整体的法律或法律秩序,而不一定是某种具体的法律规则。因为事物类似的方面可以是无限广泛的,所以仅有法律秩序还不足以对案件是否类似作出判断。对解决案件争议有帮助的类似性,是相关的类似性,即这种类似对于解决待判案件有直接帮助。所以,判断类似案件的首要方法是确定案件的比较点,即确定案件的争议问题是否类似或具有同类性。案件的争议问题兼有事实性和法律性。与确定案件的比较点紧密相关的问题,是把握先例的判决理由及实质事实,而对判决理由的确定不是静止不变的,而是动态的。在进行案件相似性判断时,一定的规则有助于我们进行案件类似性判断、防止类似性判断的专断和失误。类比保证规则和类比保证理由就是有助于我们判断类似案件的规则和理论方法。随着中国指导性案例的发展,类比保证规则与类比保证理由可以在一定程度上成为许多中国法官所希望的那种"案例相似性比对规则"。我们可以从类比保证理由的角度改进未来裁判理由的撰写,使裁判理由与裁判要点的联系更加紧密,以有利于指导性案例的使用和案例指导制度的发展。

第四章 再论类似案件的判断与指导性案例的使用

——以当代中国法官对指导性案例的使用经验为契口

一、引言——问题与方法

笔者于此章的问题意识是,如果说案件类似是适用(使用)[①]指导性案例的先决/必要条件的话,当代中国法官在适用(使用)指导性案例时是怎样比对案件以确证类似案件的?其基本做法和经验是什么?当代中国法官是怎样运用指导性案例的?其推理模式有什么特点?存在什么问题?怎样克服?我们怎样通过改进使用指导性案例的观念与方法来改善并提高案例指导工作的规范化?本章将在对 14 个中国法官判断类似案件的案例进行分类整理的基础上,对中国法官判断类似案件的实践进行理论分析,讨论中国法官进行类似性判断的比较点及其道理,探究案件争议点和案件关键事实在类似案件判断中的重要性以及怎样确定案件的关键事实,同时探讨怎样在判断类似案件时妥当运用类比推理。然后,根据中国法官使用指导性案例实践的启示,探讨指导性案例的性质及其多种形式的指导性,同时,讨论正确使用指导性案例的基本要求。最后,笔者将讨论明示使用指导性案例的必要性及其基本途径,探讨中国案例指导制度的完善之道。

---

① 笔者在本章将同时或交替使用"适用指导性案例"和"使用指导性案例",并未作严格区分。严格说起来,针对狭义的指导性案例,即经过最高人民法院审判委员会讨论的指导性案例,可以用"适用",对于其他所有的广义的指导性案例,可以用"使用"。

二、对中国法官判断类似案件实践的理论分析

（一）中国法官判断类似案件的实践

笔者这里所讨论的14个案例分别来自北京大学法律信息网和笔者在田野调查时法官所提供的案例。笔者根据这些案件与指导性案例的对比特点将这些案例分为七类。

1. 比较容易判断相类似的案件：

案例一，崔开琴诉上海锦江汽车服务有限公司等机动车交通事故责任纠纷案（崔开琴案）①；案例二，梅敏诉张德修等机动车交通事故责任纠纷案②；案例三，王辅兴居间合同纠纷案③。

2. 争议焦点相似、案情相异的类似案件：

案例四，杨雅文诉王心水等道路交通事故损害赔偿纠纷案④；案例五，上诉人上海市酒类专卖管理局因酒类行政处罚，不服上海市长宁区人民法院行政判决，向上海市第一中级人民法院提起上诉案；案例六，沈彬诉杭州弘川运输有限公司等民间借贷纠纷案⑤。

3. 法院借助对立法目的的解释判断案件的类似性：

案例七，焦作市豫通物流有限公司诉中国平安财产保险股份有限公司焦作中心支公司保险合同纠纷案⑥。

4. 由于案件的关键事实不同而判断不相类似的案件：

案例八，廖利强诉朱金亮等雇员受害赔偿纠纷案⑦；案例九，郑州海王工业盐销售有限公司诉中牟县盐务管理局不服行政处罚案⑧。

5. 兼从内容和形式两方面判断不相类似的案件：

案例十，上诉人（原审原告）李建忠与上诉人（原审被告）佛山市南海

---

① 参见上海市普陀区人民法院(2014)普民一(民)初字第549号民事判决书。
② 参见江苏省泰州市姜堰区人民法院(2014)泰姜民初字第0943号民事判决书。
③ 参见浙江省温州市中级人民法院(2013)浙温民终字第853号民事判决书。
④ 参见山东省潍坊市寒亭区人民法院(2011)寒民三初字第199号民事裁定书。
⑤ 参见浙江省杭州市江干区人民法院(2013)杭江商初字第33号民事判决书。
⑥ 参见河南省焦作市中级人民法院(2013)焦二金终字第00032号民事判决书。
⑦ 参见上海市普陀区人民法院(2014)普民一(民)初字第549号民事判决书。
⑧ 参见河南省中牟县人民法院(2012)牟行初字第19号行政判决书。

区丹灶铝材制造厂等金融借款合同纠纷案;案例十一,广州正誉有限与郑珠明等执行分配方案异议之诉申请案。

6.单从形式方面对指导性案例作出否定性判断的两个案件:

案例十二,周XX与太平人寿保险有限公司漯河中心支公司健康保险合同纠纷案;案例十三,深圳市公园管理中心与钟圣合同纠纷上诉案。

7.信息太少、不易分析的案件:

案例十四,隆德县远洋货运有限责任等诉中华联合财产保险股份有限平凉市崆峒区支保险合同纠纷案。

上述14个案件向我们提供了中国法院在对指导性案例进行判断时比较丰富的实践经验和时代特点,同时,也向我们提供了值得进一步研究的问题。

(二) 中国法官进行类似性判断的比较点

如果可以对上述使用指导性案例的实践进行总结归类的话,笔者以为,中国法官实际对待判案件与指导性案例是否类似的判断可以有四个途径:第一,是待判案件争议点与指导性案例争议点的比较;第二,是待判案件的案情与指导性案例的案情的比较;第三,是待判案件的关键事实与指导性案例的关键事实进行比较,第四,判断的形式标准——是否属于狭义的指导性案例。笔者将讨论怎样理解争议点和关键事实?在什么情况下需要把基本案情作为比对因素?在总结经验的基础上分析仍然不尽如人意的地方,并探讨可能的改进之道。

(三) 为什么比较案件的争议点重要?

笔者在以前的一篇探讨类似案件判断的文章中提出,判断类似案件的基本比较点是案件的争议问题。① 对照中国法官的审判实践,笔者以为先前的观点还是符合实际、可以成立的。胡云腾大法官在这个问题上与笔者有类似的观点:"不仅是案情类似,更重要的是争议焦点类似。"② 还有学者进一步提出:先例式参照的表达内容是先例与待决案件的争点、

---

① 张骐:《论类似案件的判断》,载《中外法学》2014年第2期。
② 胡云腾主编:《最高人民法院指导性案例参照与适用》,人民法院出版社2012年版,第293页。

结果与理由的比对。① 我们在这里就对为什么比较争议点重要提出进一步的正当性证明。

首先,案件的争议点是联结待判案件与指导性案例之间的桥梁。维特根斯坦指出:理解在于"看到联系",所以"发现或发明中间环节是极为重要的"。② 待判案件与指导性案例之间的中间环节就是案件争议点。法官需要指导性案例的目的是发现对解决待判案件的争议问题有帮助的法律解决方案,如果指导性案例对相类似的争议问题提供了法律解决方案,那么这个争议问题就是联结两个案件的中间项,即桥梁(请见下图)。其次,法官为了审理待判案件而寻找指导性案例的时候,审案结果或法律解决方案还没有得出,裁判理由也在形成过程之中,也正因此,需要指导性案例的启发,所以指望根据待判案件与指导性案例的法律适用是否类似来判断两案的类似性,往往很难具有可操作性。所以,争议点在案件比较中更为重要。在实践中,案件的争议点与案件事实、案情有着密切的关系。

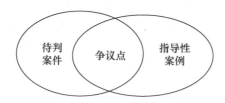

(四) 为什么是"关键事实"而不是"基本案情"?

有学者认为:"裁判理由和基本案情是判断'同案'的实质性要素。"③ 从上述案例使用实践来看,基本案情与案件的关键事实都有可能成为法官进行案件比较的方面,但是笔者对基本案情是否可以成为判断"同案"的实质性要素是有怀疑的。笔者将在下面讨论:基本案情与案件关键事实是什么关系?我们需要什么样的关键事实?何处有关键事实?裁判要点还是裁判理由?如何改进我们的指导性案例制作和指导性案例适用?

---

① 冯文生:《审判案例指导中的"参照"问题研究》,载《清华法学》2011 第 3 期。
② 〔英〕维特根斯坦:《哲学研究》,陈嘉映译,上海人民出版社 2001 年版,第 75 页。
③ 但是这位学者指出了裁判理由在类似案件判断中的作用。笔者将在下文讨论。参见于同志:《论指导性案例的参照适用》,载《人民司法》2013 年第 7 期。

1. "基本案情"不易把握

由于案情的复杂性与多样性,对基本案情的比较往往是一件事倍功半的事情。例如,如果我们把崔开琴诉上海锦江汽车服务有限公司等机动车交通事故责任纠纷案与指导性案例24的案情进行对比,基本案情可以包括从交通事故发生的情形到受害人的身体状况等许多项目。再例如,在沈彬诉杭州弘川运输有限公司等民间借贷纠纷案与指导性案例第9号的比较也是如此。我们可以发现两对四个案例的案情对比中,既可以发现很多相同或相似的地方,也可以发现许多不同或不相似的地方。例如,第二对案件,两个案件在案情方面有很大的不同:一个是民间借贷纠纷,另一个是买卖合同纠纷。我们很难确定一个具有可操作性的确定基本案情的标准。而案情的不同不足以影响我们对案件相似性的判断,因为它们的争议点相类似,即公司股东是否需要对公司债务承担连带责任?因此两个案件是类似的。所以,以基本案情进行判断,在案情简单的情况下还容易应付,假如案情比较复杂,如果仅仅考虑基本案情的话,对日常需要处理很多案件的法官来说,实在十分为难。①

2. 案件关键事实的含义和作用

相比较而言,案件的"关键事实"更具有可操作性。笔者这里所谓的案件的"关键事实",就是与案件争议点直接相关的案件事实。其实,在有些情况下,案情方面的不同点在形成有关解决争议的法律判断方面不具有实质意义,法官需要在把握关键案件事实的基础上进行比较。例如,审理沈彬诉杭州弘川运输有限公司等民间借贷纠纷案的法官,在争议点的指引下,参照指导性案例第9号的裁判要点中所提出的当事人行为——股东怠于履行清算义务的行为直接导致原告作为债权人受损、股东滥用公司法人独立地位和股东有限责任损害公司债权人的利益的行为,判断该案被告的行为与指导性案例相类似,从而判断构成类似案件。上述的被告行为就是一种案件"关键事实"。②

---

① 我们会发现我们非常同意维特根斯坦的论断:"一物与自身相同一。"参见〔英〕维特根斯坦:《哲学研究》,陈嘉映译,上海人民出版社2001年版,第128页。

② 笔者所说的案件的"关键事实"与陈杭平博士所说的案件的"主要事实"类似,陈杭平博士认为:"'主要事实'即权利产生、变更或消灭之法律效果发生时直接而且必要的事实,与作为法条构成要件被列举的事实('要件事实')相对应。"陈杭平:《论"同案不同判"的产生与识别》,载《当代法学》2012年第5期。

3. 如何发现案件的关键事实？

这里涉及两个问题：怎样表达指导性案例中关键事实？怎样比较案件的关键事实？

首先，怎样表达指导性案例中关键事实？有中国学者也注意到案件关键事实的重要，称之为"定型化事实"，从对类似案件的判断的角度，提出了对有关指导性案例裁判要点表述形式的改进建议。这位学者认为判例或者指导性案例的形式要件应当是："要件 a＋要件 b＋定型化事实 c→效果 d。"① 有学者进一步提出要把这种结构作为裁判要点的理想形式。这位学者认为：我国法官大多习惯从案由入手寻找指导性案例，而目前的一些指导性案例的裁判要点脱离裁判理由，成为识别与适用的"瓶颈"。② 还有学者建议，应将裁判要点转化为"事实要件＋法律后果"的表达形式。③ 这些建议有两个共同点：其一，指出案件的关键事实的重要性；其二，建议在指导性案例的裁判要点中包括案件的关键事实。上述建议的目的在于，通过以裁判要点中的定性化事实或关键事实作为判断案件相似性的基准，以"使识别技术与我国法官长久以来形成的适法习惯和裁判思维相适应"，建构本土化案例识别技术。④ 笔者同意上述学者所指出的目前指导性案例存在的问题，即在指导性案例的裁判要点中，常常没有对案件关键事实的表述。这确实是我们在进行案例指导制度设计时应当面对并解决的一个问题。

前面提到，有学者指出"裁判理由"是判断"同案"的实质性要素。⑤ 从重视裁判理由在类似案件判断中的作用的角度，笔者深以为然。但是笔者愿换个角度表述问题：裁判理由中含有判断类似案件所需要的关键事实。除了一些初看就知道类似的案件外，许多案件是要借助对指导性案例裁判理由的研读才能确定待判案件与指导性案例是否类似。

其次，怎样运用案件的关键事实进行比较？拉兹教授在研究先例的规则与实践时，把情况分为法律有规定的争议和法律没有规定的争议，而

---

① 当然有时也有例外，即会存在没有 c 的情形。解亘：《论学者在案例指导制度中的作用》，载《南京大学学报（哲学・人文科学・社会科学版）》2012 年第 4 期。
② 郭琳佳：《参照指导性案例的技术和方法》，载《人民司法》2014 年第 17 期。
③ 胡国均、王建平：《指导性案例的司法运用机制——以〈关于案例指导工作的规定〉的具体适用为视角》，载《上海政法学院学报（法治论丛）》2012 年第 4 期。
④ 郭琳佳：《参照指导性案例的技术和方法》，载《人民司法》2014 年第 17 期。
⑤ 于同志：《论指导性案例的参照适用》，载《人民司法》2013 年第 7 期。

在研究法律有规定的争议的情况下法官怎样区别案件时,他运用一些字母作为代号,进行案件比较。① 笔者借助拉兹教授的公式,并做了一定的改动,以表达运用案件的关键事实进行比较的基本方法,书写如下:

在指导性案例 G 中记录着该案例的事实是 a、b、c、d、e、g,指导性案例的中的关键事实是 A、B、C,由于有 A、B、C,所以有指导性案例中的法律解决方案(个案规则)X(小写字母代表指导性案例中记录的案件事实。大写字母代表案件事实的一般性质,即 a 是 A 的具体情况等)。指导性案例 G 可以被概况为:

G:a、b、c、d、e、g/A、B、C → X.

待判案件 N 包含事实 a_1、b_1、c_1、d_1、$\underline{e_1}$(即非 e_1)、f_1。由于待判案件 N 有 A、B、C,所以是类似案件,法官应当参照指导性案例审判。我们可以概况为:

N:a_1、b_1、c_1、d_1、$\underline{e_1}$、f_1/A、B、C → X.

笔者在此需要补充三点:

其一,$\underline{e_1}$(即非 e_1)不足以排除 X。即拉伦兹所说的:"两者间的不同之处不足以排除此等法定评价。"②例如前引廖利强诉朱金亮等雇员受害赔偿纠纷案,指导性案例的关键事实有:雇员在从事雇佣活动中因第三人侵权受到人身损害;侵权第三人与雇主之间形成不真正连带之债;在雇员起诉请求第三人赔偿并被判决支持,因第三人下落不明,而无法得到执行之时,因该不真正连带之债并未消灭,雇员仍有权请求雇主赔偿。待判案件与指导性案例在很多方面都类似,但是,待判案件在一个重要的地方与指导性案例不同,即原告廖利强在对侵权第三人提起附带民事诉讼、经法院判决部分支持、发生法律效力后,未及时申请法院强制执行,在不清楚第三人有无执行能力的情况下,径行起诉雇主。由于这一重要之点的不同,两个案件不相类似。这就是由于 $\underline{e_1}$(即非 e_1)的存在,排除 X 的情形。

其二,上述公式只是一个简化版的基本公式,我们还可以在此基础上,根据对指导性案例进行比较的不同情况,变化出不同的情况。

---

① 〔英〕约瑟夫·拉兹:《法律的权威:法律与道德论文集》,朱峰译,法律出版社 2005 年版,第 160 页。

② 〔德〕卡尔·拉伦茨:《法学方法论》,陈爱娥译,商务印书馆 2003 年版,第 258 页。

其三，上述公式既不是以不变应万变的计算尺，也不是判断对错的标准，它只是我们进行类似案件判断的辅助工具。例如，郑州海王工业盐销售有限公司诉中牟县盐务管理局不服行政处罚案，一审法院判断两案不类似，原告提供的指导性案例不适用于本案。但吊诡的是，河南中牟县人民法院重审此案时，又改变了自己的判断。① 这里涉及对关键事实的判断与评价。② 此处判断类似案件判断的对与错、判断"公式化作业"成功与否的标准，不是逻辑，而是我们进行案件类似性判断的目的是否得以正当化，正如维特根斯坦所指出："我们如何把词语分门别类，要看我们分类的目的——要看我们的趣向。"具体来说，就是使用指导性案例所要实现的法律目的或法律价值。如拉兹所言，"重要相似点的检验标准是证明规则正当性的重要理由"。③

（五）在类似案件判断中怎样处理事实、法律与价值的关系？

在上述案例七，焦作市豫通物流有限公司诉中国平安财产保险股份有限公司焦作中心支公司保险合同纠纷案中，审案法院在判断待判案件是否与被告提供的指导性案例相类似时，从立法精神、立法目的的角度解释指导性案例的意旨，从而认为两个案件类似。在这里，法官不是仅仅做一种事实的比对，而是通过某种价值判断帮助判断两个案件的类似性。在这方面，笔者曾经在一篇文章中有过讨论。④ 于同志法官也在一篇文章中指出，在进行类似案件判断时，要按照一定的价值标准，在若干具有关联性的指导性案例中选择、确定与待决案件事实最为接近、裁判效果最好的一个，"从内涵上认知到其有规范评价意义的相同性"⑤。于法官这里的规范评价意义，应当不仅仅是法律规范评价意义，而是包括了价值判断于其中的。例如，前述沈彬诉杭州弘川运输有限公司等民间借贷纠纷案的股东行为，就是一种具有法律意义的事实。

---

① 张继成：《从案件事实之"是"到当事人之"应当"——法律推理机制及其正当理由的逻辑研究》，载《法学研究》2003年第1期。

② 〔英〕约瑟夫·拉兹：《法律的权威：法律与道德论文集》，朱峰译，法律出版社2005年版，第258页。

③ 同上书，第177页。

④ 张骐：《论寻找指导性案例的方法——以审判经验为基础》，载《中外法学》2009年第3期。

⑤ 于同志：《论指导性案例的参照适用》，载《人民司法》2013年第7期。

张继成教授认为:"价值评价是由事实判断向规范判断过渡的逻辑桥梁。"张继成教授指出:"在法律推理的过程中,只要将案件事实转化成了法律事实,只要获得了一个足够具体而且适宜判断法律事实的法律规范,那么大、小前提之间的双重统一性就会得到确认:法律构成要件所指称的事实特征以及蕴含于法律规范中的立法意旨、价值判断在认定的法律事实中被完全再现出来",从而实现了特殊的案件事实与一般的法律规定的同一。① 在适用指导性案例的时候,从立法精神的角度解释指导性案例的意旨,其实是努力揭示指导性案例所体现的法律规则及其所体现的立法目的和法律价值。当法官确信待判案件的关键案件事实(在焦作豫通物流案中是对亡者是否第三人的判定、在沈彬诉杭州弘川运输有限公司等民间借贷纠纷案中是对股东行为的确定)与指导性案例的关键事实类似符合指导性案例所体现的立法目的时,就完成了对指导性案例类似性判断的正当性证明。正是在这个意义上,黄泽敏、张继成两位学者认为:"只有对待决疑难案件事实的价值评价与法律规则所蕴含的价值取向一致,才能够将待决事实归属于法律规则的构成要件之下。"②

目前存在的问题是我国审判结构和判决书的通常格式不利于法官进行相应的类似案件判断,有学者指出:"事实与法律相区分的审判结构不利于指导性案例的参照,应当是用显现事实与法律深度融合的问答结构。先例式参照表达的正确位置在裁判理由,在那里确定与评判诉讼争点"③。笔者以为这是中肯之言。我们应当在今后的审判实践中有针对性的逐渐改进。

我们重视价值判断在类似案件判断中的作用,但并不认为价值判断可以与对案件事实的研究分割开。那么,价值判断与案件事实在类似案件判断中各自具有怎样的作用?这引导我们进一步讨论类似案件判断中的法律推理。

---

① 张继成:《从案件事实之"是"到当事人之"应当"——法律推理机制及其正当理由的逻辑研究》,载《法学研究》2003年第1期。
② 黄泽敏、张继成:《指导性案例援引方式之规范研究——以将裁判要点作为排他性判决理由为核心》,载《法学研究》,2014年第4期。
③ 冯文生:《审判案例指导中的"参照"问题研究》,载《清华法学》2011年第3期。

三、类比推理能做什么

(一) 中国学者有关类似案件判断的法律推理及类比推理的不同观点

我们在进行类似案件判断时,并非要找到与待判案件案情完全相同的指导性案例。美国法学家卢埃林早年就曾指出,将判例的适用范围限制在完全相同的案件事实上,即要求案件的适用"必须限制在本案严格的事实之内",是彻底废掉判例的一种常见方法。① 为了对待判案件与指导性案例之间的类似性作出妥当的判断,我们需要妥当的类比推理的帮助。笔者根据自己所看到的文献,把中国学者有关类比推理作用的观点大体分为下面两类。

第一类,基本肯定类比推理在类似案件判断中的作用。冯文生博士认为:先例式参照是已决事件与待决事件之间相关要素的对比,不存在归纳与演绎的复杂的逻辑关系,其具体结构是:事实+事实=结果。② 解亘教授认为:"大陆法的法律适用方法是演绎三段论推理,英美法的法律使用方法是类比推理。在前者,关键是规范对事实的涵摄,在后者,关键则是类比连接点的发现。"③

笔者虽然对上述观点并无异议,但是觉得问题似乎不是那么非此即彼,类比推理与归纳推理和演绎推理是相互交叉的。在运用类比推理进行类似案件判断时,也要使用三段论。④ 大陆法系也用类比推理,问题不在于法系,问题可能在于是以制定法作为主要的法律渊源还是以判例法作为主要的法律渊源,以及如何理解类比推理。于同志法官认为:"由于案例指导规则具有抽象性及其不周延性,而后案法官不可能完全脱离具体案件事实去理解和适用该规则,所以,普通法体系下的判例识别问题在

---

① 〔美〕P. S. 阿蒂亚、R. S. 萨默斯:《英美法中的形式与实质:法律推理、法律理论和法律制度的比较研究》,金敏、陈林林、王笑红译,中国政法大学出版社 2005 年版,第 102 页。
② 冯文生:《审判案例指导中的"参照"问题研究》,载《清华法学》2011 年第 3 期。
③ 解亘:《论学者在案例指导制度中的作用》,载《南京大学学报(哲学·人文科学·社会科学版)》2012 年第 4 期。
④ Scott Brewer, Exemplary Reasoning: Semantics, Pragmatics, and the Rational Force of Legal Argument by Analogy, *Harvard Law Review*, Vol 109, No. 5(Mar., 1996), p.956.

我国案例指导实践中仍一定程度上存在。"①从这个角度看,普通法系国家在适用判例法时所运用的类比推理对中国法官来说,还是非常有用的,中国法官"可以借鉴其识别与排除技巧,合理避开不当的或有缺陷的指导性案例"②。

第二类,虽然不否定类比推理的作用,但指出类比推理所存在的诸多问题。例如,台湾学者黄维幸律师指出了类比推理所具有的问题。③

黄维幸律师的观点旨在提醒人们避免滥用类推。笔者认为他的观点是有道理的,我们不能夸大类推的作用,不能把类推绝对化。不过,虽然类推不像演绎推理那么"严整",但是在了解类比推理的特点的前提下,我们仍然可以使用类比推理。类推之间的相干性和可比性是有法可循的。类比推理并不必然是"可左可右的判断",也不总是"可左可右的判断",我们可以通过妥当的方法,尽量减少在类比推理中"可左可右"的情形。笔者在下面就做些探讨。

(二)怎样避免"左右为难":结果为准还是兼顾价值/正当性

当我们运用类比推理进行类似案件判断时,有时确实会对待判案件是否与指导性案例或者先例相类似"左右为难"。这涉及进行类似性判断的标准问题。黄维幸律师认为:"类推既是两案或两事之间共通政策的比附援引,平等原则没有适用的余地。类似事件如果有类比的余地,则常常不只因其类似,而是相同的政策或法律效果的考量。"④黄维幸律师的观点道出了结果考量的意义,但是,我们应当赋予结果与政策考量多大的分量?冯文生博士提出先例式参照的比对技术有诉讼争点的识别、裁判理由的解析和裁判结果的取舍这三个环节。冯博士认为:"一般以诉讼争点比对为转移,但如果裁判结果可能背离先例时,应当用区别技术,调整诉讼争点。"⑤笔者以为冯博士有关先例式参照三个环节的观点十分有见地。只是,当我们为了裁判结果而"用区别技术,调整诉讼争点"时,是否

---

① 于同志:《论指导性案例的参照适用》,载《人民司法》2013年第7期。
② 黄泽敏、张继成:《指导性案例援引方式之规范研究——以将裁判要点作为排他性判决理由为核心》,载《法学研究》2014年第4期。
③ 黄维幸:《现代法学方法新论》,台湾三民书局2014年版,第108—109、130页。
④ 同上书,第117页。
⑤ 冯文生:《审判案例指导中的"参照"问题研究》,载《清华法学》2011年第3期。

需要注意避免结果主义,避免工具主义地对待先例?

笔者认为,在类比推理时,结果考虑固然重要,但是也要兼顾价值和正当性,并以后者为准。英国法学家麦考密克认为,司法决定不是通过它们由于案件疑难而无视法律、仅对当事人所产生的直接、即刻之影响被证成,"而是通过一种可接受的、涉及当前案件并因此可用于其他类似案件(从而满足类似案件类似处理之正义要求)之法律命题而被证成"。他认为:"在法律决策过程中,行为后果和结果只是在有限的范围内十分重要。"重要的是我们"所依据的是什么样的价值标准"?[①] 笔者认为,这里涉及在类比推理和类似案件判断中两种不同的合理性标准,即工具合理性(结果合理性)标准与价值合理性标准。[②] 价值合理性而非工具合理性,应当在类似性判断中起着主导作用。因为工具合理性关注的是此时此地此案的了断,而价值合理性关注的是法律的价值、制定、实施法律的目的。[③] 在运用类比推理判断类似案件时,重视价值合理性意味着以下几点:

(1) 在类比推理的过程中,对类比推理的妥当性起最终决定性作用的,是我们对价值合理性的理解和判断。公正等法律的价值是类似案件判断时所应坚持的基本价值,是判断类似案件的二阶理由。在有些情况下,作为公平的公正,一种形式公正,是必须的。正如阿玛蒂亚·森教授指出的:"就评价某个选择而言,可比性要求在评价其结果的时候,我们从一个维度看到所有相关结果的价值,以同一个尺度来衡量所有不同结果的重要性。"[④]

(2) 法律秩序是判断类似案件的理由的理由。在法治社会,人们到

---

① 〔英〕尼尔·麦考密克:《修辞与法治:一种法律推理理论》,程朝阳、孙光宁译,北京大学出版社2014年版,第137—138、139、151页。

② 或者,如果从判决实质理由来划分的话,两种不同的判决实质理由。萨默斯指出,判决的实质理由有两种:正当性理由和目标性理由。参见〔英〕尼尔·麦考密克:《修辞与法治:一种法律推理理论》,程朝阳、孙光宁译,北京大学出版社2014年版;〔英〕麦考密克、〔澳〕魏因贝格尔:《制度法论(修订版)》,周叶谦译,中国政法大学出版社2004年版,第119页。

③ 麦考密克指出:"通过法律规则以追求实现并为法律规则所支持的那些价值,被恰当地看作是法律自身所要追求实现的以及法律助以追求实现的永恒目标。"参见〔英〕尼尔·麦考密克著:《修辞与法治:一种法律推理理论》,程朝阳、孙光宁译,北京大学出版社2014年版,第162页。

④ 〔印度〕阿马蒂亚·森:《正义的理念》,王磊、李航译,中国人民大学出版社2012年版,第221页。

法院解决纠纷,是相信并希望法院依法办事。类比推理是为了寻找解决纠纷的理由。类比推理的某种结果考量是这种判断或推理的一阶理由,但是这种结果不能违反法律秩序,法律、法律的价值是可以反对、排除前述一阶理由的二阶理由。正如麦考密克教授所说:"法律秩序是划分对错的权威性秩序的核心部分。"①

(3)类似性判断的后果应当符合法律、符合公正。正如麦考密克教授所说:法律和法律裁决绝不是行为之原因。相反,它们是人们行为选择的依据。唯一能被人们视为法律裁决所实际必需的行为,在于义务的必要性而非因果关系的必要性。②

笔者以为,上述几点有助于我们从正当性与价值合理性的角度解决类比推理的妥当性问题。为了实现类比推理的妥当性,还需要考虑影响妥当进行类比推理的诸因素。

(三)影响妥当进行类比推理的因素

这里试图从推理主体、影响推理的客观因素、影响推理的道德与价值因素及规则四个方面讨论影响妥当进行类比推理的诸因素。

首先,推理主体,即法官及法律共同体的法律经验、法律知识素养和法律专业技能对于妥当进行类比推理和类似案件判断具有重要意义。美国哈佛大学法学院的 Weinreb 教授认为,并非认知能力本身,而是与之一起的经验和知识是有效类比的关键。他认为,类比推理的过程依靠对相似性的认识及根据人们的目的进行分类的能力。③ 同时,运用类比推理进行类似案件判断不仅仅是个能力的问题,还涉及人们的经验(不只是某个具体法官的个人经验)以及由于经验积累而形成的习惯。法官参照先例的心理原因就是相信自己、他人、其他法官先前的经验有助于我们解决当下的类似案件。正如印度哲学家、经济学家阿玛蒂亚·森所说:"当某个选择的缘由是我们头脑中已有的经验或习惯时,我们通常可以完全合

---

① 〔英〕尼尔·麦考密克:《修辞与法治:一种法律推理理论》,程朝阳、孙光宁译,北京大学出版社 2014 年版,第 153 页。
② 同上书,第 149 页。
③ Lloyd L. Weinreb, *Legal Reason: The Use of Analogy in Legal Argument*, Cambridge University Press, 2005, p.131, p.133, p.163.

理地采用这种选择,而不必去对每一个决定的理性加以思考。"①这种知识和能力,是可以通过法律教育学习并提高的。Weinreb 教授认为:法学院的"课堂讨论与后来的实践都是由类比推理进行的。这就是'像法律人那样思考'的意思"②。

其次,妥当的类比推理需要综合考虑多种客观因素。黄维幸律师指出了成立类推所必须考虑的诸项因素:先例发生次数的多寡,先例与本案相同特征的多少,结论与前提之间关联的强弱,相异点的多少,先例数量的多少,类推的特征与结论及比拟要有相关性。③

再次,妥当的类比推理依靠待判案件与指导性案例在争议点方面相关的相似性,而价值判断、道德判断则对人们相关类似性的判断具有重要影响。迈克尔·穆尔指出,当代普通法系国家的法官遵循先例时所追求的价值主要是平等,而"平等所要求的并不是,在先前意见所描述的所有方面上都彼此类似的案件应当得到类似的处理;相反,平等所要求的是,在道德上相关的所有方面都彼此类似的案件应当得到类似的处理"④。穆尔所说的是有道理的,人们可能对平等有不同的理解,常常有可能仁者见仁智者见智,所以一定要建立在一定的、共享的道德基础上。但是这种道德判断是发展的、流变的。哈特指出:"随着个人或社会的根本道德观的不同,相关的类似性和差异性的判准也经常有差别。"⑤不过,虽然道德观是发展的、流变的,但法律价值却并非仁者见仁智者见智、没有客观性的。德国法学家阿列克西指出:"类推以某种价值评价为基础。为证立这种价值评价,在法律论辩中所有可能的论述都是许可的。"⑥

最后,类比推理存在一定的章法,我们可以通过类比实践发现类比推理的某些规则并运用它帮助我们妥当进行类比推理和类似案件判断。哈

---

① 〔印度〕阿马蒂亚·森:《正义的理念》,王磊、李航译,中国人民大学出版社 2012 年版,第 168 页。
② Lloyd L. Weinreb, *Legal Reason: The Use of Analogy in Legal Argument*, Cambridge University Press, 2005, p.146.
③ 黄维幸:《现代法学方法新论》,台湾三民书局 2014 年版,第 101 页。
④ 〔美〕安德烈·马默:《法律与解释:法哲学论文集》,张卓明、徐宗立等译,法律出版社 2006 年版,第 35 页。
⑤ 〔英〕H. L. A. 哈特:《法律的概念》(第二版),许家馨、李冠宜译,法律出版社 2011 年版,第 155 页。
⑥ 〔德〕罗伯特·阿列克西:《法律论证理论——作为法律证立理论的理性论辩理论》,舒国滢译,中国法制出版社 2002 年版,第 347 页。

佛大学法学院 Weinreb 教授认为："一定有一个被比较的两个事物共同隶属并提供所有（通过观察类似性所标明、所隶属）成员共有尚存疑的进一步特点的一般性规则。"①Weinreb 教授并没有指出这种规则是什么，我们或者可以这样概括：所谓类比推理的某些规则，是那种融合了生活正义和规范正义（价值与法律）的一般性的认识，即事物的本质。关于类比推理的具体规则，德国学者阿列克西、美国学者布儒、中国学者雷磊都作了富有启发意义的研究。②

四、指导性案例的指导性何在及其实现的基本要求

根据中国法官适用指导性案例的实践，我们可以发现中国法官适用指导性案例的特点和经验、中国指导性案例的特点以及一些有待研究的问题。笔者在此，既作经验性描述和总结，也尝试针对争议和存在的问题进行某种规范研究，提出一些改进之道。

（一）来自指导性案例使用实践的启示

如果我们仔细研读上述适用指导性案例的那些案件的判决书，我们会发现一些非常具有启发意义的问题：

其一，法院根据指导性案例确定的法律解决方案审判案件。在崔开琴诉上海锦江汽车服务有限公司等机动车交通事故责任纠纷案中，在交通事故受害人的个人体质状况对损害后果的发生具有一定影响的情况下，在确定责任人的赔偿责任时应当怎样考虑受害人个人体质状况对损害后果的影响？指导性案例 24 号的法律解决方案是不考虑受害人个人体质状况对损害后果的影响。崔案适用了该指导性案例：对受害人个人体质状况对损害后果的影响不予考虑。笔者借用达玛什卡教授所使用的

---

① Lloyd L. Weinreb, *Legal Reason: The Use of Analogy in Legal Argument*, Cambridge University Press, 2005, p.110.
② 参见〔德〕罗伯特·阿列克西：《法律论证理论——作为法律证立理论的理性论辩理论》，舒国滢译，中国法制出版社 2002 年版，第 334 页；Scott Brewer, Exemplary Reasoning: Semantics, Pragmatics, and the Rational Force of Legal Argument by Analogy, *Harvard Law Review*, Vol 109, No. 5(Mar., 1996), p.956；雷磊：《类比法律论证——以德国学说为出发点》，中国政法大学出版社 2011 年版。

术语,将本案法官对待指导性案例的态度概况为一种逻辑法条主义的态度①,即把指导性案例作为一种类似于法条的标准,"照章办事"。

指导性案例在此案中的作用是什么?从引用指导性案例部分在判决书结构中的位置看,指导性案例是作为裁判理由而被引用的,但是在逻辑关系上,它其实是确定裁判结果的因素之一,又很像确定裁判结果的依据。或者我们可以这样说,有时,裁判理由与裁判依据并不是泾渭分明的。

其二,在崔开琴诉上海锦江汽车服务有限公司等机动车交通事故责任纠纷案等案件的判决书中,判决书援引指导性案例的裁判理由而不是裁判要点审判案件。

其三,与崔案相似,梅敏诉张德修等机动车交通事故责任纠纷案,也是参照指导性案例的法律解决方案。但与崔案有所区别的是,此案判决书引证指导性案例24号的裁判要点而不是裁判理由。此案的此种引证,不论是从判决书结构还是从逻辑关系看,都是把指导性案例作为裁判理由,说明为什么原告不应对特殊体质在伤残中存有参与度而自负相应责任。但有意思的是,此案除了引证了指导性案例24号的裁判要点之外,还对为什么原告不应对特殊体质在伤残中存有参与度而自负相应责任进行了更加细致、复杂的论证。那么这样作是必要的吗?如果是必要的话,为什么?

其四,与梅敏诉张德修等机动车交通事故责任纠纷案相似,在杨雅文诉王心水等道路交通事故损害赔偿纠纷案的判决书中,法院引用了指导性案例2号的裁判要点。其裁判结论是,根据"一事不再理"的原则,不支持原告就同一事由起诉到本法院。

指导性案例2号在此案的法律推理和判决书中起了什么样的作用?笔者以为,在这个案件中,指导性案例的裁判要点是作为法官推理中的判决依据发挥作用的,是判决的第二个依据,即作为个案规范,用来进一步说明"一事不再理"原则应当适用于本案;换一个角度看,也可以认为,该指导性案例中的裁判要点是一种说理理由——作为说明待判案件符合并

---

① "法官在'先例'中所寻找的是更高的权威所作出的类似于规则的表述,而案件的事实却被弃置一旁。"参见〔美〕米尔伊安·R.达玛什卡:《司法和国家权力的多种面孔——比较视野中的法律程序》,郑戈译,中国政法大学出版社2004年版,第51、56、57页。

应适用"一事不再理"原则的理由。此案判决书使用指导性案例的推理模式是纵向加强模式,指导性案例(的裁判要点)A 证明"一事不再理"的原则 B,进而得出判决结论 C,简化成:A→B→C 模式。

其五,在廖利强诉朱金亮等雇员损害赔偿纠纷案中,法院在论证本案争议焦点及在争议焦点上有争议的解决方案后,提及(广义)指导性案例作为解决争议的选项,但是在比对后因关键事实不同而得出两案不类似的结论,所以,没有支持原告的主张。在这里,指导性案例在法官的判决推理中所起到的作用不是判决依据,而是法官进行法律推理得出案件是否相似结论的前提,用来说明:待判案件与指导性案例不同。此案判决使用指导性案例的推理模式也是纵向加强模式,但其推理路径不同:以指导性案例 A 证明与待判案件 D 不同,然后而得出判决结论 C。是 A ¬ D→C 模式。在这一点上与杨案不同。

上述中国指导性案例的实践启示我们:指导性案例往往是裁判说理的理由,但也有可能作为裁判依据;指导性案例的不同部分在案件裁判中可能具有不同的作用。那么,怎样从理论上认识指导性案例中裁判要点和裁判理由的作用?裁判说理的理由与裁判依据具有怎样的关联?怎样确定法院根据指导性案例的法律解决方案审判案件的性质?

(二)指导性案例指导性的多种形式

黄泽敏、张继成两位学者认为:裁判要点应当作为判决理由被援引,而"基本案情和裁判理由无法作为判决理由被援引入待决案件的裁判文书之中"。因为,我国裁判文书的说理风格应"以制定法制度的统一为前提"。① 在这个问题上,冯文生博士似乎持相反的观点。他认为,先例式参照的实质根据是"裁判理由";他反对裁判要旨或裁判要点作为参照依据。② 那么,当法官需要引证指导性案例的时候,是应当引证裁判要点,还是应当引证裁判理由? 笔者以为,根据上述中国法官适用指导性案例的实践,我们对上述问题不能得出一个二选一的、有明显正误之分的答

---

① 他们认为,裁判要点(应当)"是证明待决案件事实被归属于特定法律规则构成要件之下的其中一个可能的判决理由。"这似乎与目前指导性案例的裁判要点有所不同。黄泽敏、张继成:《指导性案例援引方式之规范研究——以将裁判要点作为排他性判决理由为核心》,载《法学研究》2014 年第 4 期。

② 冯文生:《审判案例指导中的"参照"问题研究》,载《清华法学》2011 年第 3 期。

案。对于法官在判决书是否只能引用指导性案例的裁判要点而不是裁判理由,我们似乎不宜作出硬性规定。

学者们在上述问题上的观点分歧与指导性案例本身具有的多种指导性形式相关。作为司法审判实践的辅助渊源和审判指导,它的指导性是多重的。在基本层面上,指导性案例为法官提供了作出审判决定的理由。但是,借用麦考密克教授使用的术语,它们有时是证成性理由①,提供了证成的前提,例如在崔开琴诉上海锦江汽车服务有限公司等机动车交通事故责任纠纷案中;有时是解释性理由,例如杨雅文诉王心水等道路交通事故损害赔偿纠纷案②和梅敏诉张德修等机动车交通事故责任纠纷案③。

不仅指导性案例的指导性具有多重形式,而且法官引用指导性案例的理由也是多重的。韦伯认为:"在具体的个案里,命令之被执行,其动机可以是被支配者对命令之正当性的确信,可以是一种义务感,可以是来自恐惧,或者是'不假思索的习惯',或者是企图为自己谋取利益。"④汤文平教授经过研究后认为:在民法法系国家,"法官征引判例不过是寻求一些法教义学上的启示而已,所以一边是理论上要求结合事实提炼规范的警策,一边却是实务中追随判例要旨的惰性"⑤。中国法官使用指导性案例的目的与汤文平教授所述民法法系国家的法官使用判例有些类似,郭琳佳法官就指出:中国法官对适用指导性案例的期待是"提高效率和裁判认可度"。⑥ 这可以看作是一部分中国法官使用指导性案例的工具主义动机。笔者在对崔案进行田野考察时体会到,法官适用指导性案例的动机是多重的,既为实现公正,也为按照最高人民法院在指导性案例中确定的统一尺度实现裁判的安全和法的安定性。当然,指导性案例的作用原本就具有多重性,这包括:提高裁判效率、提高裁判的司法权威性、实现法律秩序的安定性、维护社会公正等。

---

① 〔英〕尼尔·麦考密克:《修辞与法治:一种法律推理理论》,程朝阳、孙光宁译,北京大学出版社 2014 年版,第 132 页。
② 在此案中,指导性案例用来解释说明"一事不再理"原则。
③ 笔者以为,此案法官对指导性案例 24 号的权威性有点信心不足,所以在引证了该指导性案例的同时,又进行了一番论证。
④ 〔德〕马克斯·韦伯:《支配社会学》,康乐、简惠美译,广西师范大学出版社 2010 年版,第 8—9 页。
⑤ 冯文生:《审判案例指导中的"参照"问题研究》,载《清华法学》2011 年第 3 期。
⑥ 郭琳佳:《参照指导性案例的技术和方法》,载《人民司法》2014 年第 17 期。

关于指导性案例在司法审判中的作用定位,学者们也有不同的观点。黄泽敏与张继成两位学者认为:裁判要点不仅应当作为判决理由被援引,而且应当具有判决理由中的排他性效力。他们给出了如此论断的外在依据、内在依据和目的性依据。① 而冯文生博士则认为:先例参照"属于法律诠释学意义的实践型指导"。参照先例虽然定位为裁判理由,但是"其本质是论证工具,而不可能是个案法律解释"②。个案诉讼不解决填补漏洞等抽象解释的问题,只解决个案的法律适用问题,所以先例式参照不可能作为裁判的唯一依据,而只能作为三段论式法律适用的辅助手段而发挥作用,它只解决小前提的问题,而不解决大前提的问题。③ 笔者以为,法院、法官在司法审判活动中进行法律解释是个日常活动,是法院实现立法目的必要的和必然的工作和职责。意大利法学家卡佩莱蒂指出:"没有任何规范、法律或法典可能如此明确和完备,以致仅允许只有一种'正确的'解释。"④同样出身于民法法系国家的法学家凯尔森也有过类似的论述:"法院被授权为具体案件创造它认为是令人满意的、公正的和公平的实体规范。"凯尔森认为,法院如此行为时,并非无法可依、自由放任,"法院始终适用着既存的法律,但它所适用的法律可能不是实体法,而是程序法"。⑤

在考察中国的情形时,我们还需要看到,法官所适用的狭义的指导性案例是经过最高人民法院审判委员会讨论通过由最高人民法院发布的,经过这个制度化程序,它们已经具有构成先例所需要的普遍性,其性质已经超出个案判决,成为一种个案规范,因此我们很难说它们只具有"个案诉讼"的性质。经过多年的实践,我们可以说,指导性案例就是具有中国特色的先例。凯尔森在讲到先例时指出:"所谓先例的性质就是这样获得一般规范的拘束力。只有在这一一般规范的基础上,才有可能确认其他

---

① 黄泽敏、张继成:《指导性案例援引方式之规范研究——以将裁判要点作为排他性判决理由为核心》,载《法学研究》2014 年第 4 期。
② 冯文生:《审判案例指导中的"参照"问题研究》,载《清华法学》2011 年第 3 期。
③ 所以冯博士认为:"应以论辩形式援引先例,而不应径直将其作为裁判依据。"参见同上。
④ 〔意〕莫诺·卡佩莱蒂:《比较法视野中的司法程序》,徐昕、王奕译,清华大学出版社 2005 年版,第 266—267 页。
⑤ 凯尔森认为:"在判决内容永不能由既存实体法规范所完全决定这一意义上,法官也始终是一个立法者。"参见〔奥〕凯尔森:《法与国家的一般理论》,沈宗灵译,中国大百科全书出版社 1996 年版,第 164—165,171 页。笔者在《试论指导性案例的"指导性"》一文中也作了分析说明,请见张骐:《试论指导性案例的"指导性"》,载《法制与社会发展》2007 第 6 期。

案件和第一个案件是"类似的",第一个案件的判决被认为是先例,因此,这些其他的案件都必须同样地判决。"①陈兴良教授把指导性案例定性为"裁判规则"②,冯文生博士则把指导性案例定位于个案规则③,都是以不同方式肯定了指导性案例作为先例的属性。指导性案例第 2 号对"一事不再理"原则的解释就是一种个案解释,它指导了杨雅文诉王心水等道路交通事故损害赔偿纠纷案的审理以及有关的法理。即便是广义的指导性案例,经过法官的使用,其意义也已经实际超出个案诉讼,成为一种准个案规范,或者准先例。所谓准先例,就是它没有先例的名分,但是发挥先例的作用。例如,在廖利强诉朱金亮等雇员损害赔偿纠纷案中法官所使用的案例。

我们在指导性案例作用上的不同观点可能源于我们对指导性案例性质的认识分歧。如果我们从"一般规范"或"裁判规则"的角度看待指导性案例,我们可能就不会有那么大的分歧。作为一般规范或裁判规范,它既可以在确立判决结论时作为正当性证明的理由,也可以成为审理案件的依据。在中国,我们即便承认指导性案例具有先例的属性,在法律渊源的层面上,它也只是一种辅助性的、非正式意义上的法律渊源。④

根据我国法官目前使用指导性案例的实践,笔者以为,指导性案例的裁判理由与裁判要点都可以在法院的审判和判决书中使用;它们既可以作为裁判理由的组成部分、帮助法官进行法律推理,也可以在必要时作为审理案件的实质依据,指导法官审理案件。⑤可以说,参照指导性案例审判类似案件是法律适用体系中的一个必要环节和阶段。下一步需要解决的问题是:怎样保证法院和法官在以上述方式适用和使用指导性案例时的正当性与合法性?

---

① 〔奥〕凯尔森:《法与国家的一般理论》,沈宗灵译,中国大百科全书出版社 1996 年版,第 169 页。
② 陈兴良:《案例指导制度的法理考察》,载《法制与社会发展》2012 年第 3 期。
③ 冯博士认为:诉讼争点、裁判理由、裁判结果构成个案规则的基本结构。参见冯文生:《审判案例指导中的"参照"问题研究》,载《清华法学》2011 年第 3 期。
④ 凯尔森认为"行政权和司法权创造一般规范只是例外。"所以法院创立一般规范并不会破坏法律秩序。参见〔奥〕凯尔森:《法与国家的一般理论》,沈宗灵译,中国大百科全书出版社 1996 年版,第 286 页。
⑤ 当然在技术上、格式上,指导性案例不能被像法律规则一样放在判决书的"判决依据"部分,而应当放在"判决理由"部分。

(三) 可普遍化是对指导性案例使用的基本要求

笔者以为,法官对适用或使用指导性案例进行可普遍化论证是保证这种适用或使用正当性的基本要求。

所谓对适用或使用指导性案例进行可普遍化论证,是说如果我们认为一个特定的针对某个案件争议适用指导性案例的判决是正当的,它就应当在所有基本具备该争议的同一特征或相同特征的情境中均为正当,亦即满足类似案件类似处理、一视同仁的正义要求。① 麦考密克认为:普遍化的概念是一个受到合法性(legality)与法治要求所限定的概念,它是法律证成的核心。② 阿列克西也指出可普遍化的重要性。

那么,为什么要进行判决的普遍化?

首先,判决的普遍化使判决建立在可把握、可感受的公正基础上,因而是法律推理内部证成的充分必要条件。③ 正如印度学者森所说:"如果法官被看到是在作正确的判决,而不是搞砸一桩案子,司法一般而言是可以更加有效的。"④ 可以说,必要的判决普遍化应当是适用指导性案例的正当性证明的一个基本过程和标准。

其次,在全面推进依法治国的大背景下,法院要想使自己对指导性案例的使用符合司法公正并为公众所理解,就有赖于判决可普遍化的实现。从中国的现实情况看,法官倾向于把判决书写得尽量简短。⑤ 有些法官为了避免"言多语失",也有意尽量把判决书写短。在"案结事了"、片面强调调解结案、片面追求"个案公正"(实体公正)的司法政策指导下,中国法官在审判实践中,可能顾不上或者常常牺牲掉判决的"普遍化"。然而,中

---

① 〔英〕尼尔·麦考密克:《修辞与法治:一种法律推理理论》,程朝阳、孙光宁译,北京大学出版社 2014 年版,第 122—123 页。
② 同上书,第 201 页。
③ 麦考密克认为:普遍化与"强调法治的普适性特征并因此强调其平等性特征的法治思想脉络是一致的"。〔英〕尼尔·麦考密克:《修辞与法治:一种法律推理理论》,程朝阳、孙光宁译,北京大学出版社 2014 年版,第 103 页。
④ 〔印度〕阿马蒂亚·森:《正义的理念》,王磊、李航译,中国人民大学出版社 2012 年版,第 366 页。
⑤ 于同志法官认为:"我国裁判文书的文风取向一直注重格式、语言简洁且篇幅较小,因此应以不在文书中表述案情比对理由为宜,但在形成判决结论的过程中,例如合议庭合议时讨论指导性案例的具体运用过程。"于同志:《论指导性案例的参照适用》,载《人民司法》2013 年第 7 期。

国判决书的读者不仅是法院,还包括当事人、律师及公众。既然我们希望我们的判决得到顺利执行,希望我们的当事人和公众相信法院、相信法律、相信法治,希望法院具有公信力,那么判决书就是显示法院和法律秩序公平、公正的最佳证明。中共十八届四中全会审议通过的《关于全面推进依法治国若干重大问题的决定》要求"加强法律文书释法说理",《人民法院第四个五年改革纲要(2014—2018)》提出"推进裁判文书说理改革",都表明法官在判决书中进行必要的、以判决的可普遍化为核心的正当性证明的必要性。可以说,对适用指导性案例进行普遍化的证明既是形式正义即平等的要求,也是法治的要求。

怎样做到判决的普遍化?判决普遍化很难有放之四海而皆准的一定之规。不过,我们可以提出实现判决普遍化必须满足的两个条件。① 首先,是合法。麦考密克教授指出:"一个理性的、追求普遍化的人的首要任务是服从与他人共享的法律体系。法官要在判决中证明它和有效确立的法律规则不矛盾,并且为既定的法律原则所支持。"② 其次,是符合逻辑。如果判决证成的推理模式是演绎推理,我们需要考虑麦考密克教授的建议:"摆在我们面前的所有事实是否都恰当地被划归在那些表明该规则之有效事实的谓词范围之内了呢?"③ 如果判决证成的推理模式是类比推理,则要考虑本书前面所论到的类比推理和类似性判断的规则与标准。

德沃金的法律整全性和麦考密克的法律融贯性思想,对我们理解可普遍化原则的要求都具有启发意义。德沃金的法律整全性思想是一种法律解释主义的态度,从司法审判上看,它要求法官尽可能把法律作为一个整体来看待,即法律权利和义务由一个人格化的共同体所创制,对正义、和公平作出具有融贯性的表达;法律命题出现在或出自提供给该共同体法律实践最佳的建构性解释的正义、公平及程序性正当程序原则。④ 麦

---

① 普遍化与一般化的是有区别的。有些中国法官可能满足于"一般化",而做不到"普遍化"。〔印度〕阿马蒂亚·森:《正义的理念》,王磊、李航译,中国人民大学出版社2012年版,第125—127页。

② 〔英〕尼尔·麦考密克:《修辞与法治:一种法律推理理论》,程朝阳、孙光宁译,北京大学出版社2014年版,第202、141页。

③ 同上书,第109页。

④ 参见 Ronald Dworkin, *Law's Empire*, The Belknap Press of Harvard University Press, 1986, p. 234, p. 225;〔英〕韦恩·莫里森:《法理学:从古希腊到后现代》,李桂林等译,武汉大学出版社2003年版,第462页。

考密克认为,融贯"对于一个成熟的法律制度来说,意指不同的规则只有联结在一起通盘考虑才'有意义'"。① 麦考密克的融贯性思想与德沃金的整全法思想并非完全相同,但是从着眼于法律整体精神的角度看,还是有很强的关联,他们的上述思想与德国法学家卡尔·施密特的法律秩序思维及另一位德国法学家考夫曼的"法律拟规范的生活事实的本质"②思想有很大的一致性。这些思想的共同点,就是提示我们注意发现,并符合法律秩序的整体精神。这种整体精神有点像我们中医讲的经络,虽然目前还不能确证其实体,但却无法否认它的实存。从判决的可普遍化要求看,作为一种目标,法官应当证明本判决符合法律秩序的精神、价值和目的,判决与法律秩序是融贯的。在中国法官使用指导性案例的语境中,法官需要证明自己如此使用指导性案例是符合我国法律制度和法律的精神、价值和立法目的,此判决可以适用于所有类似案件。

(四) 怎样看待指导性案例可能的错误?

一些中国学者由于担心指导性案例可能有错误,所以对适用指导性案例表示了很大的怀疑。我们从法官的指导性案例实践中发现,法官虽然认为指导性案例不令人满意,但是仍然适用。笔者在与上海市高级人民法院、第二中级人民法院和普陀区人民法院这三级法院的部分法官座谈时发现,在指导性案例24号发布之前,法官在处理此类案件时,通常要求受害人作"自身疾病参与度"鉴定,然后根据鉴定结论确定责任人的赔偿比例。他们认为这种做法更为公平。③ 部分法官认为,指导性案例24号的解决方案并不令人满意。但是,自从该指导性案例发布以后,再有类似案件时,他们就一律按照该指导性案例审判,不再要求受害人作"自身疾病参与度"鉴定。这给予我们三点启示:

首先,尽管指导性案例可能会有某些不尽如人意的地方,但是由于它提供了解决某一类案件所需要的统一标准,可以带给人们形式正义和公平,在相应的实质公正(结果公正)常常充满争议、难以确定的情况下,适

---

① 参见〔英〕尼尔·麦考密克:《修辞与法治:一种法律推理理论》,程朝阳、孙光宁译,北京大学出版社2014年版,第149页。该书中译者将融贯(Coherence)译为"协调"。
② 〔德〕亚图·考夫曼:《类推与事物本质——兼论类型理论》,吴从周译,台湾学林文化事业有限公司1999年版,第89页。
③ 从亚里士多德的矫正的正义看,似乎更为公正。

用指导性案例是必要的。在一些复杂的案件中,确定的标准显得尤为重要。印度哲学家阿玛蒂亚·森认为:即使是完全公正的法官,不受任何既得利益或个人喜好的左右,也很难在几个不同的理由之间作出判断。不同的法官最后可能会作出不同的决定,因为这些说法都有中立性的基础。[①] 在这种情况下,确立一定之规,并且不偏不倚地适用,注意行为过程的合理性,对于实现公正是一种现实的选择。

其次,中国法官使用指导性案例的方法与一些学者揭示的民法法系的法律思维特点具有相似性。胡克教授指出,民法法系的法律思维的特点之一,是"推理并非实质性的而是形式性的;判决的证成在于权威规则的适用"[②]。有中国学者鉴于最高人民法院《关于案例指导工作的规定》第 7 条规定"各级人民法院审判类似案例时应当参照",因此认为案例指导制度"具有权威形式性","属于一种形式性的标准"。[③] 笔者在一定意义上同意这种观点。

如果说指导性案例可能有错误的话,那么,立法、司法解释也都有可能存在错误,但是很少有学者认为由于法律或司法解释可能有错误而不适用。所以,不必对指导性案例的公正性与正确性有过于严格的要求。英国法学家拉兹认为:"法院能够作出具有约束力的裁决这一事实并不意味着它不会犯错。它意味着,即使法院裁决有误,也仍然具有约束力。"从法院的角度说,"由于遵守规则,我以一种更小的恶避免了更大的代价,所以我应当遵守规则。"[④]笔者认为,拉兹的观点对维护法治是有益的。

最后,我们需要在(实质)公正与法的安定之间取得平衡。德国法学家拉德布鲁赫认为法律服务于一定的法律理念;正义、合目的性与法的安定性是法律理念的三个组成部分。这三个组成部分彼此互相需要同时也互相矛盾。法律的"第一大任务是所有人共同认可的法的安定性,也就是

---

① 〔印度〕阿马蒂亚·森:《正义的理念》,王磊、李航译,中国人民大学出版社 2012 年版,第 188 页。
② 〔比利时〕马克·范·胡克:《比较法的认识论与方法论》,魏磊杰、朱志昊译,法律出版社 2012 年版,第 344 页。
③ 房文翠、丁海湖:《论指导性案例适用推理的形式性与实质性——兼论指导性案例适用推理机制的完善》,载《学术研究》2014 年第 11 期。
④ 〔英〕约瑟夫·拉兹:《实践理性与规范》,朱学平译,中国法制出版社 2011 年版,第 61、150 页。

秩序与安宁"。而正义与法的安定性是普世的法律理念的基本成分。①狭义的指导性案例的功能之一,是实现法的安定与社会关系的稳定;当然,在统一法律适用标准的意义上,对于实现正义、合目的性也都是有积极意义的。拉兹认为,如果不是一桩暴行,即便错误地接受了上司的权威,"按照权威的本质",他也是对的。② 普陀区人民法院审判与指导性案例 24 号类似的案件时参照该指导性案例,既是合法的服从权威,也符合法的安定性要求,又满足了形式公正的需要。法官们说:"在(判决的)正确与公正之间,选择正确。"③笔者赞同法官的这种态度。我们不必因噎废食,由于指导性案例可能的错误而否定案例指导制度。

五、从隐形使用看案例指导制度

在上海市酒类专卖管理局因酒类行政处罚不服上海市长宁区人民法院行政判决、向上海市第一中级人民法院提起上诉案中,审案法官隐性地使用了指导性案例,即法官实际上参照了指导性案例 6 号,但是从判决书中看不出来。虽然法官隐性使用指导性案例有诸多可以理解的原因,但是,有更多、更强的理由要求变法官隐性使用指导性案例为明示使用。这些理由是:

首先,在需要适用指导性案例的地方明示适用指导性案例有助于完善我国以法治为原则的法律制度。④ 法治与形式公正有着内在的联系。指导性案例在实现形式公正与形式法治方面的作用都具有积极的意义。⑤ 拉兹认为:通过合意的仲裁、调解等类似方式对纠纷作出权威性解决的方式无疑是好的,是十分重要的纠纷解决方式;但是相比之下,那种"提供了解决纠纷的体系性的和制度化的方法的规范体系"更为重要。⑥

---

① 〔德〕古斯塔夫·拉德布鲁赫:《法哲学》,王朴译,法律出版社 2013 年版,第 73—76 页。
② 〔英〕约瑟夫·拉兹:《实践理性与规范》,朱学平译,中国法制出版社 2011 年版,第 32 页。
③ 访谈中法官所言。
④ 笔者在一篇文章中比较具体地论述了需要明确适用指导性案例的情形。请参见张骐:《再论指导性案例效力的性质与保证》,载《法制与社会发展》2013 年第 1 期。
⑤ 罗灿:《推进裁判文书说理改革要避免的五大误区》,载《人民法院报》2015 年 2 月 6 日,第 5 版。
⑥ 〔英〕约瑟夫·拉兹:《实践理性与规范》,朱学平译,中国法制出版社 2011 年版,第 153 页。

我国的案例指导制度实际上是我国司法制度中"制度化的方法的规范体系"的一个必要组成部分。只用明示使用,其作为制度化的方法的作用才能充分发挥出来。意大利法学家萨科在痛斥当年德国国家社会主义党派政治对当时德国政治法律生活的破坏时指出,它带来了两种为人们所深恶痛绝的后果:法律实证主义和反形式主义。国家社会主义理论力图"将权力从法律形式主义的束缚中解放出来;政党政治意愿的贯彻实施可以不需经过宪法规定的法律程序"①。笔者以为,必要的法律形式主义是把权力关进法律制度笼子里的必要建材。明示引用指导性案例是在司法领域贯彻法治原则的必然要求。

其次,在需要适用指导性案例的地方明示适用指导性案例有助于实现法学理论工作者与法律实务工作者在迈向法治与公正之路的良性互动。意大利法学家卡佩莱蒂认为:"在法院中存在一种独特的组合:一方面是他所谓一种学究式的'隔离'——这对解决一个社会恒久的价值至关重要',另一方面接触现实案件的血肉……这种独特的组合事实上也是司法职能独一无二的潜在力量之源泉。"②法官以其独立、专业服务于民主、民生。但是,法官在运用类比推理判断类似案件时,确实有可能发生黄维幸先生所批评的情形,作一种"可左可右的判断"。③ 明示引用指导性案例,可以发挥法律共同体和法学理论工作者的作用,保障、帮助法官避免指导性案例使用的任意性、盲目性,"借以实现法律判决能够摆脱政治修辞与形而上学理论的不确定性"④,保证法律的确定性。

再次,明示引用指导性案例有助于实现法官、法学工作者与社会公众的结合。"从属法律秩序的人参与立法,是民主制不同于专制的特征,在后一制度中,国民被排斥于立法之外,并无政治权利。"⑤在此,我们借用凯尔森的理论,对立法作广义的理解。如果国务院及其部委制定行政法

---

① 罗灿:《推进裁判文书说理改革要避免的五大误区》,载《人民法院报》2015年2月6日,第5版。

② 〔意〕莫诺·卡佩莱蒂:《比较法视野中的司法程序》,徐昕、王奕译,清华大学出版社2005年版,第60页。

③ 黄维幸:《现代法学方法新论》,台湾三民书局2014年版,第133页。

④ 〔比利时〕马克·范·胡克:《比较法的认识论与方法论》,魏磊杰、朱志昊译,法律出版社2012年版,第343页。

⑤ 〔奥〕凯尔森:《法与国家的一般理论》,沈宗灵译,中国大百科全书出版社1996年版,第98页。

规与规章、最高人民法院制定司法解释都是立法的话,法学工作者和社会公众对这种活动积极参与,发表意见,不仅是民主制的特征,也是现代法治区别于人治的特征。学者和公众根据宪法和法律、法律的价值与立法目的对使用指导性案例的实践进行分析、评判法官的指导性案例实践,会有助于指导性案例实践和案例指导制度在法治的轨道上良性发展。

最后,明示引用指导性案例有助于保持指导性案例的开放性,有助于我国案例指导制度在法律全球化的背景下健康发展。指导性案例虽然是一种非正式意义上的法律渊源,但是案例指导制度却是现代中国法律体系的一个必不可少的组成部分。创造和适用指导性案例既是国家法治建设的一部分,在一定意义上也是法律全球化的一个表现。案例指导制度一方面"是贯彻党的十七大部署的司法改革举措而诞生的新事物"[①],另一方面,指导性案例的实践与案例指导制度又是作为中国法制现代化与全球法律化的一种表现而出现在历史舞台上的。[②] 从世界范围来说,我国的司法改革乃至建设法治中国的努力都有其历史必然性。[③] 桑托斯指出:由于司法机关在国家权力体系中的特殊地位,它处于两难境地,"它可以独立行动,但却没有权力去执行,法院积极能动主义所作出的承诺可能很快就超出他们所能为的范围。当这种情况发生时,法院就不再是解决问题的一部分,确切地说,变成问题的一部分了"。于是,人们就需要进行司法改革。[④] 桑托斯的观点虽然针对的是西方福利国家司法机关的状况和司法改革所面临的问题,但是这些论述也未尝不是我国目前司法改革发展的一种侧影。指导性案例及案例指导制度在中国的发展,确实是应因着通过统一司法实现国家对社会管理的需要而出现的。它既是根据本国经验,又是借鉴普通法系和民法法系国家的判例制度而创立的有中国特色的司法制度,在一定意义上说,它是随着我国改革开放、司法改革而发展起来的,它的起源与样态既有中国传统,也确实带有一定的外源性。实践表明,案例指导制度在建设法治中国的进程中具有很大的积极意义和很强的生命力。我们在强调中国国情、中国经验、"法治的本土资源"

---

① 周强:《推进严格司法》,载《人民日报》2004 年 11 月 14 日,第 6 版。
② 高鸿钧:《法律全球化的理论与实践:挑战与机会》,载《求是学刊》2014 年第 3 期。
③ 〔英〕博温托·迪·苏萨·桑托斯:《迈向新法律常识:法律、全球化和解放》(第二版),刘坤轮、叶传星译,中国人民大学出版社 2009 年版,第 390—391 页。
④ 同上书,第 417 页。

时,对于兼具中国传统和外国经验的制度创新也要给予足够的重视和宽容。明示引用,有助于指导性案例在法律全球化时代与法学界和社会各界保持一种良性的互动。

为了鼓励并保护法官明示使用指导性案例,需要在制度上落实审判独立,解除法官在使用指导性案例上的后顾之忧,避免法官在审判工作中畏首畏尾,不敢对指导性案例的适用进行必要的说明或论证。在案例指导制度的完善与发展方面,我们需要有一种发展的眼光和一种更开阔的视角,需要采取一些制度性的措施鼓励法官明示使用指导性案例,呵护法官明示适用指导性案例的积极性。[①] 只有这样,我国的案例指导制度才会在全面推进依法治国的大趋势下不断健康发展。

---

① 笔者在这个问题上的观点得益于孙海波的启发。

第五章 指导性案例的参照适用与比较点的确定:理论、原则与路径

一、导 论

自2010年11月最高人民法院发布《最高人民法院关于案例指导工作的规定》至2019年2月,最高人民法院已经发布21批共计112个指导性案例。随着案例指导制度完善、指导性案例数量的增加,案例指导在统一法律适用方面发挥着越来越重要的作用。通过参照指导性案例审判类似案件,汲取我国司法实践的优秀经验、确保类似案件得到类似审判、以个案解读法律的方式实现公平正义,逐渐成为司法实务人员与法学学者的共识。在此背景下,如何使用指导性案例、如何用好指导性案例成为实现案例指导制度功能、发挥指导性案例实效的核心问题,也成为当下指导性案例相关研究的焦点。

在本书先前章节中,我们已然谈到指导性案例的核心在于类似案件应当类似审判,也从法官司法实践中萃取了一定经验。本章将延续以上讨论,进一步从比较法与中国经验双重视角出发,更加系统、全面地讨论判断类似案件时比较点所发挥的作用。

有关指导性案例在司法裁判中的作用,《最高人民法院关于案例指导工作的规定》(下称《规定》)第7条指出,"最高人民法院发布的指导性案例,各级人民法院审判类似案例时应当参照"。因此,如何使用指导性案例大致包括以下两个彼此相关的问题:其一,法官应当如何判定待决案件同指导性案例构成类似案件?其二,司法实践中法官或律师应当如何参照指导性案例?

在既有研究中,我们大多将类似案件的判断归属于以类比推理为基

础的法律发现过程①,将如何参照指导性案例归属于讨论指导性案例效力性质的法律适用问题。② 前者的核心争议在于,法官通过何种方式判定两个案件类似;后者的争议焦点为如何理解指导性案例的法源地位、效力基础,它与普通法国家的先例制度有何异同,以及参照指导性案例时应当引用裁判要点还是裁判理由。③ 前一问题目前尚无定论;后一问题虽然学界仍有争论,但《规定》指出,裁判类似案件时应当参照裁判要点作出裁判。

上述分析框架有助于我们理解适用指导性案例时所涉及的复杂理论议题,但也给我们带来一些困惑。首先,根据一些学者总结,我国司法实践中法官判定类似案件的标准或方法相对多样,并不单单以指导性案例的裁判要点作为判定基础。④ 其次,有学者指出通过援引裁判要点来适用指导性案例,使得案例指导制度同司法解释之间界限模糊,弱化了案例指导的特色。最后,我们担心如果类似案件的判定不以裁判要点为依据,但参照指导性案例时又以裁判要点为核心,这是否会架空类比推理过程,使得类似案件的判断变得不再有意义?案例指导制度是否还能够达成统一法律适用标准的目标?⑤

从这些困惑出发,本章主张应当将类似案件的判定同指导性案例的参照适用这两个问题彼此关联起来:待决案件与指导性案例具有相似性

---

① 参见胡云腾、于同志:《案例指导制度若干重大疑难争议问题研究》,载《法学研究》2008年第6期;张骐:《论类似案件的判断》,载《中外法学》2014年第2期。

② 相关主题文献很多,代表性的可参见雷槟硕:《如何"参照":指导性案例的适用逻辑》,载《交大法学》2018年第1期;孙光宁:《反思指导性案例的援引方式——以〈关于案例指导工作的规定〉实施细则为分析对象》,载《法制与社会发展》2016年第4期。泮伟江:《论指导性案例的效力》,载《清华法学》2016年第1期。

③ 譬如,有学者认为指导性案例属于非正式法律渊源,不具有法律拘束力。但也有学者指出指导性案例属于制度性权威、具有法律拘束力。相关讨论参见刘作翔:《案例指导制度:"人民群众"都关心些什么?——关于指导性案例的问与答》,载《法学评论》2017年第2期;雷磊:《指导性案例法源地位再反思》,载《中国法学》2015年第1期。

④ 譬如,张骐教授指出根据既有实践,我国法官在判定类似案件时至少有其中方式,涵盖了对于案情的比较、案件争议点的比较、对于立法目的的解释、案件关键事实的判断等。参见张骐:《再论类似案件的判断与指导性案例的使用——以当代中国法官对指导性案例的使用经验为契口》,载《法制与社会发展》2015年第5期。

⑤ 已有学者指出,指导性案例的裁判要点与案例事实存在出入,这使得适用指导性案例同适用法律规则之间的界限非常模糊,有架空类比推理的危险。参见曹志勋:《论指导性案例的"参照"效力及其裁判技术——基于对已公布的42个民事指导性案例的实质分析》,载《比较法研究》2016年第6期;吴建斌:《指导性案例裁判要点不能背离原案事实——对最高人民法院指导案例67号的评论与展望》,载《政治与法律》2017年第10期。

的部分,也是指导性案例中具有"指导性"的部分。简言之,如何判定类似案件决定了裁判中法官应当如何参照适用指导性案例。又因为比较点的确定决定了指导性案例与待决案件相似与否。因此,参照适用指导性案例的核心在于如何确定比较点。

由上述问题出发,本章将从以下三个角度展开论述。第二部分将从判例制度入手,讨论普通法模式下类似案件判断的一般性准则。通过这一背景性分析,本章试图从比较法意义上为我们讨论判定类似案件的比较点提供借鉴。第三部分将讨论有关类似案件比较点的理论争议。主要处理如下三个问题:其一,统一的类比参照规则是否存在?其二,类似案件判断的比较点是事实还是规则?其三,裁判类似案件时只应当参照裁判要点吗?第四、五部分结合司法实践,讨论分析、提炼类似案件判断的比较点的两个原则和五种可行性路径。最后则是对本章的小结。

二、类似案件的判断:以普通法先例为参照

如前所述,针对类似案件判断的比较点问题,学界既有争论主要集中在两个问题:其一,法官构建比较点应当基于案件事实还是法律规则?其二,法官构建的比较点同指导性案例的裁判要点之间存在何种关系?要解决这两个长久以来困扰我们的问题,从比较法视角思考普通法系以先例制度为核心的判例体系非常有帮助。当然会有学者担忧,基于我国司法经验的案例指导制度同判例法体系并不相同,因而两者并不存在可比性。但我们的问题意识在于分析法官如何判定两个案件的类似性,这种类比求同的思维对于两种制度而言是相通的,在既有研究与实践中也不乏彼此借鉴。① 沿着这一问题意识,本章将从以下三个角度梳理判例法的基本概念,以此为我们理解类似案件的判断提供背景性、理论性框架。

---

① 有关先例学说如何为我国案例指导制度提供借鉴的分析,参见张骐:《论类似案件的判断》,载《中外法学》2014年第2期;有关类比推理思维作为普遍思维模式的讨论,参见张骐:《再论类似案件的判断与指导性案例的使用——以当代中国法官对指导性案例的使用经验为契口》,载《法制与社会发展》2015年第5期;Lloyd L. Weinreb, *The Use of Analogy in Legal Argument* (2nd edition), Cambridge University Press, 2016, p.41.

(一) 先例的含义

普通法系的判例法体系是以先例为核心的。根据《布莱克法律词典》(*Black's Law Dictionary*)的定义,先例(precedents)指的是"一个为决定之后涉及相似事实或议题案件提供基础(furnish a basis)的判例(decided case)"。[①] 这一定义包含以下三个要点值得讨论。

其一,它表明存在先例这个事实,并不能够保证类似案件得到类似审判。只有法官通过类比推理,分析待决案件是否同既有先例类似才能够激活先例。因此学者们关注的焦点在于如何通过先例来判定待决案件是否与之类似。

其二,先例对于之后案件的判决具有"提供基础"的作用。根据《布莱克法律词典》主编布莱恩·加纳(Bryan Garner)的观点,这意味着两重含义。首先,宽泛而言它意味着先例虽然可能无法为法官判定待决案件提供直接的依据,但是先例所体现的洞见、智慧或司法经验能够为法官解决手头案件提供启发。其次,更常见或更狭义来说它意味着先例体现了某种抽象的法律原则。法官之后在裁判类似案件时必须要遵循。[②]

其三,先例并不全然等同判例制度。同样根据《布莱克法律词典》,判例制度或遵循先例原则(stare decisis)指的是"一种先例学说,据此当相同议题在诉讼中出现时,法官应当遵循先前判决"[③]。简单来说,判例制度是将先例视为法律渊源的一套裁判学说体系,它在要求法官遵循先例的同时,也包含区分(distinguishing)、推翻(overruling)等供法官避免适用先例的技术。这与以类似案件判断为核心的先例并不完全相同。

与我国案例指导制度相比,判例制度赋予先例法律渊源地位,法官可以据此作出裁判;而指导性案例仅作为法官裁判的理由而非依据,因此我国案例指导制度暂时并未发展成为判例法体系。但可以肯定的是,无论指导性案例还是先例,它们都是类似案件的判断为其适用的核心。因而

---

① Bryan A. Garner ed., *Black Law Dictionary* (Abridged Ninth Edition), Thomson Reuters, 2010, p. 1015.
② Bryan A. Garner ed., *The Law of Judicial Precedent*, Thomason Reuters, 2016, p. 25.
③ Bryan A. Garner ed., *Black Law Dictionary* (Abridged Ninth Edition), Thomson Reuters, 2010, p. 1207.

围绕先例展开比较法讨论,对我们不乏借鉴意义。

(二) 判决理由与附带理由

在判定先例与待决案件是否类似时,法官一般会从先例的判决理由(holding)入手展开分析。这意味着一个判决(a judicial decision)并不当然的就是一个先例。在判决中,法官除了针对该案核心法律议题作出裁判外,还会对并不直接影响裁判结论的问题作出说明,这一部分内容通常被理解为附带说理(dicta)。只有判决理由才是先例,附带说理对于之后法官裁判并无拘束力。① 因此,法官需要先找到判决理由,以此锚定先例,再进一步判断待决案件是否与之类似。但问题恰恰在于判决理由对法官而言并不是确定或不言自明的。理由大概有如下三个方面。

其一,有关判决理由的界定学者存在争议。虽然中文将 holding 理解为判决理由,但它更多表达的是法官对于案件中法律议题的判断,而不仅仅是对当事人双方输赢的论断。比如,近年来得到美国学者推崇的定义认为判决理由包括如下四个要素:(1) 必须是有关法律问题的裁定;(2) 必须由法官明确会隐含地提出;(3) 必须与诉讼中被提出的议题相关;(4) 必须构成裁判结果(decision)的证明。② 在大部分判决中,法官会明确表达自己的判决理由,因此并不是每一个案件都需要之后的法官来推断构成先例的判决理由是什么。但即便如此,法官也会常常遇到如下困难。法官在分析判决理由时往往采用的是"替代推理"(alternative reasoning),也即假设将某个法律问题删去,法官是否还能获得原先的裁判结果;或者为了获得既有判决结果,法官还可以基于哪些理由作出裁判。此时,法官会发现一些对判决结果重要但未在裁判中得到明确表达的理由。它们是否都构成先例呢?实践中不同法院的做法并不相同。③

---

① Steven Burton, *An Introduction to Law and Legal Reasoning* (2nd edition), Little Brown & Co. Law & Business, 1995, pp. 38-39.

② John Bell, "Precedent", Peter Cane & Joanne Conaghan eds., *The New Oxford Companion to Law*, Oxford University Press, 2008, p. 923.

③ Bryan A. Garner ed., *The Law of Judicial Precedent*, Thomason Reuters, 2016, pp. 52-53. 根据 Garner 法官总结,在实践中有些法庭将该类理由视为判决理由而有些法庭则没有这么做。比如在 In re Hearn, 376 F. 3d 447, 453 n. 5 (5th Cir. 2004)中,联邦巡回法院法官没有将这类理由认定判决理由;但更为常见的是法庭认可该类理由为判决理由,比如 Woods v. Interstate Realty Co., 337 U.S. 535, 537 (1949)。

其二，判决理由本身具有的性质使其含义往往模糊。在约翰·奥斯丁(John Austin)的经典论述中，他指出法官从具体的案例中抽象出较为一般化的规则来裁判之后的案件。但是法官并没有绝对的标准来限定自己的抽象程度。① 法官对于判决理由的理解不同，使得判决理由的表达可能比较宽泛，也可能比较具体。这就使得该先例的适用范围并不确定。杰罗姆·弗兰克(Jerome Frank)法官甚至不无讽刺地说，这是普通法有意为之的模糊。②

其三，判决理由和附带理由之间的界限并不明确。根据先前论述，附带理由是没有拘束力的，也并非先例组成部分。但事实上并非如此。附带理由主要包括两种，一种为(法官的)附带理由(obiter dictum)，一种是法官意见(judicial dictum)。前者是法官对于同裁判结果无关事项的说明；后者则是法官对于由律师直接提出、简述、论证的问题的回应，甚或法庭直接对于一些问题的说明，这些问题同样与裁判结果没有本质关联，理论上也不构成先例。但在实践中，如果不存在更高权威的相反意见时，法官意见也往往被认为具有先例的效力。③

通过以上讨论我们不难发现，判决理由的不确定性不仅使得它与附带理由之间的区分非常含混④，而且实际上使法官判定类似案件时不存在确定判决理由的明确标准或方法，同时也就不存在判定类似案件的操作化准则。⑤

---

① John Austin, *Lectures on Jurisprudence*, Robert Campbell ed., 5th edition, 1885, p. 622, cited from Bryan A. Garner ed., *The Law of Judicial Precedent*, Thomason Reuters, 2016, p. 45.

② Jerome Frank, *Courts on Trial*, Princeton University Press, 1971, pp. 278-280.

③ Bryan A. Garner ed., *The Law of Judicial Precedent*, Thomason Reuters, 2016, pp. 62-65.

④ 需要指出的是，虽然两者的界限非常模糊，但对之加以区分还是必要的。将两者加以区分，有助于维护法律的确定性、稳定性以及可预期性。

⑤ 对于这一问题的分析，可以参考学者有关类似案件是否应当类似审判的讨论。基于并不存在判断类似案件的统一规则，许多学者认为类似案件类似审判本质上并无法在现实中得到实现，因此也无法保证法律的确定性。具体可参见 Andrei Marmor, Should Like Cases Be Treated Alike? in *Legal Theory II*, Oxford University Press, 2005, pp. 27-38; David A. Strauss, Must Like Cases Be Treated Alike? https://chicagounbound.uchicago.edu/public_law_and_legal_theory/?utm_source=chicagounbound.uchicago.edu%2Fpublic_law_and_legal_theory%2F198&utm_medium=PDF&utm_campaign=PDFCoverPages，最后访问时间：2019 年 8 月 1 日。

(三) 事实与规则

虽然缺乏操作化准则,但在判定一个判例能否成为待决案件的先例时,我们也能够大致总结出法官判断类似案件的两种方法。

一种情形是法官在裁判中已经大致确定应当援引哪一个判例作为先例。法官在处理待决案件时,依靠自身的经验以及对于法律问题的熟稔,会认识到一些既有判例的判决结果可能会对待决案件有影响。这就需要法官进一步理性分析待决案件与这些先例是否构成类似案件,以及后者的判决结构是否应当决定待决案件的裁判。由于并不存在两个完全一致的案件,待决案件与先例之间难免在事实上会有差异,甚至完全不同。法官需要解决的问题,就是这些事实上的差异是否构成两个案件并不类似的基础。换句话说,此时法官判断类似案件的标准,就是判定两个案件在事实上是否存在本质上的类似(substantially similar),或不存在实质上的差异(material difference)。[①] 这就涉及对于语境的感知和理解,法官需要判断何种事实对于解决案件涉及的法律问题至关重要。

此时依旧很难用某种普遍化、统一化的规则或原则来概括法官应当如何判定事实间的本质类似或实质差异。一方面,基于语境来感知事实之于案件所涉及法律问题的重要性,确实因人而异不存在统一方法;另一方面,普通法学者或法官往往将法官的这一判断视为避免先例误用、发展法律规则的途径。比如,霍姆斯大法官认为,遵循先例过程中法官对于一系列微小事实差异的忽视,最终就会使得法律规则背离文字表面含义。[②]杰罗姆·弗兰克法官也认为,遵循先例而忽视微小的事实差异,有可能带来不幸或愚蠢的后果。[③] 总而言之,如加德纳法官的总结,事实之间的差异得到强调或忽略,使得法律规则发生变迁,否则法律规则就会消逝。法官决定了法律规则的产生与演变而非相反,因此并不存在规范法官应当如何界定事实之间相似抑或差异的同一规则或原则。

另一种情形是法官在审理新型案件时,并没有非常明显的先例可供

---

① Bryan A. Garner ed., *The Law of Judicial Precedent*, Thomason Reuters, 2016, p.92.

② Merrill V. Preston, 135 Mass. 451, 455 (1883) (per Holmes J.), cited from Bryan A. Garner ed., *The Law of Judicial Precedent*, Thomason Reuters, 2016, p.92.

③ Jerome Frank, *Courts on Trial*, Princeton University Press, 1971, p.276.

法官作为裁判依据。此时法官就需要通过类比方法来寻找与待决案件类似的先例。① 法官无法比较待决案件与先例之间事实的相似性,只能从案件包含的法律规则入手。法官可以先抽象出待决案件所涉及的法律规则,再考虑哪些判例涉及这一法律规则;确定涉及该法律规则的判例后,法官还需要比较该判例与待决案件的事实是否相似,以判断两者能否构成类似案件。否则,当事实差异足够重要时,判例并不能成为法官所应当遵循的先例。

这一情形与上一种情形的不同之处在于,后者更强调事实之间的类比,而前者既强调法律规则之间的类似,也强调法官对事实之间的类似作出判断。这一差异主要源自以下两个预设。

其一,法律体系的融贯性预设。② 面对新型案件或无法直接找到先例的案件,法官并不能够随意裁判。他需要预设法律是一个无漏洞的融贯整体,任何新出现的法律问题都能够在这个融贯整体中寻找到既定规则得到解决。因此,法官应当寻找到待决案件涉及的法律规则或法律问题,以此确定应当遵循的先例。

其二,类比的妥当性预设。③ 不同于演绎推理,法官在判断类似案件时并不是从大前提、小前提推导出结论。要证明自己的裁判与既有法律规则一致,法官需要保证自己在待决案件和先例之间作出的类比是妥当的、严密的。因此,法官还需要比较事实的相似性。

以上两种类似案件的判断方法分别侧重于事实和规则,都属于类比推理的运用,但都只是比较抽象的类型化分析而非具体的操作化指引。如桑斯坦(Cass Sunstein)所言,并不存在确定不变的规则帮助法官来判定类似案件。这是因为类比推理的性质决定了这类规则并不存在。在桑斯坦看来,类比推理聚焦于非常具体的案件,并不以一整套体系化的理论作为背景来指引法官的判断,因而具有非完全理论化(incomplete theorization)特征。④ 简单来说,普通法中的类似案件判断更取决于法官

---

① Bryan A. Garner ed., *The Law of Judicial Precedent*, Thomason Reuters, 2016, p. 105.
② Ibid.
③ Ibid., p. 106.
④ Cass Sunstein, *Legal Reasoning and Political Conflict* (2nd edition), Oxford University Press, 2018, p. 67.

的经验、能力、眼光与学识,而非全然理性化、标准化的过程。

通过本部分讨论,对于先例为核心的类似案件判断我们可以得出如下结论。首先,判例中法官的判决理由(holding)构成了先例,它既是法官判定类似案件的基础,也是对法官裁判待决案件具有约束力。其次,判决理由和附带理由之间界限非常模糊,普通法中并不存在可供法官判定类似案件的固定规则或原则。最后,普通法系法官大致可以从事实或法律规则两种路径出发寻找先例、判断类似案件;出于不同的理由,两种路径都无法为法官提供判断类似案件的具体操作性指南。基于这一比较法背景,本章接下来讨论有关指导性案例比较点的理论争议。

三、有关比较点的争议及其解决

比较点的概念主要源自我国指导性案例制度的实践,它指的是比较待决案件和指导性案例是否构成类似案件时,法官和学者所依据的标准或角度。① 如果说类比推理是适用指导性案例的必要条件,那么比较点的确定就是适用指导性案例的核心。在既有的讨论中,有以下三组理论争议对于我们进一步理解类似案件的判断以及比较点的确定具有帮助。本部分将在上述比较法背景下,对各组理论争议逐一加以探讨。②

(一) 比照规则是否存在?

第一组理论争议涉及适用指导性案例时,案件类似性比照规则是否存在的问题。比照规则并非严格的学术概念,但在司法实务中经常使用。比如,在四川省高级人民法院、四川大学联合展开的调研中,法官、法院其他人员、人民陪审员及律师等调查对象认为有必要制定专门的案例相似

---

① 参见张骐:《论类似案件的判断》,载《中外法学》2014年第2期。
② 之所以从比较法背景出发,是因为虽然我国没有遵循先例制度,也尚未形成判例法体系,但普通法中先例体现出的类似思维是与我国指导性案例的使用具有相似性。一如许多学者所指出的,类比思维是人类处理事务的一种思维模式,它与地域、文化、历史及制度环境的关系并不密切。比如,学者考夫曼认为类型化思维是我们处理事务、看待问题时的一种思考模式。参见〔德〕亚图·考夫曼:《类推与事物本质——兼论类型理论》,吴从周译,台湾学林文化事业有限公司1999年版。又比如,张骐教授认为基于类比推理的类似案件类似审判,是一项普遍的道德、法律原则。参见本书第一章。

性比照规则。① 大体而言,我们可以将之理解为对于指导性案例与待决案件是否类似的成文化、统一化、具有拘束力的表达。它与比较点相关,但并不等同。比较点是判定案件之间是否类似的标准,只对法官起到指引性、启发性、建议性作用;但相似性比照规则将对法官产生拘束力,要求法官按照规则的指引判定两个案件类似与否。

在实践中,司法从业人员对于相似性比照规则的需求可以从以下三个方面加以理解。首先,指导性案例的遴选、制定、发布及解释具有强行政色彩,它体现了法院内部从上至下的监督。② 在适用指导性案例的共识尚未形成时,下级法院的法官以及律师并不敢贸然使用以免承担责任。其次,转型时期社会舆论对于司法体系的冲击非常强烈,司法公信力有待提高。类似案件的判断若无统一规则规范,法官的自由裁量或个人决策加大了他所面对的职业风险。③ 最后,出于思维惯性和民法法系传统,无论法官还是律师都习惯以明确的成文规则作为自己推理的基础,对法律的可预测性和安定性具有较强偏好。缺乏判断类似案件的统一标准,会给法官和律师的偏好带来一定冲击。④

虽然法官和律师对于相似性比照规则的需求是可以理解的,但从学理而言,类比推理必然不包括成文化、统一化的类似案件比照规则。如前所述,类比思维或类比推理非常依赖于法官个人的经验、学识和对案件事实细节的判断。这不仅是普通法中保证法律规则生发演进的制度设计,也是类比推理的内在性质决定的。我国案例指导制度虽然并不承担创造法律规则的立法任务,但同样涉及类比推理。寻求成文化、统一化的比照规则与类比推理的内在属性并不一致,会妨碍类比推理功能的发挥,也会影响指导性案例的适用范围和效果。

因此,本章认为相似性比照规则并不存在。我们的努力方向不应当是努力提出这样一套完善的规则,而是推动法官和律师转变思维定式,进

---

① 四川省高级人民法院、四川大学联合课题组:《中国特色案例指导制度的发展与完善》,载《中国法学》2013年第3期。在该调查中,研究者指出实务工作人员对于案例相似性比照规则的需求非常强烈,有76.56%的受访者认为有必要制定该类规则。
② 胡云腾、于同志:《案例指导制度若干重大疑难争议问题研究》,载《法学研究》2008年第6期。
③ 这一点从不同职业人群对于案例相似性比照规则的需求程度不同可以看出。根据前述报告,律师人群对于该类规则的需求最为强烈,超出法官及其他实务人员。
④ 彭宁:《指导性案例的现实困境及其成因》,载《天府新论》2018年第2期。

一步了解案例的类比与适用。此外,我们也应当为下级法院与法官提供适用指导性案例的制度空间和激励方案。制度创始时期需要行政力量发挥主导作用。但在制度形成并开始发挥作用后,行政力量应当尊重制度本身的运行逻辑。① 在此意义上讲,寻找判断类似案件的比较点要比构建比照规则更为可行。

(二) 比较点的性质

第二组理论争议涉及比较点的性质。在学理讨论中,学者至少提出两种不同的观点。一方面,不少学者认为比较点由案件事实构成。法官在判定类似案件时,要比较指导性案例与待决案件的事实。两个案件事实的相同或类似使之成为类似案件。② 另一方面,如本书第一章中所言,比较点的寻找需要法官融合法律与事实、事实与价值。在判断类似案件时,法官并不是对案件事实进行单纯比较,也不是仅仅根据法律规则或裁判要点作出判断,而是将两者结合起来。③ 在此意义上说,法官不仅仅是在寻找比较点,也是也构建比较点。具体来说,法官需要从裁判要点或相关法律规则出发理解指导性案例的关键事实或实质事实,即决定判决结果的案件事实。同时,法官也应从关键事实或实质事实出发更进一步的理解法律规则或裁判要点。此时,比较点就是法官基于对法律规则或裁判要点的理解而在基本案情中提取的关键事实。它既包含法律规则也属于案件事实,既是基本案情的一部分也融合了法官的价值判断。

---

① 顾培东:《判例自发性运用现象的生成与效应》,载《法学研究》2018年第2期;刘作翔:《案例指导制度:"人民群众"都关心些什么?——关于指导性案例的问与答》,载《法学评论》2017年第2期。

② 李艳:《指导性案例的参照适用问题研究》,载《法治社会》2017年第2期;雷槟硕:《如何"参照":指导性案例的适用逻辑》,载《交大法学》2018年第1期;孙光宁:《司法实践需要何种指导性案例——以指导性案例24号为分析对象》,载《法律科学(西北政法大学学报)》2018年第4期。

③ 比如,张骐教授认为比较点是事实与法律的联结,同时他基于此认为在类似案件的判断中法官不是机械的适用法律而是涉及个人的价值判断。请参见张骐:《论类似案件的判断》,载《中外法学》2014年第2期;王利明:《成文法传统中的创新——怎么看"案例指导制度"》,载《人民法院报》2012年2月20日,第2版;黄泽敏、张继成:《案例指导制度下的法律推理及其规则》,载《法学研究》2013年第2期。同时,该观点也是普通法与民法法系学者的主流观点。比如,考夫曼也认为比较点涉及事实与规范之间的调试过程(〔德〕亚图·考夫曼:《类推与事物本质——兼论类型理论》,吴从周译,台湾学林文化事业有限公司1999年版,第87—91页。又比如,如前所述,Gardner法官认为类似案件的判断涉及法官个人对于既有判决中"判决理由"的判断,不可避免涉及个人价值判断而非单纯事实比较)。

在这两种观点中,笔者认为将比较点理解为指导性案例的关键事实更有道理。除却本书第三章中所列理由外,还可补充如下两个论证。其一,规则与事实是普通法推理中彼此紧密结合、缺一不可的两个要素。如前所述,普通法中判定类似案件时,法官的核心任务是寻找判决理由(holding)。它是对一个案件判决结果的证立,也是法官对于案件核心法律问题的说明。法官在寻找判决理由时,笔者指出大致存在从事实出发和从规则出发两种路径。从事实出发意味着法官直接比较判例与待决案件的案件事实是否构成实质类似。如果答案是肯定的,那么判例能够成为待决案件的先例。从规则出发意味着法官需要了解待决案件所涉及的法律问题或法律规则,进而寻找涉及该法律问题或法律规则的判例。再比较两者案件事实是否构成实质类似,以确定判例是否成为待决案件的先例。这两种路径中不可或缺的因素,就是法官需要判定两个案件的事实能否构成实质类似。这意味着法官不需要使得两个案件的案情完全对应,但在影响判决结果的案情上应当类似。因此,判定案件事实是否实质类似,是以法官对于法律规则的理解为基础的。事实与规则在普通法类似案件判断中共同发挥着作用。

其二,通过比较点判断类似案件能够化解实践中的难题。法官判定待决案件与指导性案例之间是否构成类似案件时,单纯的事实比较并不可取。这一方面因为指导性案例在制作过程中,对于原始案例有裁剪、加工的过程,使得两者间的比较意义不大;另一方面因为单纯的事实比较,很容易将"类似案件"的概念收缩得过窄,似乎只有事实完全一致才构成类似。但在实践中并不存在两个完全一样的案例,一如不会存在两片完全一样的树叶。此时,将比较点理解为包含事实与规则的关键事实,就能够避免上述实践上的难题。但此观点目前与我们的制度设计之间存在缝隙,这涉及有关比较点的第三组争议。

(三)比较点与裁判要点

第三组理论争议涉及判断类似案件的比较点与指导性案例的裁判要点之间的关系。如前文所述,最高人民法院规定在裁判类似案件时,法官应当参照指导性案例。参照的部分,则是指导性案例中的"裁判要点"。具体来说,这一规定具有如下含义:

其一,"应当参照"指的是法官在裁判与指导性案例类似的案件时,必须参照指导性案例,也即法官需要在判决书中需要说明使用或不使用指导性案例的理由。虽然学界对于"应当参照"这一表述是否合适尚有争议,但无疑都认为这一规定明确了指导性案例对于法官裁判的"指导性"。①

其二,法官应当参照指导性案例的裁判要点作出裁判,也即指导性案例的效力或"指导性"体现在裁判要点。

这似乎进一步意味着,最高人民法院倾向于将裁判要点视为判断类似案件的比较点。其理由主要有以下两点。首先,由本章第一部分对先例的分析可知,一个案例中具有拘束力、能够作为先例的部分是判决理由;同时,判决理由又是法官判定判例与待决案件是否类似的标准。如果我们认为在类似案件的判定上,先例与指导性案例之间具有相通之处,那么我们也会认为指导性案例中具有拘束力的部分,就是判定类似案件的标准,即比较点。其次,如果判定类似案件的标准不限于裁判要点,那么我们在适用指导性案例时,所参照的内容似乎也不应当限于裁判要点,这时就会出现如下可能:在实践中,判断类似案件时采纳的标准同指导性案例的裁判要点内容并不一致。此时法官如果适用裁判要点来判决案件,就缺乏足够的合理性。因为裁判要点不是两个案件具有类似性的基础,它无法直接适用于待决案件。但根据既有规定,法官又有适用裁判要点的义务,这就会让我们有如下担心:判断类似案件是否还有意义?

这一担忧并非杞人忧天。通过以上分析,我们看到将判断类似案件的比较点界定为关键事实是更为合理的。但关键事实并不等同于裁判要点。前者是事实与规范的结合,后者则是法官对于指导性案例所涉及的法律规则的总结,与案件事实并无关联。② 简单来说,如果我们采纳将关键事实视为判定案件类似性的标准,那么我们不仅可以基于裁判要点,还可以基于指导性案例的其他部分,特别是裁判理由、基本案情来作出判断。此时我们构建的比较点很可能会超出裁判要点所涵盖的范围与内

---

① 有关参照适用的表述是否妥当的分析,参见刘金洪、纪长胜:《在强制与任意之间:"参照"之于司法裁判》,载《深化司法改革与行政审判实践研究(下)——全国法院第28届学术讨论会获奖论文集》,第1653页。

② 在有关指导性案例效力的分析中,张骐教授指出效力或指导性部分应当体现为法律与事实的结合,而非单纯的法律规则。在指导性案例中单纯赋予法律规则或裁判要点效力,并不利于指导性案例功能的发挥。参见张骐:《试论指导性案例的"指导性"》,载《法制与社会发展》2007年第6期。

容。如果仍以后者作出裁判,其实就架空了类比推理。

当然,在实践中上述情形可能只是例外情形。因为从指导性案例的制作、发布程序来看,一个案例成为指导性案例要经过层层遴选,裁判要点的归纳和提炼也颇为慎重,基本上涵盖了案件所涉及的核心法律问题。而且如下文将要分析的,裁判要点是比较点的一种重要类型。不过我们所担心的情形仍有发生的可能,因为如前所述,制度一旦形成便具有其自身发展、演变的逻辑。行政规定无法规范法官适用指导性案例的每一个细节。同时每一次对指导性案例的适用,都会赋予指导性案例新的含义,使得案例指导制度整体得以更新延续。① 因此,笔者认为更具长远性的做法是扩展指导性案例中具有"指导性"的部分,相信制度演进而非行政命令的逻辑,以此来化解、应对上述可能的风险。

上述有关比较点与裁判要点关系的争论,实际上是有关指导性案例效力或"指导性"的争论。在制度设计和以往研究中,我们割裂地看待类似案件的判断与指导性案例的效力这两个问题,使得比较点与裁判要点之间彼此有重合部分但又不完全一致。两者之间存在缝隙,会挑战类比推理、类似案件判断的必要性,进而对我国案例指导制度带来冲击。从这一角度出发,我们应当在学理上将这两个问题加以结合,同时在制度设计上拓展指导性案例中具有效力或"指导性"的部分。

通过上两个部分的分析,对于判断类似案件的比较点,我们有如下认识:

其一,比较点并非对法官具有约束力的统一规则,而是对法官裁判具有指引性、启发性、建议性的参考;

其二,比较点是事实与规范的融合,体现为法官对于案件关键事实的把握;

其三,比较点同时也应当是指导性案例效力或"指导性"的体现。

---

① 不止一位关注指导性案例在司法实践中原因情况的学者指出,指导性案例的适用方式存在"多样化"的特点。有代表性的观点可以参见耿协阳:《指导性案例适用方法探析——以指导性案例适用现状为出发点》,载《尊重司法规律与刑事法律适用研究(上)——全国法院第27届学术讨论会获奖论文集》,第364页。

四、确定比较点的原则

基于以上认识,本部分将从具体司法实践出发,讨论确定比较点的原则与路径。在此,"原则"意味着法官判定类似案件、确定比较点时,不应当违反的基本规范。它们是法官判定类似案件时的宽泛约束,如果法官最终确定的比较点违背这些原则,则该比较点无效,法官对于类似案件的判定也无效。"路径"则是对于当下司法实践中,法官适用指导性案例代表性方法的总结。它并不构成对于法官的约束,法官完全可以在遵循原则的条件下发挥能动性,通过其他方式适用指导性案例。

在司法实践中,"原则"一般是相对宽泛的规范,虽然不会具体指引法官如何行为,但却发挥着"滤网"的功能:它会告诉法官哪些行为是不适当的、不当为的。本部分涉及的确定比较点的原则也与之具有相同含义。

在实践中,法官参照适用指导性案例一般有如下过程。首先,法官在处理待决案件时,根据自己的经验以及对于指导性案例的理解,初步认为某一指导性案例与待决案件类似。其次,法官需要从该指导性案例中构建比较点,也即寻找关键事实。最后,法官要将关键事实同待决案件加以比较。如果待决案件包含指导性案例关键事实的所有要素,那么两者构成类似。如果两者并不相符,法官则需要进一步寻找。

确定比较点的原则在上述过程中发挥着约束法官自由裁量、为类比推理提供正当性证明的功能。在前文分析中,我们认识到比较点就是指导性案例的关键事实,它构成指导性案例判决结果的正当性证明。这意味着关键事实至少是该判决结果的充分条件,否则法官对于关键事实与比较点的判断就是错误的。因此,在构建比较点时法官应当遵循的第一个原则为:

原则 I:比较点应当构成指导性案例裁判结果的充分条件。

在实践中,法官可以通过"反事实推理"或"替代推理"的方法来验证自己构建的比较点是否符合该原则。具体来说,法官在确定比较点后可以假设:如果该比较点(即关键事实)在指导性案例中并不存在,那么指导性案例的裁判结果是否仍可成立?这进一步要求法官细致研读指导性案例中关键事实以外的要素,仔细甄别这些要素本身或它们的组合是否仍然可以支撑裁判结果。如果答案是否定的,那么证明法官提取出的关键事实是妥当的,也即法官对于比较点的建构是正确的。否则,就意味着法官对于关键事实的提取很可能是错误的,或者是不完整的。此时法官应当重新构建比较点。

原则 I 保证了法官所建构的比较点的正确性。但在实践中很可能出现法官为了确保比较点的正确性,在寻找关键事实时将标准放得过宽,以至于指导性案例中基本案情、裁判理由、裁判要点等要素全部被纳入关键事实的范围而成为比较点。此时由于关键事实或比较点包含的要素太多,在内容上会使得判断类似案件的门槛太高、在形式上又过于复杂。这就不利于法官的使用,也会限制指导性案例在统一司法适用、指导法官裁判方面所发挥的作用。因此,构建比较点时法官应当遵循的第二个原则为:

原则 II:比较点在形式、内容方面应当符合经济原则。

这一原则有以下两点值得说明。首先,比较点在形式方面符合经济原则,意味着法官在用文字表达比较点时,应当遵循"少即是多"(Less is more)原则。比较点应当来自法官对于指导性案例的归纳提炼,而非对既有文本的简单摘录、复述。理想情况下,法官可以考虑以法律规则的形式表达比较点或关键事实。具体来说,比较点或关键事实既包含事实要素,也包含法律要素,并且构成指导性案例裁判结果的充分条件。此时法官完全可以按照法律规则的表述形式,将比较点表述为"事实要件+法律后果"的形式。[①] 简单举例,一个指导性案例包括事实的要素为 a,b,c,d,e,f,g 并且其裁判结果为 X。法官判定其关键事实为 a,b,c。此时,法官可以如此表达该指导性案例的比较点:由于 a,b,c,所以 X。

其次,比较点在内容方面符合经济原则,意味着法官在判定关键事实时,关键事实中包含的事实与法律要素都应当同指导性案例裁判结果直接相关。简单来说,关键事实中没有冗余要素。在实践中,直接关联包括两种类别:一种情形是关键事实的各个要素彼此关联决定了案件的裁判

[①] 对于这一问题的探讨由来已久。比如,冯文生博士指出我国司法判决书中事实与法律分离的结构不利于指导性案例的参照(冯文生:《审判案例指导中的"参照"问题研究》,载《清华法学》2011 年第 3 期)。又比如,许多学者思考改进指导性案例裁判要点的方法,指出应当采纳"法律要件+事实"的形式(郭琳佳:《参照指导性案例的技术和方法》,载《人民司法》2014 年第 17 期)。也有学者提出不同建议,比如将裁判要点改写为"事实要件+法律后果"(胡国均、王вать平:《指导性案例的司法运用机制——以〈关于案例指导工作的规定〉的具体适用为视角》,载《上海政法学院学报(法治论丛)》2012 年第 4 期)。

结果;另一种情形是关键事实的每个要素单独可以决定案件的裁判结果。比如,法官认为由于 a,b,c,所以 X。此时,既可以是 a,b,c 三个要素同时满足才能够得出 X;也可以是 a,b,c 三者分别都能够得出 X。无论哪种情形,都构成关键事实与裁判结果的直接关联。法官应当以上述方式验证自己所构建的比较点中是否包含冗余信息。同时我们也可以看到,以"事实要件+法律后果"的形式表达比较点,可以帮助法官整理思路、判定比较点在内容方面是否符合经济原则。

以上是法官构建比较点是应当遵循的原则。接下来我们从具体案例出发,分析法官构建比较点的路径。

五、确定比较点的路径:初步假定与实质比对

在既有研究中,学者已经提出许多寻找类似案件的模式或方法。总结起来,大致有根据案件涉及的法律争议、通过比较案件事实、通过指导性案例裁判要点等寻找类似案件。这些方法大多针对的是法官能够初步确定裁决案件与某个指导性案例类似时,对两者是否实际构成类似进行的判断。在实践中,困难往往在于法官可能在面对待决案件时,无法第一时间确定与之可能类似的指导性案例。有鉴于此,本章将比较点的确定划分为两个彼此相关的步骤:初步假定与实质比对。

(一) 初步假定

初步假定指的是法官通过所掌握的信息大致判定待决案件可能会与哪一指导性案例类似;实质比对则是对初步假定结论的检验、分析。此时法官需要非常细致的构建指导性案例的关键事实,并将之同待决案件事实加以比对。以下我们分别阐述这两个过程中法官如何确定比较点。

在初步假定这个步骤中,法官需要获得的只是一种概然性判断。更确切地说,这个阶段为法官进行实质比对提供了前提条件。本章之所以不主张法官立刻展开对于指导性案例关键事实的提取、比较,主要有以下两点理由。首先如前所述,法官无论是提取关键事实,还是将之与待决案件加以比较,都需要先确定可能与待决案件类似的指导性案例。其次,通过概然性判断,法官在实践中初步筛选出可能与待决案件类似的指导性案例,并且直接排除不构成类似的案例,提高工作效率。

在法官形成初步假定的过程中,我们可以通过思考法官在判定类似案件时可以借助、利用的资源来寻求确定比较点的路径。笼统来说,审理一个案件时不可避免会涉及如下三个要素:法官、案例、法律。我们也可以大致从这三个要素出发,探索判定类似案件的可能途径。

首先,从法官角度分析。在实践中,法官审理一个案件时,大多数情形下会主动寻找支持性案例。① 支持性案例指的是某个先前判决会对法官裁判待决案件提供启发、借鉴与参照。支持性案例与待决案件未必构成类似案件,但是它所包含的法官裁判说理过程、法官判案的思路以及判决结果体现的政策性考量,会说服法官进而对待决案件的裁判产生影响。在参照适用指导性案例、构建比较点时,法官也可以借鉴这一思路。面对待决案件时,如果法官能够初步判定该案件可能与某个指导性案例构成类似案件,此时可以检索该指导性案例如何适用于其他判决,其他法官怎样判定其关键事实也即比较点;如果法官无法初步判定待决案件与哪个指导性案例类似,就可以先检索待决案件的支持性案例。通过分析其他法官在处理类似问题时参照了哪个指导性案例、参照时的说理是否充分,进而判断是否存在与待决案件类似的指导性案例。②

其次,从案例角度分析。这就涉及法官如何处理待决案件以及指导性案例所包含的信息。法官通过对于待决案件的初步理解,即使不能立刻判定它是否与某个指导性案例类似,也会对该案件所涉及的法律问题有初步的判断。指导性案例包含着七个要素:案例名称、关键词、裁判要点、相关法条、基本案情、裁判结果、裁判理由。其中案例名称、关键词、裁判要点、相关法条和裁判理由都包含着指导性案例所涉及法律问题的信息。法官可以比对指导性案例与待决案件的上述信息,初步假定两者是否构成类似案件。比如,指导性案例1号的案例名称为"上海中原物业顾问有限公司诉陶德华居间合同纠纷案",其关键词为"民事、居间合同、二

---

① 张骐教授将这一方法归纳为通过主审法官思路来寻找类似案件,相关论述请参见张骐:《论寻找指导性案例的方法:以审判经验为基础》,载《中外法学》2009年第3期。

② 通过支持性案例来辅助裁判,是司法实践中法官常用的策略。一方面在笔者同法官的沟通过程中,笔者了解到法官通过寻找支持性案例,来强化自己的裁判说理、论证自己的裁判思路,以此避免可能的风险;另一方面,我们从指导性案例的适用情况也可以看出,大量援引指导性案例的裁判都是以"隐性适用"的方式。该种方式也可以被视为法官寻找"支持性案例"思维的延续。当然,在实践中从制度构建出发,我们并不提倡法官的隐形适用。有关分析,可以参见孙海波:《指导性案例的隐性适用及其矫正》,载《环球法律评论》2018年第2期。

手房买卖、违约",相关法条为《合同法》中有关居间合同的规定。法官可以通过这些信息与待决案件的比较来确定指导性案例是否与之构成类似。再比如,指导性案例 2 号、9 号、17 号从案例名称来看都涉及买卖合同纠纷。在实践中法官面对涉及合同纠纷的待决案件就应当先考虑它是否与这三个指导性案例中的某个构成类似。再从关键词分析,指导性案例 2 号涉及民事诉讼程序问题、指导性案例 9 号涉及公司清算时连带清偿责任、指导性案例 17 号涉及买卖合同欺诈。如果待决案件涉及的法律问题不在这三个案例覆盖范围内,法官可以直接判定不存在与之类似的指导性案例,而无需逐一针对这三个指导性案例提取关键事实并与待决案件加以比对。

最后,从法律角度分析。某种程度上对于法律的分析贯穿于法官裁判时的各个环节,在法官角度和案例分析角度中对于法律问题的分析也发挥着重要作用。但在此指的是法官可以从待决案件所涉及的核心法律争议入手考虑问题。① 比如,在"中华联合财产保险股份有限公司北京分公司诉曹文等机动车交通事故责任纠纷案"中,相关法律争议涉及交通事故受害人曹文个人体质原因是否成为其承担一定责任的理由。② 法官根据这一争议确定了指导性案例 24 号为该案的类似案件,并根据指导性案例的裁判要点指出,受害人曹文个人体质原因并不构成其承担交通事故责任的理由。

以上是判定类似案件时的"初步假定"过程。通过从法官、案件、法律三个大方向出发,法官大致可以定位到可能与待决案件构成类似的指导性案例。需要注意的是,初步假定过程中获得结论并非最终结论。因为总体来说,在作出初步假定的判断时,类似案件的标准比较宽泛。因为法官并不是提取关键事实再加以比对,而是通过一些信息作出的概然性判断。这意味着如果法官判定两个案件不构成类似时准确率较高,而判定它们构成类似时,很可能实际上并非如此。这就有必要进入下一阶段:实

---

① 对于这一思路,不少学者已经提出类似观点。具体可参见张骐:《论类似案件的判断》,载《中外法学》2014 年第 2 期;张骐:《再论类似案件的判断与指导性案例的使用——以当代中国法官对指导性案例的使用经验为契口》,载《法制与社会发展》2015 年第 5 期;最高人民法院研究室编:《审判前沿问题研究——最高人民法院重点调研课题报告集》(上册),人民法院出版社 2007 年版,第 441 页;刘作翔:《案例指导制度:"人民群众"都关心些什么——关于指导性案例的问与答》,载《法学评论》2017 年第 2 期。

② 参见天津市第二中级人民法院(2018)津 02 民终 827 号民事判决书。

质比对。

(二) 实质比对

实质比对意味着法官需要仔细研读已经确定的指导性案例,从中提取出关键事实并将之与待决案件的事实进行比较对照,以便最终判定两者是否构成类似案件。在提取关键事实时,有如下几种路径或方法可以参考。需要注意的是,这些路径或方法之间往往彼此重叠,而且法官在实践中也往往运用多种方法。

其一,从指导性案例的性质出发。从已经发布的 21 批指导性案例来看,有学者将之划分为造法型案例、释法型案例、宣法型案例三种类别。① 造法型案例意味着指导性案例补充和发展了既有法律规定;释法型案例是对既有法律规则的细化说明;宣法型案例是对既有法律规则的肯定,也是对于司法政策的强调。针对这三种不同类型的案例,法官提取关键事实的着眼点也不尽相同。

针对造法型案例,法官提取的关键事实应当包含既有法律中没有规定的事实情形,同时也包括指导性案例处理该情形时提出的法律规则。② 仍以指导性案例 24 号为例,该案例中明确了交通事故受害人个人的体质并不构成受害人过错。在提取关键事实时,法官虽然可以发挥主观能动性,但这一核心要素不能忽略。

针对释法型案例,法官提取的关键事实应当包含指导性案例对于抽象法律规则的细化规定。这具体体现为指导性案例在某一抽象法律规则的适用中区分了不同的事实情形,或者具体化了法官在适用该规则时应

---

① 许多学者都提到指导性案例的类型问题。具体可参见周光权:《刑事案例指导制度:难题与前景》,载《中外法学》2013 年第 3 期;资琳:《指导性案例同质化处理的困境及突破》,载《法学》2017 年第 1 期。本章所采纳的三种分类,主要遵循了学者资琳一文中的归纳。但并不同意该文基于指导性案例的不同性质而对其效力进行的区分。比如,学者资琳认为造法型案例具有准法源的效力,释法型案例只具有参照的效力,宣法型案例不具有效力。本章认为这与指导性案例制度设计有所出入。根据我国案例指导制度的相关规定,在法官裁判类似案件时应当参照指导性案例,并没有对其效力类型加以划分。

② 在学者资琳的分析中,指导性案例 2、6、8、9、15、16、18～24、29、34、38、40、42、45、48、49、50、54、56、57、58、59 号都构成了造法型案例。根据该标准,笔者进一步统计,指导性案例 70、73、86、88、90、91、95、96、106、110、111 号也构成造法型案例。

当考量的因素。① 比如,指导性案例47号"意大利费列罗公司诉孟特莎(张家港)食品有限公司、天津经济技术开发区正元行销有限公司不正当竞争纠纷案"中,提出了法官在分析何种商品属于"知名商品"时应当考虑的因素。《中华人民共和国反不正当竞争法》第6条第1项规定,使用与知名商品相似的包装、装潢,构成不正当竞争。但法律并没有具体规定应当如何判断知名商品。该指导性案例提出,法官应当结合该商品在中国境内的销售时间、区域、销售额、销售对象、宣传时间等因素综合判断。这些在指导性案例中明确列举的因素,应当被法官纳入关键事实,成为比较点的一部分。

针对宣法型案例,法官提取的关键事实应当包含这类案例所传达的政策、价值倾向。② 比如,指导性案例4号和12号都涉及故意杀人罪,都涉及罪犯手段极其残忍、社会危害性极大但同时罪犯个人或其家属有坦白、悔过、赔偿等情节。这两个指导性案例在裁判要点中都指出,从化解社会矛盾出发,判处被告人死刑,缓期两年执行同时限制减刑。这两个案例都宣告了我国刑事政策的方向,并且引导着法官的价值选择。在构建比较点时,类似的体现政策、价值的因素也应当被包括进来。

其二,从指导性案例的裁判要点入手。裁判要点是制作指导性案例时对于案件所体现的法律规则的归纳,也是最高人民法院在相关规定中认为指导性案例具有效力或"指导性"的部分。在提取关键事实时,法官当然应当从裁判要点出发,至少要在关键事实中包括裁判要点中提及的因素。但如前所述,关键事实并不等同于裁判要点③,因为裁判要点与案件事实无关,只是相对一般化的规则。因此,即便法官从裁判要点出发提取关键事实,也应当将之同具体案件事实相结合。④ 理想状态下,应当采用前文中建议的"事实要件+法律后果"的形式加以表达。否则,法官仍

---

① 根据学者资琳分析,指导性案例1、3、5、10、11、13、17、25~28、31~33、35~37、39、41、43、44、46、47、51~53、55、61~64号都构成释法型案例。根据该标准,笔者进一步统计,指导性案例65~69、71、72、74~85、87、92、93、94、97、98、100~105、107、108、109、112号也构成释法型案例。

② 根据学者资琳分析,指导性案例4、7、12、14、60、99号都构成宣法型案例。根据该标准,笔者进一步统计,指导性案例89号也构成宣法型案例。

③ 刘作翔:《中国案例指导制度的最新进展及其问题》,载《东方法学》2015年第3期;向力:《从鲜见参照到常规参照——基于指导性案例参照情况的实证分析》,载《法商研究》2016年第5期。

④ 有关指导性案例裁判要点的局限性分析,参见孙光宁:《指导性案例裁判要旨概括方式之反思》,载《法商研究》2016年第4期。

然是将规则与待决案件的事实加以比较,并不利于类似案件的判断。①

其三,从指导性案例中体现的法律解释方法入手。指导性案例是在对原先判决的制定、加工基础上形成的。在某种程度上讲,它更体现最高人民法院的政策与考量,与原先判决中法官的法律方法关系并不十分密切。但是在指导性案例的"裁判理由"部分,我们仍然可以读到法官在解释法律时所采用的方法或思路。除了最常见的文义解释之外,笔者通过归纳发现在既有指导性案例中,法官在解释法律适用时,有两种法律解释方法出现的相对集中。②

第一种方法是立法目的解释。③ 在裁判理由部分中,涉及立法目的分析的指导性案例包括指导性案例 21 号、40 号、61 号、64 号、71 号、74 号、85 号以及 86 号。以指导性案例 40 号"孙立兴诉天津新技术产业园区劳动人事局工伤认定案"为例。法官认为,在工伤事故中,受伤职工有时具有疏忽大意、精力不集中等过失行为。但工伤保险正是分担事故风险、提供劳动保障的重要制度。如果将个人主观过失作为认定工伤的排除条件,并不符合保障劳动者合法权益的立法目的。因此,劳动者在工作中确实有过失,并不影响其工伤认定。法官在提取该案例的关键事实时,需要考虑裁判理由中法官通过立法目的对于工伤者个人过失是否影响工伤认定的分析。同样,当其他指导性案例中提及立法目的分析时,法官也应当将相应内容纳入比较点的构建之中。

第二种方法是综合考量。综合考量本身并非法学理论或法律解释中学界通常划分的法律解释方法。但是在指导性案例中,"综合考量(虑)"或"综合"这类字眼相对常见。比如,笔者初步统计,指导性案例 8 号、12 号、30 号、31 号、32 号、35 号、42 号、46 号、47 号、49 号、63 号、68 号、70

---

① 有关指导性案例裁判要点缺乏事实所带来的局限,参见孙光宁:《反思指导性案例的援引方式——以〈关于案例指导工作的规定〉实施细则为分析对象》,载《法制与社会发展》2016 年第 4 期。

② 当然,指导性案例中对于法律规则含义的扩展也很重要。文义解释也应当作为建构比较点的重要资源。本章在此只是提及两种出现较为频繁的法律解释方法,实践中法官可以寻找其他解释方法。

③ 有关从立法目的角度构建比较点、寻找类似案件的分析,张骐教授也曾提出类似的观点。张骐:《论寻找指导性案例的方法:以审判经验为基础》,载《中外法学》2009 年第 3 期。但在本章中,立法目的更侧重于法官的价值判断,也即法官需要判定自己在裁判应当支持、维护哪种社会价值。这在一定程度上从经验角度支持了张骐教授的判断,即类似案件的判断是法律、事实、价值的互动。

号、78号、83号、84号、85号、87号、93号的裁判理由中,都明确提及了法官应当作出综合考量、考虑或判断。大体上来说,提及综合考量的案例与前文中所谓的"释法型"案例有重合之处。因为在提及综合考量时,常见的情形是指导性案例细化了法官在裁判中应当考虑的因素,比如指导性案例83号、84号、85号中对于专利纠纷的判断,指导性案例78号中对于滥用市场支配地位的判断等。这些案例都为法官具体判定某个法律概念或规则是否适用提供了细则和指引。在构建比较点时,法官应当将之纳入被提取的关键事实。

其四,从指导性案例与其原案例之间的差异入手。指导性案例与原案例之间不可避免会有出入。指导性案例的基本案情可能更为精简,原案例中一些要素并没有被包含在公布的指导性案例中。法官在提取关键事实时,应当以指导性案例的基本案情、裁判要点为准,分析两者之间的关联。通过结合案件事实与裁判要旨,提炼出指导性案例的关键事实。但在实践中,法官有时需要考虑指导性案例与原案例之间的差异。大体而言,这主要有以下两种情况。

比如,在实践中,有时法官可能会遇到裁判要旨超出所给定的基本案情的情形。已有学者指出,指导性案例9号中,案件事实涉及有限责任公司中清算义务人怠于履行义务,但在裁判要点中还规定了股份有限公司的董事和控股股东。类似的还有指导性案例8号和10号,它们的裁判要点都包含与基本案情无关的部分。① 法官此时需要从原案例中确认超出指导性案例基本案情的裁判要点,是否同样也不属于原案件事实。如果答案是肯定的,那么在确定指导性案例比较点时,法官就应当忽略这些与基本案情无关的裁判要点。虽然法官应当参照指导性案例的裁判要点,但裁判要点是对案例裁判理由、结果的总结,与案件事实密不可分。脱离案件事实的裁判要点,与指导性案例制度的性质背道而驰。②

又比如,我们通过比对指导性案例和原案例会发现,指导性案例对于案件基本事实加以裁剪。指导性案例1号中,基本案情与裁判理由都是对

---

① 曹志勋:《论指导性案例的"参照"效力及其裁判技术——基于对已公布的42个民事指导性案例的实质分析》,载《比较法研究》2016年第6期。
② 吴建斌:《指导性案例裁判要点不能背离原案事实——对最高人民法院指导案例67号的评论与展望》,载《政治与法律》2017年第10期。

于原案例的节选(指导性案例并未提及被告事先获知房屋信息等事实)。①但通过比对裁判要点和指导性案例的基本案情,我们看到两者可以彼此结合、支持。此时,尽管指导性案例和原案例有所出入,法官仍应当以指导性案例为准。原案例只起到扩大信息源,补充指导性案例中未提供的信息的作用。简单来说,比较点的提取此时仍应当围绕指导性案例本身展开。

其五,运用反事实推理或替代性推理。 如分析判定比较点的原则时本章指出的,法官面对指导性案例中复杂的事实和法律问题,可以采用反事实推理或替代性推理,也即思考某一事实不存在时,案件结果是否会产生变化。如果某个事实被排除,案件结果没有变化,那么该事实就不应当被包括在比较点内。以此方法,法官可以排除掉一些事实和法律问题,降低问题的复杂度。② 以指导性案例 24 号为例,本案涉及的是交通事故受害人的责任认定。基本案情中一个事实要素是,受害人在指导性案例中是行人,而非交通工具的司机和乘客。③ 此时,法官可以通过反事实推理分析,如果受害人不是"行人"案件结果是否会发生变化。如果不会,那么本案例的关键事实或比较点就不包括"行人",而是任何交通事故受害者。

以上五个方面是本章结合指导性案例以及既有学者研究,提炼出的判定比较点过程中法官进行"实质比对"时可以参考的路径或方法。通过初步假定与实质比对这两个步骤,在大多数情况下法官能够比较成功地从指导性案例中提取出关键事实,建构出比较点。

六、结　　语

在以上讨论中,本章分析了普通法中以先例为核心的类似案件判断的基本学理。在此比较法理论框架下,本章梳理了有关类似案件判断中比较点的相关理论争议。最后,本章提出构建比较点的原则与路径。在此,本章结合前文的学理分析,简略分析案例指导制度现状对于法官构建比较点、判断类似案件的影响。

---

① 曹志勋:《论指导性案例的"参照"效力及其裁判技术——基于对已公布的 42 个民事指导性案例的实质分析》,载《比较法研究》2016 年第 6 期,第 124 页。

② 在此我们也可以看到将比较点界定为关键事实而非基本案情的原因:降低法官的操作难度,提升司法裁判效率。

③ 孙光宁:《司法实践需要何种指导性案例——以指导性案例 24 号为分析对象》,载《法律科学(西北政法大学学报)》2018 年第 4 期。

笔者认为我们应当将类似案件的判断、指导性案例的适用这两个问题结合起来讨论,因为构成指导性案例与待决案件类似的关键事实,也是法官裁判待决案件时应当遵循的具有指导性的部分。因此,笔者倡导指导性案例的效力或"指导性"部分并不局限于裁判要点。裁判理由也应当被纳入具有指导性或法官应当参照的范围。但从案例指导制度现状而言,法官应当参照的内容只包括裁判要点。这就在很大程度上限制了法官对于比较点的构建,也提高了法官在判定类似案件时的难度。

此外,笔者指出比较点是指导性案例的关键事实,也即对于指导性案例裁判结果的证明。它既包括事实要素,也包括法律要素。在当下制度设计中,裁判要点法条化倾向明显,与指导性案例的基本案情结合并不紧密。在类似案件判断中,裁判要点既是法官根据规定必须要参照的要素,但同时它又比较抽象很难为法官提供指引。在实践中就会造成指导性案例的适用同法官适用法律规则、法律解释没有本质上的区别。案例指导制度的独特功能难以得到发挥。

最后,发展案例指导制度我们应当遵循制度本身演进逻辑,并逐步淡化行政力量在制度发展中的作用。案例指导制度当下正处于兴起、发展阶段,行政力量的主导和建构必不可少。但从本章的分析中我们可以看到,判断类似案件时,提取关键事实、建构比较点无论在普通法国家还是我国,都缺乏统一、普遍的规则。更多情况下是依靠法官的知识、经验与对案件事实的感知判断。在此过程中法官的推理不是严格受到拘束,但也并非任意为之。过于强调行政主导,法官出于避免风险的考量,适用指导性案例的意愿并不强烈。因此笔者认为,我们应当从制度层面为法官发挥能动性、积极适用指导性案例提供空间。短期来看,可以建立激励措施,鼓励基层法官主动适用指导性案例;长期而言,最重要的是转变我们适用制定法时的思维定式,更加宽容地看待法官对于类似案件的判断和对指导性案例的适用。无论是行政监督还是学理讨论,我们应当具体分析哪一案件中法官的何种推理或类比是妥当的或有待改进的,尽量避免将法官对于指导性案例的某一种适用笼统地归结为滥用或误用。如笔者所说,比较点的确定或关键事实的提取具有一定的主观色彩,法官个人因素发挥着作用。我们当然要警惕这一过程中法官主观偏好、态度甚至意识形态对于制度的危害,但也要充分认识到法官的主观性是案例制度发展演进逻辑的一部分。

第六章 论司法案例中的裁判规则

近年来,随着我国案例指导制度的建立和完善,案例在我国法律实践和社会生活中得到越来越普遍的使用,具有愈发重要的意义。中国共产党第十八届四中全会作出的《关于全面推进依法治国若干重大问题的决定》中提出应当"加强和规范司法解释和案例指导,统一法律适用标准"。为贯彻落实这一中央部署,发挥案例指导制度的制度优势,构建案例研究与使用的大格局,最高人民法院从2018年12月4日开始施行《关于进一步全面落实司法责任制的实施意见》(以下简称《实施意见》),其中重点强调类案与关联案件检索机制,明确要求承办法官在审理案件时应对类似案件和关联案件进行比较并分情形处理,并对拟形成的新的裁判规则的情况提交讨论。学者预测,判例在未来将成为案例体系化的发展方向。[1]

以德国为例,判例中裁判规则的识别与提取是偏离判例报告制度的关键环节[2],是其制度得以良好运行的关键。在我国,专家学者们曾多次主张案例中发挥作用的应是其中的裁判规则[3],但是在司法实践中如何理解判例中裁判规则的本质,进而准确地识别和提取裁判规则,仍然存在相当大的认识分歧。法官在实践中遇到疑难案件并检索类案时,往往迫切需要掌握提取其中对司法实务有指导意义的裁判规则的科学方法。笔者通过对德国判例理论中的"个案规范理论"和英美判例制度进行综合比较研究,分析判例中的裁判规则的含义、本质与类型,以期为进一步推进

---

[1] 张骐:《以个案促进法治,案例指导制度亟待跃升》,http://www.cssn.cn/fx/fx_rdty/201701/t20170131_3400572.shtml,最后访问时间:2018年10月27日。

[2] Lothar Kuhlen, Die Abweichung einer Entscheidung von einer anderen und die Betrachtung des Einzelfalles, *Juristische Arbeitsblätter*, 1986, Heft 12, S. 594.

[3] 张骐:《指导性案例中具有指导性部分的确定与适用》,载《法学》2008年第10期。

司法责任制,充分发挥案例的指导作用提供理论储备。

一、判例理论中的裁判规则

明确识别和提炼判例中的裁判规则是发挥案例指导制度优势的关键环节,区别其与法律规则和裁判要旨等等相近概念之间的关系是准确运用判例的前提。

(一) 裁判规则的本质特征

裁判规则是指通过案例的裁判结论所确立的法律性质的规则。[①] 其本质是主审案件的法官从诸多种法律渊源中理解、总结、提炼和内化的一种规则,因此其形态应当是抽象和摆脱了生活事实的规范表达。裁判规则源于法律规范,但又抽象和剥离于既有的书面法律条文,是法官在判决当下案件时所参照和提炼出的一种据以裁判的规则。陈兴良认为在成文法的体制之下,判例所创制的是裁判规则,"是对成文法的一种细则化,能够弥补成文法的抽象性与一般性的特殊功能,因而具有独立存在的价值"[②]。判例中的裁判规则可以总结为以下特征:

第一,裁判规则不同于法律规范或法律条文。法律规范或法律条文是裁判规则的依据,裁判规则在逻辑上抽象于具体的法律条文,但表现在实务操作中却更具有可参照性。

第二,裁判规则是法律规则的属概念。法律规则与裁判规则是包含和被包含的关系:制定法提供的法律规则可以分为行为规则和裁判规则,其中行为规则是向一般人提供的如何行为的法律规则,而裁判规则是向裁判者提供的裁判纠纷之标准的法律规则。[③]

第三,判例中的裁判规则有别于其裁判要旨。裁判要旨和裁判要点是我国案例中经常出现的名称,有学者认为裁判要点实际就是判例

---

① 蒋惠岭:《认真对待作为'动态法典'的案例》,载《人民法院报》2005 年 8 月 1 日,第 B1 版。
② 参见陈兴良:《案例指导制度的法理考察》,载《法制与社会发展》2012 年第 3 期。
③ 黄茂荣:《法学方法与现代民法》,中国政法大学出版社 2001 年版,第 111 页。

规则①,但二者在逻辑上有差别。裁判要旨是对主要法律争议和主审法官法律意见的一种提炼,能够帮助读者阅读和浏览裁判文书的法学价值,是法院判决书法定记载理由的主要意旨。②而裁判规则是经过后案法官提炼和转述的,且经常采取间接引用的方式。

第四,裁判规则在本质上不包含判例中的案件事实。既然"裁判规则是通过案例的裁判结论所确立的法律性质的规则"③,表明裁判规则与案件事实、案例都有密切的关联,尽管在对裁判规则的实际使用上,为了保证论证的集中和凝练,法官在援引和使用判例时往往并不重述判例中的案件事实,并不通过介绍判例中的案情而进行逐一比对。但是在判例的使用过程中,为了避免误读和误用裁判规则,法官应当适当结合案件事实进行表述。这既是对论证的补强,帮助法官向当事人解释裁判规则,同时也是降低法官职业风险的一种方式。

(二) 裁判规则的分类及效力来源

以德国为例,作为大陆法系的代表国家,其判例中的裁判规则之效力来源依据拘束力的强弱和对说理要求的不同,可以划分为三种,即权力制定型、权威生成型和混合型。④

第一种是权力制定型。在普通法系遵循先例的原则之下,判决理由具有正式的约束力,因此这种判决理由之理由本身作为裁判规则,依靠的是一种自上而下的权力得以运转,此类裁判规则的效力来源是基于权力;在德国法中联邦宪法法院的判决也具有此种正式的约束力,属于正式的法律渊源。⑤后案法官在参考和援引此类判例时也要更多地受引导语的约束,此时的裁判规则往往与引导语呈现出更多的重合性特征。我国由

---

① 参见于同志:《谈裁判规则的归纳与生成》,载《人民法院报》2008年5月14日,第5版。其他类似观点的整理参见张骐:《指导性案例中具有指导性部分的确定与适用》,载《法学》2008年第10期。

② 马太广编译:《判例所表现的商法法理:日本最高裁判所商法判例要旨(1962—2004)》,法律出版社2004年版,第5页。

③ 蒋惠岭:《认真对待作为'动态法典'的案例》,载《人民法院报》2005年8月1日,第B1版。

④ 这三种类型的划分受到了刘树德教授文章的启发,参见刘树德:《最高人民法院司法规则的供给模式——兼论案例指导制度的完善》,载《清华法学》2015年第4期。

⑤ Neil MacCormick & Robert S. Summers Edited, *Interpreting Precedents*: *A Comparative Study*, Dartmouth Publishing Company Limited, 1997, p.26.

最高人民法院定期发布的指导性案例当属此类。

第二种是权威生成型。在面对新型或者疑难的案件时，如果既有判决的说理性极强，其论证依据以及结论会对其他的法院在判决同类型案件产生影响，而这种影响并不以法院的审级制度作为保障。后案法院在处理棘手案件时会倾向于参照这些既有的有说服力的判决，并从中提炼出裁判规则。这种裁判规则的使用排斥了行政化的考虑，其着眼点和立足点都会更为多样。权威生成型裁判规则的主要功能是提供参照，它与个案规范的表达特征和提取模式有相似相近之处。在我国，法官在遇到疑难案件时，自发从网络上、案例数据库中检索到指导性案例以外其他具有法律参照意义的案例，当属此类情形。

第三种是混合型，即权力制定与权威生成混合型。在德国，除联邦宪法法院以外的其他联邦法院的判决并不具有正式的约束力，此时其判决的判例意义往往是通过后案法院法官的援引和使用得以实现。这种约束力并不是法律规定的，而是事实的约束力。一方面是基于科层制机构之下法官的体制性考虑，另一方面是法院组织法的偏离判例报告制度的内在约束。无论是哪一种，都不能从根本上改变判例的性质和运行方式。因此在德国的同一法院系统内上级法院对下级法院以及同一法院先前判决的裁判规则的援引往往是基于权力和权威的双重影响。在我国，由最高人民法院办公厅发布的公报案例、最高人民法院新闻局发布的典型案例，各省高级人民法院发布的参考性案例，以及法官们反映其参考最多的上级法院案例，均属此类。

仍以德国为例，在现行的德国法律体制之下，三种判例规则的生成模式都有不同程度的体现，联邦宪法法院的判例的效力来源属于第一种；对于权威生成型的裁判规则而言，法官援引和使用这些规则时承担的论证负担最重；而绝大多数判例和其判决理由的判例效力都是基于权力制定和权威生成相结合的模式，既有审级制度而带来的职业安全方面的考虑，也有偏离判例制度带来的约束，更有对判例中论证理由的信服。由于裁判规则生成模式的不同，法官在使用不同类型裁判规则时承受了不同程度的论证负担。

二、裁判规则与案件事实的分析性
关联：一个比较视角

裁判规则是搭建在案件事实与法律规范之间的桥梁。但是裁判规则究竟与案件事实应当保持怎样的关系？普通法系国家与大陆法系国家的学者对此又持有怎样的态度？笔者选取对德国法中的"个案规范"理论与英美判例理论中的"裁判理由"进行比较研究，分析裁判规则与案件事实之间的辩证统一关系。

（一）法律问题与事实问题相分离

在普通法国家，探讨"判决理由"中的"理由"时需要辨明判决理由中的实质性问题。在普通法国家，遵循先例原则中的判决理由（ratio decidendi）之"理由"（ratio）指的是普通法国家判决书中的判决理由之核心部分，也是后案法官在理解、援引和使用判例时据以辅助思考的判例的核心。尤里乌斯·斯通教授曾探讨过普通法系国家遵循先例原则以及其中的区别技术，指出其中的核心问题在于：在遵循先例原则之下，这种"无休止的改变的过程"怎样与普通法下"权威的原则和遵循先例的规则相调和"[①]。也即在遵循先例的制度中，究竟是哪些核心的要素使得这种遵循先例的不变符号转变成一种不断保持变化的机制。普通法在应对全球扩张这一新时代挑战时，需要从普通法中所蕴含的使之不断发展的原则中寻找答案，即经由遵循先例原则与区别技术来回应不断出现的新的疑难问题，而其中的裁判理由就作为代际之间的连接：在一个含有遵循先例规则的法律制度之中，如何精确地识别和界定其中"关键的部分"将是法律生活中最深层奥秘[②]，无论判决理由包含了什么其他的含义，它都必须要包含这种遵循先例原则所要求的这种被识别和界定的关键点。[③]

在这个过程中，首要的步骤就是区分描述的判决理由和规范的判决理由。前者是描述推理的过程，以及解释判决决定的理由，后者是对这个

[①] Julius Stone, The Ratio of the Ratio Decidendi, *The Modern Law Review*, Vol. 22, No. 6, 1959, p. 597.

[②] Ibid., p. 599.

[③] Ibid.

将对后案法院产生约束力的判决推理的识别和界定。① 描述性的语句一般仅仅是对法官推理过程的一种解释,主要涉及事实问题;而规范的判决理由则用"判决理由"来指称需要我们遵循的一种前案件法官的规范性判断②,而对应着判决理由的描述性和规范性区分,我们也找到了维系"遵循先例"这一原则的系统运转的两种不同进路:一种是观察者的视角,主要描述和解释事实问题,回答当前的决定是如何与先前决定联系起来的;另一种是法院本身的行为,解决法律问题,先前的判决规定了一个对后案有约束力的规则。③

在德国,偏离判例的提交制度中严格区分"法律问题"与"事实问题"。德国《法院组织法》第121条规定,各州高等法院在这些案件中只决定法律问题而不决定事实问题,因此产生提交义务的一般前提是"对于法律问题的偏离"。④ 在德国,对法律问题与事实问题进行界分既有逻辑上也有法哲学上的意义。卢曼从系统的"分化"和"自治"视角出发解释了事实与法律作为两个不同的系统而保持自治并进而实现交流的必要性:"对于法院程序而言,文明社会(相较于古代社会)的特点在于,进入法律领域与进入事实领域的决定前提,在社会上是彼此分离的。那些能够对法律问题作出决定的机构,并不同时能判定哪些事实是真实的,反之亦然"⑤。从卢曼的系统理论看来,事实和法律这两种环境是分离的,并且不能彼此交互统治。事实上,德国法中也发展出了大量的关于法律问题的识别标准与方法。

无论是普通法系国家,还是在德国等大陆法系国家,裁判规则作为对法律问题的处理方式方法,在逻辑上是与案件事实彼此分离的,但是二者之间的分辨往往需要对"实质性事实"进行判断。

---

① Julius Stone, The Ratio of the Ratio Decidendi, *The Modern Law Review*, Vol. 22, No. 6, 1959, p. 600.

② Ibid., pp. 600-601.

③ Ibid., p. 602.

④ 参见 Hanack, *Der Ausgleich divergierender Entscheidungen in der oberen Gerichtsbarkeit*, Hamburg. Berlin: R. v. Decker's Verlag · G. Schenck, 1962, S. 244。

⑤ Niklas Luhmann, *Legitimation durch Verfahren*, 2. Aufl., Frankfurt am Main: Suhrkamp Taschenbuch Wissenschaft, 1989, S. 71.

(二) 法律问题与事实问题紧密关联

(1)"实质性事实"的判断。在普通法国家,区分判例中判决理由的实质的方法是从判例中找到并提取"实质性事实"。如若对某些事实要素进行替换并不会改变判决的结果,那么这些要素就不是实质性的事实。对此,卢埃林指出,为了发现事实之间的法律关联,必须放弃一些没有利害关系的事实,放弃一些虽然引人注目,但却没有法律意义的事实,这是显而易见的。但是对于那些剩下的、貌似相关的事实,则不需要具体处理它们,而是对它们加以分类。

(2)相似性的判断。在司法裁判过程中运用类比推理的关键问题在于区分哪些相似性和不同点与手头上的问题相关?哪些又是不相关的?对于大多数的推理目标来说,是无须区分出那些鸡毛蒜皮的东西,比如一个案件发生在星期三而另一个案件发生在星期四,或者一个案件中被告的头发是褐色的,另一个案件中被告的头发是红色的。真正重要的是区分其他有着道德和法律意义的差异,例如,在一个案件中原告的行为有助于增加事件的风险而另一个案件中并非如此,或者在一个案件中被告是政府机构,而另一个案件中被告则不是。因此比克斯提出疑问:人们怎样才能从不相关的差异中区分出相关的差异?此类判断有"客观的"基础吗?[①] 这也正是亚里士多德意义上"所谓的相同性难题将汇入相似性难题中"[②]。

以斯通为代表的诸多英美学者认为案件事实对于裁判规则的意义在于:以事实为依托来解释规则,具有更好的参照效果。[③] 案件事实对于判例中的裁判规则而言具有重要的表达和解释作用,这一点在成文法国家对判例的使用上也得以印证。不仅如此,慕尼黑大学的许内曼教授指出,法律问题和事实问题的区辨在逻辑上是简单、清晰的,但在实际区分时又

[①] 〔美〕布莱恩·H. 比克斯:《牛津法律理论词典》,邱昭继等译,法律出版社 2007 年版,第 3 页。

[②] Aristole, *Metaphysics*, 10546.

[③] 参见 Julius Stone, The Ratio of the Ratio Decidendi, *The Modern Law Review*, Vol. 22, No. 6, 1959, p. 606.

有很多困难①；而沃尔夫冈·费肯杰教授则创制了"个案规范"理论。一个案件并不是因为其中本身有哪些实质性的因素而成为判例并且具有约束力，而是因为通过将这个案件与后面案件进行分析性的比较时产生了关联，从而具有约束力。正是因为上述原因，从判例本身出发会衍生出不同种互相竞争、具有潜在可能性的有约束力的判决理由，如何限定当前案件中对于判决理由的需要以及如何选择判决理由，是进行类案判断与适用的难点所在。

（三）德国的"个案规范理论"之镜鉴

"个案规范"是从德国民法学家沃尔夫冈·费肯杰教授提出的一种从先前判例中提炼和归纳的一种具有裁判规则性质的、通过具体案件事实展现出来的法律规则。德国关于判例的性质与效力有诸多种学说。② 其中沃尔夫冈·费肯杰发展的个案规范理论被认为具有开创意义。

沃尔夫冈·费肯杰主张，理解个案规范要撇开法律、法典和法官的判决，应从需要解决和裁判的案件出发。据以裁判案件的依据是法律中的规则，法官通过这些规则的指引而对具体案件的特殊性进行处理。这些能够决定具体的待决案件的规则，就是"个案规范"。由此，个案规范就是法律中的能够将待决案件事实归入到法定的法律后果中的某种法律规则。③ 其特征表现为：

第一，个案规范的起点是需要解决的案件。法律需要回应个人或者社会的需求。对于那些完全没有争议，或者没有人在未来会担心存在争议的领域，就不需要法律的存在了。此处的"争议"，不能仅仅理解为当事

---

① Bernd Schünemann, Strafgerechtigkeit, *Festschrift für Arthur Kaufmann zum 70. Geburtstag*, herausgegeben von Fritijof Haft, Winfried Hassemer, Ulfrid Neumann, Wolfgang Schild, Ulrich Schroth, Heidelberg: C. F. Müller Juristischer Verlag, 1993, S. 314.

② 包括卡尔·拉伦茨认为判例具有"事实约束力"、卡纳里斯的漏洞填补规则、克黑勒以及罗伯特·阿列克西主张判例具有"推定约束里"，即"容许背离，但须说理"的论证负担等。相关文献参见 Claus-Wilhelm Canaris, *Die Feststellung von Lücken im Gesetz*, 2. Aufl., Berlin: Duncker &. Humblot 1983; Karl Larenz, Über die Bindungswirkung von Präjudizien, in *Festschrift Hans Schima* 247-264(1969); Karl Larenz, *Methodenlehre der Rechtswissenschaft*, 6. Aufl., Berlin: Springer 1991, S. 366; Martin Kriel, *Theorie der Rechtsgewinnung*, Berlin: Duncker &. Humblot, 1976, 243, 247ff; Robert Alexy, Die Gewichtsformel, in Joachim Jickli, Peter Kreutz, Dieter Reuter (Hg.), *Gedächtnisschrift für Jürgen Sonnenschein*, Berlin 2003, S. 773ff.

③ Wolfgang Fikentscher, *Methoden des Rechts* IV, Tübingen: J. C. B Mohr, 1977, 202.

人双方的口头或书面争议,而是一个任何人或者大多数人都会遇到的不利、困难或者不满意。每一个待判决的案件事实都需要根据法律规则、法律规范来处理。①

第二,从表现形式来看,个案规范就是已判决案件的判决理由,这些案件被作为待决案件的典范。如果个案规范来源于制定法,则不存在这样的案件典范,但即便如此,个案规范仍然是抽象出来的、根据法律文义排序的案件的判决理由,当前案件要据此裁判。由此,这些"抽象"案件的判决理由变成了待决案件的判决理由。个案规范就对应了斯通教授所讲意义上的"规范的判决理由"的核心,也即个案规范就是在解决相同案件时的判决理由。② 只不过费肯杰教授认为其个案规范的含义要比斯通的规范判决理由范围更广,具有"将来效力"或"扩张效力"。③

第三,个案规范的实质是一种法律规则,具有"实在法"的特征,个案规范的总和与整体构成了客观的法律。相比之下,成文法、习惯法和法官法都是辅助证明。④ 因此,个案规范中的规范本身就是一种裁判规则。不同于凯尔森意义上的规范的概念⑤,个案规范中的规范是指从案件中"抽象出"的规则,人们依据这些规则尽可能地符合事实,进行公正裁决。从这里出发又衍生出不同的等置理论,特别是恩吉施的具体学说和考夫曼的类比理论。⑥ 因此,个案规范作为一种法律规则,是法律的最基本的组成要素;法律条文只是实在法的构成要件。

个案规范理论的核心在于个案规范是将案件事实归入到法律后果的

---

① Wolfgang Fikentscher, Eine Theorie der Fallnorm als Grundlage von Kodex- und Fallrecht (code law and case law), *Zeitschrift für Rechtsvergleichung* (*ZfRV*), 1980, 167-168ff.

② Wolfgang Fikentscher, *Methoden des Rechts* IV, Tübingen: J. C. B Mohr, 1977, S. 202.

③ Wolfgang Fikentscher, Eine Theorie der Fallnorm als Grundlage von Kodex- und Fallrecht (code law and case law), *Zeitschrift für Rechtsvergleichung* (*ZfRV*), 1980, S. 168.

④ Ibid.

⑤ 凯尔森对于 Norm 和 Rechtssatz 的区分是基于对法律的正义关系的另一种观点。因为凯尔森认为正义问题与法律问题并不相同,因此他必须将法律的应然诫命(Sollensgebot)从正义命题中抽离出来。由此他将法律中的应然规定(Sollenssatz)称为规范(Normen);与此相区别,他将法学中没有应然特征(Sollenscharakter)的陈述句称为法律条文(Rechtssatz),如"合同违约将导致损失赔偿"。

⑥ Karl Engisch, *Die Idee der Konkretisierung in Recht und Rechtswissenschaft unserer Zeit*, Heidelberg: Winter, 1953; Arthur Kaufmann, *Analogie und Natur der Sache*, Heidelberg: R. v. Decker & C. F. Müller, 1982.

一种法律规则。其特征包括:首先,个案规范以遵循先例原则为保障。该理论内核在于通过对于单个案件中裁判规则的规范性提炼,使其具有对后案的具体指导性,从而实现司法裁判的一贯性并凝结司法裁判智慧。其次,个案规范以案件事实的个性化和特殊性为特征。从语言风格上讲,个案规范具有概括性较弱的特点,尽可能尽述对于案件具有实质影响的事实情节,但是这种表述对于后案法官而言,不仅不会在阅读中遗漏关键点,而且更加便于其将当前案件与判例案件进行比较,因此具有参照性很强的特点。再次,个案规范数量庞大,"一事一规范"。由于个案规范具有较为具体、抽象性较低的特点,因此每一则判例均能提炼出至少一条个案规范作为裁判规则,因此作为法官赖以裁判的依据,个案规范的数量远远大于裁判要旨。最后,个案规范理论涵盖实体法和程序法。个案规范并不仅仅指涉实体法中的权利义务关系,而是对于程序法中,包括举证责任在内的诉讼内容也有涉及。个案规范是在成文法中提炼的法律规则的基础上,与案件事实的一种融合和再表述。

普通法系国家判例制度中的判决理由与大陆法系判例理论中的个案规范理论在对裁判规则与案件事实关系的处理上存在相同之处:二者都指向一种据以裁判的规则,这种裁判规则之于法律规范更像是柏拉图所谓的"理念"之于其现实中的载体和投射。当然,基于法律问题与事实问题之间复杂而密切的关系,裁判规则也必然呈现与案件事实千丝万缕的联系。正如卢埃林指出的,"为了使任何一个一般性命题——无论是法律规则,还是其他规则——具有意义,具体的例证、具体例证的积累,当前对诸多具体例证的鲜活记忆,是必不可少的。如果没有具体的例证,一般性命题会成为阻止前进的累赘、障碍和废物"[①]。实质性事实的判断确实难有准确、可描述的标准,因此需要围绕事实与法律之间的分析性关联来抽象出裁判规则,而事实本身也构成了搭载裁判规则的载体。

综合看来,判例中的裁判规则并不同于引导语或者裁判要旨,其抽象的含义更像是普通法系判决理由中的"理由"或者民法法系个案规范理论中的"个案规范",它是法官在判决当前案件时从先前案件中抽象出的一种据以裁判的规则。

---

① 〔美〕卢埃林:《荆棘丛:关于法律与法学院的经典演讲》,明辉译,北京大学出版社2017年版,第4—5页。

三、司法案例中裁判规则的类型及功能

正如王彬根据图尔敏论证图示得出的结论所说,"法律命题并非是绝对的、永恒正确的推理前提,而具有可辩驳的特征,必须通过加强支援和排除反驳,才能确保法律命题在个案中的证立"①。笔者认为,在司法实践中,判例中裁判规则因法官援引判例时的目的与需求不同,可以分为解释型裁判规则、回应型裁判规则及参照补强型裁判规则。其中,解释型裁判规则能够对法律的概念语词进行精确化和具体化,即起到法律解释的功能;回应型裁判规则能够对于法律原则的使用进行规范,发挥的主要是法律续造的功能;而补强参照型裁判规则对于案件的正当性检验提供参照和印证,发挥论证补强的功能。

(一)解释型裁判规则及功能

解释型裁判规则是对法律概念的模糊地带进行界定。为了对法律规范中的语词有准确和一致的理解,必然通过对判例的类型化处理,从而对语词的概念晕进行解释,由此形成的裁判规则可以称为解释型裁判规则。它本身是对于类型化案件的法律解释的固化,法官援引判决是为了强化既有的认识,并作为论证的补强。以德国联邦宪法法院在其 BVerfGE 126,170 号判决中对于"财产"概念的界定为例,其中涉及对案件中一种"可期待的财产增长的失望"是否构成了背信罪中财产损失的评价。判例认为背信罪中的"不利"主要是指嫌疑人的行为不会实现具体的、必然的财富增加。因此当时的德意志帝国法院将由不作为导致的利息收入的损失也视为与构成要件相关的不利。② 在我国的司法实践中,法官检索案例的动因往往是希望找到解释型裁判规则。以"深圳市快播科技有限公司、王欣等传播淫秽物品牟利案——网络视频缓存加速服务提供者构成传播淫秽物品牟利罪的认定"提供的裁判规则为例,网络信息服务提供者,其缓存服务器在调度服务器支配下下载、存储并上传淫秽视频的行

---

① 王彬:《案例指导制度下的法律论证——以同案判断的证成为中心》,载《法制与社会发展》2017 年第 3 期。

② 参见德意志帝国法院判决 RG, Urteil vom 10. Juli 1888, GA 36 (1888), S. 400。

为,属于传播淫秽物品的实行行为。① 该裁判规则系对《刑法》第 363 条第 1 款、第 366 条罪名中传播淫秽物品这一行为的界定进行的解释,属于典型的解释型裁判规则。

(二) 回应型裁判规则及功能

回应型裁判规则也可以理解为创制型的裁判规则,是对新型、疑难案件中所提出法律问题的回应。在新型案件或疑难案件中,事实证据与法律规定均清楚明确,但法官依据既有的法律规范难以作出公正的裁判,或者处理依据法律规定可能导致畸轻、畸重等严重不公正后果的案件,此类裁判规则属于法律续造,也是对法律规定的一种纠正和补救。回应型裁判规则是对法律原则的运用进行的界定和规范,既涉及各部门法中的原则性条款、兜底条款,也涉及公平正义、社会价值观等宏观正义观念如何参与司法实践的应用问题。此时回应型裁判规则为法律原则使用的一致性提供辅助。以"王立军非法经营案"为例,内蒙古巴彦淖尔市农民王立军无证照非法收购、贩卖玉米的行为是否构成《刑法》第 225 条规定的非法经营罪? 经查明,王立军"非法经营数额 218288.6 元,非法获利 6000 元",且有自首情节。原审及再审中对案件事实和证据均无异议,依据《刑法》规定,其行为具备"未经粮食主管部门许可及工商行政管理机关核准登记并颁发营业执照"的情节,且"数额较大",单纯依据字面解释似乎可以视王立军构成非法经营罪。② 该案件引起巨大社会反响,原因在于社会公众认为法院判决畸重,争议焦点的实质在于对非法经营罪中"社会危害性"大小的判断很难有具体的判断标准。再审中,王立军的辩护人主张原判决"不符合刑法谦抑性原则",法院采纳了辩护人的意见,可以说最后的判决结果实际上是综合公平正义以及刑法中的主要法律原则。该案件的裁判规则"没有办理粮食收购许可证及工商营业执照买卖粮食的行为违反了国务院《粮食流通管理条例》的有关规定,但尚未达到严重扰乱市场秩序的危害程度,不具备与非法经营罪列举的情形相当的社会危害性和刑事处罚的必要性。适用非法经营罪中兜底性条款的相关行为需要法

---

① 最高人民法院中国应用法学研究所编:《人民法院案例选》2017 年第 10 辑总第 116 辑,人民法院出版社 2017 年版,第 15 页。

② 参见该案一审判决书:内蒙古巴彦淖尔市临河区人民法院(2016)内 0802 刑初 54 号(2016 年 2 月 14 日)。

律、司法解释明确规定,不得扩大适用"①。该规则看似是对《刑法》第225条所做的司法解释,但实质上是运用刑法原则与公平正义原则对裁判结果进行了矫正,属于回应型裁判规则。因此,回应型裁判规则作为裁判的依据,属于法官的司法创制活动,此类裁判规则的性质更似直接的法律渊源,属于典型的法官造法并获得后案的遵循。后案法官主要从先前这一法官创设出的规则中获得本案据以裁判的依据。

(三)补强参照型裁判规则及功能

补强参照型裁判规则的适用是为了验证本案裁判的正当性以及表明该裁判结果。它往往既是对相似案件应当相似裁判的实质正义要求的一种检验,也是司法论证的一种补强。补强参照型判例的裁判规则往往不是创新的裁判规则,主审法官认为法律规范和判例提取出的裁判规则在内容上是同一的,能够彼此印证,此时援引判例是为了证明判例中对裁判规则的使用与本案相同,本案对裁判规则的理解正确。因此此时是一种演绎推理裁判规则和类比推理裁判规则之间相互印证的过程。法的安定性一致性价值往往是通过判例的参照比对而实现的。此时,补强参照型裁判规则为案件的裁判提供的参照标准满足了外部证成环节中的正当性与一致性检验的需求。

四、裁判规则在德国的运用

在民法法系的德国,区分判例中的裁判规则具有实际的意义和作用。为了对法律的理解和适用进行统一,也为了更好地通过司法活动发展法律,德国法中包含了偏离判例的提交报告制度,根据该制度,法官在审理当前案件时,如果意欲偏离先前判决,则应当将案件进行提交。此时就涉及了前文所述的通过对法律问题与案件事实的分析性分离来实现裁判规则的提炼与比较。笔者以德国《刑法典》第240条"强制罪"三则案例,解释说明司法案例如何借助裁判规则助推法律的发展。

---

① 最高人民法院中国应用法学研究所编:《人民法院案例选》2017年第8辑总第114辑,人民法院出版社2017年版,第50页。

(一) 德国偏离判例的报告制度

1. 判例偏离的含义

为了更好地实现法律适用的一致性,避免不同法院作出分歧判决,德国 20 世纪 50 年代在《法院组织法》(Gerichtsverfassungsgesetz)等一系列法律的制定和修改中重提了法律的一贯性(Rechtseinheit)原则,将此前德意志帝国法院时期审判庭的"分歧提交义务"(Verpflichtung zur Divergenzvorlage)扩展到了州法院上诉审的案件中来。[①] 其要点在于当德国下级法院法官在裁判当前案件时,如果意欲偏离另一审判庭或者高级法院的先前判决,则要将争议向最高法院审判庭提交。这一"偏离判例的报告义务"在五个法院系统的程序性规定中都分别有着详细的规定。这些对于偏离联邦法院判例的情况作出了对应的程序性规定,也即判例的偏离报告义务(Vorlegungspflicht 或 Vorlagepflicht)。[②]

具体而言,首先,在联邦一级的法院体系中,如果五个联邦最高法院(普通法院、行政法院、财税法院、劳动法院和社会法院)想要偏离另一个最高法院的判例,则需要将分歧向最高法院联合大审判庭提交。其次,在联邦最高法院内部,如果联邦最高法院的某个审判庭想要偏离另一个审判庭的判例,需要将案件向大审判庭(Großer Senat)提交(其中五大法院系统的程序性规定分别见德国《民事诉讼法》第 132 条第 2 款[③]、德国《行政法院规章》第 11 条第 2 款[④]、德国《劳动法院法》第 45 条

[①] Jügen Wolter, *Systematischer Kommentar zur Strafprozessordnung Mit GVG und EMRK*, Band IX GVG, 4. Aufl., Köln: Carl Heymanns Verlag, 2013.

[②] 在法院组织法中的偏离判例提交义务的表达通常有 Vorlegung 和 Vorlage 两种形式。其中提交义务(Vorlagepflicht)在德国民法中还有另一个常用的含义,指的是民法中债权人有将证明文书依约交付债务人的义务,使用于有价证券,参见 Brockhaus, *Studienlexikon RECHT*, 3. Auflage, Müchen: C. H. BECK, S. 1341-1342。

[③] 132(2) Zivilprozessordnung, Der vorbereitende Schriftsatz, der eine Gegenerklärung auf neues Vorbringen enthält, ist so rechtzeitig einzureichen, dass er mindestens drei Tage vor der mündlichen Verhandlung zugestellt werden kann. Dies gilt nicht, wenn es sich um eine schriftliche Gegenerklärung in einem Zwischenstreit handelt.

[④] 11(2) Verwaltungsgerichtsordnung, Der Große Senat entscheidet, wenn ein Senat in einer Rechtsfrage von der Entscheidung eines anderen Senats oder des Großen Senats abweichen will. 德国《行政法院规章》规定,"当审判庭就某一个法律问题意欲偏离另一审判庭或者大审判庭的先前判决时,由大审判庭裁决。"

第 2 款①、德国《社会法院法》第 41 第 2 款②和德国《财税法院规章》第 11 条第 2 款③),由后者作出裁决。相似的规定也使用于当某个案件的终审法院是较低级别的法院时。最后,如果一个州高等法院想要偏离另一个州高等法院或联邦最高法院的判决,则需要将案件提交给联邦最高法院(德国《法院组织法》第 121 条第 2 款)。上述三种提交又因分歧是产生于法院内部还是不同法院之间而被区分为内部判决分歧(externer Rechtsprechungsdivergenz)和外部判决分歧(interner Rechtsprechungsdivergenz)。④ 对于这两种分歧的提交和答复,构成了德国法院的偏离判例的报告制度的基本内容。

将与先例的法律观点不同的案件向上级法院提交报告,既是下级法院的一种义务,也是其表达自身观点、提请上级法院重新思索其先前裁决的一种权利。德国《法院组织法》第 132 条第 2 款和第 4 款的两种不同的"提交"前提,学术界将其区分为"基于分歧的提交"(负有提交的义务)和"基于原则的提交"(享有提交的权利)。

第一,所谓"基于分歧的提交"(Divergenzvorlage,132 Abs. 2 GVG),是指如果一个法官在某一个法律问题上想要偏离其他审判庭的先前判决,则他有义务将案件和争议提交给民事大审判庭,由后者进行裁量和决定。此时的提交是法官基于程序法中的相同案件的分歧意见需要提交的明确规定负有的提交义务(Vorlegungspflicht)。

第二,所谓"基于原则的提交"(Grundsatzvorlage 132 Abs. 4 GVG),是指如果认为有助于法律观点的续造或者对于保障司法的统一具有必要

---

① 45(2) Arbeitsgerichtsgesetz, Der Große Senat entscheidet, wenn ein Senat in einer Rechtsfrage von der Entscheidung eines anderen Senats oder des Großen Senats abweichen will. 德国《劳动法院法》规定,"当审判庭就某一个法律问题意欲偏离另一审判庭或者大审判庭的先前判决时,由大审判庭裁决。"

② 41(2) Sozialgerichtsgesetz, Der Große Senat entscheidet, wenn ein Senat in einer Rechtsfrage von der Entscheidung eines anderen Senats oder des Großen Senats abweichen will." 德国《社会法院法》,"当审判庭就某一个法律问题意欲偏离另一审判庭或者大审判庭的先前判决时,由大审判庭裁决。"

③ 11(2) Finanzgerichtsordnung, Der Große Senat entscheidet, wenn ein Senat in einer Rechtsfrage von der Entscheidung eines anderen Senats oder des Großen Senats abweichen will. 德国《财税法院规章》规定,"当审判庭就某一个法律问题意欲偏离另一审判庭或者大审判庭的先前判决时,由大审判庭裁决。"

④ Fritz Baur, Der Gedanke der Einheitlichkeit der Rechtsprechung im geltenden Prozessrecht, JZ 1953, 26ff. 参见陈兴良主编:《中国案例指导制度研究》,北京大学出版社 2014 年版,第 718 页。

性,则"可以"将具有法律原则意义的问题向大审判庭提交。卢佩从法律文本的措辞角度出发,将这两种提交类型总结为前者是具有强制性质的提交,后者是相关审判庭基于审判实践需要自行作出的提交。①

2. 产生报告义务的前提

德国《法院组织法》第121条规定,各州高等法院在这些案件中只决定法律问题而不决定事实问题,因此产生提交义务的一般前提是"对于法律问题的偏离"。在此,所谓"对于法律问题的偏离"包含了两个核心要素:一是提交案件的法院有对先例进行偏离的打算和充足的理由;二是提交的争议问题应当至少包含法律问题,而不能仅仅是事实问题,否则下级法院应当通过上诉制度而非提交制度来寻求救济。由此,理解提交义务的前提条件需要厘清以下几个具体问题。

第一,法律问题的含义和范围。

在德国,对法律问题与事实问题进行界分既有逻辑上也有法哲学上的意义。从卢曼的系统理论看来,事实和法律这两种环境是分离的,并且不能彼此交互统治。唯有如此,程序才能从社会压力中解放出来,并且产生导向基础变换的内在可能性。在程序的决定语言中,自治的条件潜在地表达了法律问题与事实问题在形式上的严格区分,尽管二者在个案中仍然互相制约②和混合。而法律问题和事实问题的区分的功能意义也影响了法学的理论。因为其向更深处指向了规范和事实(Norm und Wirklichkeit)、应然与实然之间的根本区别。正是法律哲学中深层次地将法律问题和事实问题之间予以严格界分的理念,使法律问题的识别和解决成为提交制度的核心问题之一。

所谓"法律问题",指的是法律的解释和使用问题,主要包含两种情况:一是在法律解释(Auslegung)之外仍有不确定的法律概念存在;二是指对一般经验条款(Erfahrungssatz)的内容和范畴的确定。③ 当法律中规定符合提交要求的必须是"法律问题"(Rechtsfrage)时,其用意是将其

---

① 卢佩:《司法如何统一?——以德国联邦最高法院判例为实证分析对象》,载《当代法学》2014年第6期。

② Niklas Luhmann, *Legitimation durch Verfahren*, 2. Aufl., Frankfurt am Main: Suhrkamp Taschenbuch Wissenschaft, 1989, S. 72.

③ Jügen Wolter, *Systematischer Kommentar zur Strafprozessordnung Mit GVG und EMRK*, Band IX GVG, 4. Aufl., Carl Heymanns Verlag, S. 449. 相关的判决如BGHSt 22, 192(195)、BGHSt 22,341(343)。

反义词"事实问题"(Tatfrage)排除在需要衡平的情况之外。① 之所以要求提交的必须是(或至少包含)法律问题,是因为当一个上诉判决与另一个上诉判决相偏离时,如果因为它仅仅偏离了一个事实问题而被拒绝开启衡平程序,那么就意味着在先前判决和当前判决这两个判决中必然至少有一个存在着错误②,此时则应通过德国程序法中的上诉审查程序而非偏离判例的报告制度予以救济。也即,辨别"法律问题"的特征之所以也重要,是因为它直接决定了在这些程序中到底是关于彼此冲突的上诉判决之间的衡平还是关于一个上诉的许可。③ 这也表明了偏离报告制度是上诉制度之外的一种具有重要补充功能的制度。

第二,法律问题的识别标准和方法。

法律问题和事实问题的区辨在逻辑上是简单、清晰的,但在实际区分时又有很多困难。④ 往往存在情况是"一个问题在上诉权(Revisionsrecht)框架内究竟是法律问题还是事实问题,本身又是一个法律问题"。⑤ 对此,Schünemann教授认为,法律问题和事实问题的界限往往并不与事实问题及其上诉范围的界限相一致。因为立法者,确切地说在最高法院在创设或者解释其上诉权的时候完全可以将法律问题的部分(比如量刑)解释为不可上诉或者将事实问题的部分(比如明显的事实)解释为可上诉。⑥ 因此,事实问题与法律问题之间的区别在实证法意义上的重要性并不是通过其在上诉领域的区别意义所决定的,毋宁是要寻找更宽阔的检验步骤。因此,在判断法律问题和事实问题之间的区别时有两种可资使用的判别标准和方法。

---

① Hanack, *Der Ausgleich divergierender Entscheidungen in der oberen Gerichtsbarkeit*, Hamburg · Berlin: R. v. Decker's Verlag · G. Schenck, 1962, S. 137.

② Ibid., S. 140.

③ Ibid., S. 137.

④ Bernd Schünemann, Strafgerechtigkeit, *Festschrift für Arthur Kaufmann zum 70. Geburtstag*, herausgegeben von Fritijof Haft, Winfried Hassemer, Ulfrid Neumann, Wolfgang Schild, Ulrich Schroth, Heidelberg:C. F. Müller Juristischer Verlag, 1993. S. 314.

⑤ Ulrich Schroth, Der Ausgleich divergierender obergerichtlicher Entscheidungen, *JR* 1990 Heft 3, S. 95.

⑥ Bernd Schünemann, Zum Verhältnis von Norm und Sachverhalt bei der Rechtsanwendung, von Ober- und Untersatz im Justizsyllogismus und von Rechts- und Tatfrage im Prozeßrecht, im *Strafgerechtigkeit Festschrift für Arthur Kaufmann zum 70. Geburtstag*, herausgegeben von Fritjof Haft, Winfried Hassermer, Ulfrid Neumann, Wolfgang Schild, Ulrich Schroth, Heidelberg: C. F. Müller Juristischer Vertrag,1993, S. 314.

其一,检验是否侵害了法律规则。提交每一个判决的前提都在于确信先前判决违背了法律的规定。只有当上诉机关明示或者默示一个问题涉及了对法律规则的触犯,才产生了法律问题。

其二,检验该问题能否与案件的具体情况相分离。"当对一个规则的表述无法与案件的具体情况相分离时,则这个争议问题不是法律问题,而是一个事实问题,而且这里也不存在需要上级法院裁决解决的争议"①。因此,"法律问题"的特征就与"法律命题"的标准有关,后者可以被理解为一个对于个案生效的抽象的法官认知。因此关键之处在于:当法官在一个判决中构造了一个语句,其符合了"普遍指导性"(richtlinienmäßig)的标准,并且可以在大量类似案情的案件中获得使用,此时它就成为一个提交程序中的"法律问题"②;据此,"事实问题"只使用于一次性的、特别的,不具有指导意义的,不能在其他案件中获得使用的问题。③

第三,法律问题的"同一性"问题(Identität)。

如何识别和检验下级法院所提交案件中的法律问题与先前判决中的法律问题是否为同一个问题;或者虽然不是同一个问题,但两个问题具有横向的可比性,从而可以被用来进行比较和验证。此谓法律问题的同一性命题。施罗斯教授认为法律问题的一致性问题又包括了两个问题域:第一个问题域是,我们是否可能通过解释不同的法律规范而解决同一法律问题?这又被称为是**法律问题同一性问题方面的"超越问题"**(**Transzendierungsproblem**)。比如如果德国《刑法典》第 248 条 a、第 263 条第 4 款、第 265 条 a 第 3 款和第 266 条第 3 款所规定的"赌资的轻微性"(Geringwertigkeit)具有相同的评价意义,也即都是为了保证轻微犯罪在法律规定的范围内只有依申请或者触犯公共利益时才会被追诉,而此时如果这一要件在前后两个案件中被从完全不同的进路中被处理,此时虽然涉及的法律规定并不相同,但是仍然会产生一个使得法官负有提交义务的"分歧"(Divergenz)。④ 第二个问题域在于,如果虽然法律问题

---

① Hanack, *Der Ausgleich divergierender Entscheidungen in der oberen Gerichtsbarkeit*, Hamburg · Berlin: R. v. Decker's Verlag · G. Schenck, 1962, S. 140-141.
② Ibid., S. 141.
③ Ibid.
④ Ulrich Schroth, Der Ausgleich divergierender obergerichtlicher Entscheidungen, *JR* 1990 Heft 3, S. 97-98.

的分歧是基于同一个法律规范,但是可以确信当前存在的这个差别,是因为法律的规定所针对的情况有所不同,是否可以作为偏离报告义务的正当豁免情况,对此答案则是肯定的。也即两个案件中对于法律问题的理解和使用是否有冲突,并不取决于二者是否援引和指向同一法律条文。法律问题的"同一性"问题所解决的是当前和先例中的法律问题是否具有横向可比较性以及是否具有提交价值的问题。

第四,法律问题的"显著性"(erheblich)。

所谓法律问题的"显著性"问题,是指只有当这个将要被偏离的法律意见在先前的判决中获得了使用,并且该法律意见在当前案件中具有显著性时,才产生提交义务。换言之,支持先例的诸多理由中,只有对"立论理由"(tragende Gründe)的偏离,才能正当化一个提交程序,这一点在历史和教义学的意义上都已经被广泛接受。① 对主要理由的偏离才是法律上有意义的偏离,从而需要启动衡平程序由上级法院来进行裁判。言下之意是,如果只是对之前裁判细枝末节的改动,那么并不需要提交程序。

第五,区别法律意见的"分歧"与"差异"。

所谓对于判例的偏离,其前提应当是对法律问题的看法上存在"分歧"(Widerspruch),而非狭义地理解为相似案件的判决结果所呈现出的"差异"(anders)。此时的难点就在于如何判断司法判决及其论证能够与另一些司法判决和论证有根本的矛盾(分歧 Widerspruch),而非仅仅呈现出不同。在此要首先在逻辑上排除狭义上的不同司法判决。因为所有的案件都是独一无二的,没有案件具有相同的当事人和相同的案情。② "显然,在逻辑上,判决的结论之间通常是不会出现矛盾的,只有两个判决针对的是同一个案件的同一个个人时才可能出现矛盾。判决之间的偏离存在于,据以作出判决的根据超出独特的个案具体情况而被一般化(generalisiert)"③。因此,所谓的"偏离"只有在案件的裁判理由可以被一般化的情况下才能产生。即关于特定案件的判决和描述可以得到一般性

---

① Hanack, *Der Ausgleich divergierender Entscheidungen in der oberen Gerichtsbarkeit*, Hamburg·Berlin: R. v. Decker's Verlag · G. Schenck, 1962, S. 244.

② Lothar Kuhlen, *Die Abweichung einer Entscheidung von einer anderen und die Betrachtung des Einzelfalles*, *Juristische Arbeitsblätter*, 1986, Heft 12, S. 594.

③ 陈兴良主编:《中国案例指导制度研究》,北京大学出版社 2014 年版,第 724 页。

的论证语句。① 因此,偏离的前提应当是两个案件中可被一般化的法律规则或"个案规范"存在矛盾,而非法律结果或其他事实。

(二) 判例中的裁判规则的提炼与比较

如何回应和处理下级法院所提交的争议涉及联邦法院对不同法律见解的衡平问题。联邦最高法院需要对提交的案件进行裁断,判断其提交理由是否充足并决定是否允许其偏离先例进行裁判,此时最高法院运用的这种裁决手段就被称为"衡平"(ausgleichen)。这种衡平裁决程序的运用,目的在于对偏离先例的申请进行过滤和检验,允许和推进正确的偏离判例,同时又要防止恣意的、错误的对先例的偏离,从而形成一种良性的对于判例的监督与救济制度。以下便以德国 1969 年、1983 年以及 1995 年三个静坐示威活动是否构成《刑法》第 240 条之强制罪为例,分析何谓提交制度中"可提交的分歧"以及联邦法院是如何回应这种分歧的,从而展示德国法中对于偏离先例的监督与救济。

1. 以德国刑法中"强制罪"的理解与适用为例

德国《刑法典》第 240 条(强制)规定:

(1) 非法用暴力或以明显的恶行相威胁,强制他人为一定行为、容忍或不为一定行为的,处 3 年以下自由刑或罚金刑。

(2) 如果使用暴力或者以恶行相威胁迫使他人达到所追求的目的,被视为可受谴责的,该行为即是违法的。

(3) 犯本罪未遂的,亦应受罚。

(4) 情节特别严重的,处 6 个月以上 5 年以下自由刑。情节特别严重一般是指,行为人① 强制他人为性行为;② 强制孕妇终止妊娠;③ 滥用其作为公务人员的职权或其地位。②

其中,如何理解和适用第(2)款"使用暴力或者以恶行相威胁迫使他人达到所追求的目的,被视为可受谴责的"成为刑法理论和司法实践中的一个难点。譬如在德国参与一项民主活动,通过静坐示威和阻塞道路来表达政治诉求,是否属于该条规定的"可罚的强制"? 在面对具体案件的

---

① Lothar Kuhlen, *Die Abweichung einer Entscheidung von einer anderen und die Betrachtung des Einzelfalles*, Juristische Arbeitsblätter, 1986, Heft12, S. 594.

② 译文参考徐久生、庄敬华译:《德国刑法典》(2002 年修订),中国方正出版社 2004 年版,第 118 页。

适用和分析方面,州高等法院、联邦最高法院以及联邦宪法法院在案件的裁判上持有了不同的观点。而根据德国《基本法》第 103 条第 2 款"法的确定性原则",对于法律的适用需要明确和具体,而上述争议恰是因为法律规定的"含糊"而需要通过个案来进行具体化和明确化。由此,在涉及对《刑法典》第 240 条中"强制"的使用和认定时,对于静坐示威是否或者在何种情况下构成了对于强制罪法益的损失,需要通过联邦最高法院和宪法法院的判例予以阐明。三个判例的争议主要围绕"强制罪"中构成要件的两个方面展开:其一,"静坐"和"阻塞交通"是否属于使用"暴力"(Gewalt)的行为? 其二,如何理解"被视为可受谴责的"这一要件? 对此,有三则最具有代表性的案件:

案件一:联邦法院刑事审判庭 BGHSt23,46 号判决。[①] 1969 年,案件中的被告为了反对科隆市公交公司(KVG)涨价,组织中小学生在两条很重要的公交轨道的交汇处静坐抗议。对于这种非传统意义上的具有强制效果(Zwangswirkung)的阻碍行为是否属于《刑法典》第 240 条中的"暴力"在当时引发了争议。科隆州高等法院认为静坐阻碍交通的行为虽然是消极的身体对抗,但是满足了"暴力"的构成要件特征;而对于是否满足"被视为应受谴责的"(即"可责性"要件)问题,在当时主流观点看来由于表述过于空泛,不具有讨论的意义和可能性,仅做泛泛理解,无需具体阐述和检视。因此法院经过裁判得出"一个以阻碍交通为目的的静坐示威总是违反《刑法典》第 240 条第 2 款的"[②]结论,该法律意见被联邦最高法院接受,并获得了长时间的遵循。由此,根据 1969 年联邦最高法院的该判例来看,静坐示威阻碍交通的行为一般情况下构成了强制罪,具有刑事违法性。

案件二:这一"以阻碍交通为目的的静坐示威总是违反德国《刑法典》第 240 条第 2 款的"法律意见在面对 1983 年科隆自由周活动的裁决(BVerfGE 73,206)时遇到了新的问题。科隆州高等法院受理的被告在 1983 年的"自由周"活动中参加了一个未登记的静坐活动。德国联邦国防军计划封锁这个路段作为"发射区域",在其中布置防空导弹营。静坐示威者欲使飞机调转方向,但是他们并没有对此做认真的打算,也许只是

---

① BGH, 08.08.1969-2 StR 171/69.
② OLG Köln, NStZ 1986, 30(32).

有点忘形或者只是想在时间上延迟飞机的行进。结果导致飞机被延迟了一个半小时。对此案中是否也符合《刑法典》第 240 条第 2 款的情况,一审劳动法院和州上诉法院的看法截然相反。一审中劳动法院遵循以往的判例(BGHSt 23,46),以《刑法典》第 240 条"强制"为由判处被告有罪,并处以金钱罚。而上诉时州法院认为原被告并不符合强制罪的构成要件,仅仅裁判其违背了《集会法》(Versammlungsgesetz)第 29 条第 1 款第 1 项,其行为构成了违规(Ordnungswidrigkeit)但并不触犯刑法。理由是州法院认为案件中被告行为确实应当理解为使用物理武力(phychische Gewaltsanwendung),然而这种行为并不具有"可责性"(verwerflich)。因为,在这类案件中的"可责性"的确总是要考虑其所追求的远期目标(Fernziel)。① 主审法院认为应对《刑法典》第 240 条第 2 款中不确定的法律概念"做有利于被告的解释,以使其仍能与法治国原则相符"。② 因为案件中被告人行为的目的在于实现法治国家的宗旨和目的,因此行为不具有可责性。这一基本原则与州法院的观点相吻合,认为被告无罪。

案件三:联邦宪法法院在 BVerfGE 92,1(1995 年 1 月 10 日)中指出,"当示威者在街道上静坐示威,以至于他人(如军用车辆)唯有将其碾压致死方可继续前行"的行为,本质上并非暴力,将静坐行为解释为"暴力"是一种违宪的扩大解释,因为它超越了法律解释的可能界限,也违反了《基本法》中的罪刑法定原则。由此,静坐不再被视为一种暴力,从而在理论上否认了"因为静坐是广义的'暴力',所以触犯了强制罪构成要件"的论证逻辑。然而,联邦法院(指联邦刑事法院)同时又创设了所谓的"第二位列判决",并主张暴力可能存在于如下情形之中:当某一车辆在示威者前停车,然而跟随该车行驶的其他车辆则由于示威游行以间接正犯的方式受到了暴力强制(BGHSt 41,182)。此时间接正犯为示威者,其工具为停在第一位的军用车辆,排在第二位列的其他车辆为受强制的被害人,也就是说联邦刑事法院的判决虽与宪法法院判决一致,肯定了示威者的暴力并非针对军用车辆,但又创设了针对其后的车辆的间接暴力的可能性。由此,静坐阻碍交通的行为从新的意义上具有了可罚性。以下表总结了三个判例之间的分歧。

---

① OLG Köln, NStZ 1986, 30(31).
② OLG Köln, NStZ 1986, 30(32).

表 1　德国《刑法典》第 240 条第 2 款"强制罪"的理解与使用

	静坐行为是否属于"暴力"？	是否需要考察"可责性"？	静坐能否被理解为"第二位列判决"？	静坐行为是否可罚？
BGHSt 23,46	是（扩张解释）	不关心	未讨论	可罚
BVerfGE 73,206	是（扩张解释）	有争议,因为需要考虑"远期目标"	未讨论	不可罚
BVerfGE 92,1	不是（扩张解释违宪）	不是（远期目标很难考察）	是（因为通过第一辆车阻碍了第二辆车）	可罚

2. 对提交案件的检验和受理

前述提到了判断案件是否符合"偏离判例提交"的标准,科伦教授在此基础上总结出了五步骤的检验方法①,以下参照此方法,并以静坐案件为例,展示联邦最高法院对于提交的案件采取的检验步骤：

（1）在先前判决的论证中将一个法律语句 R1 作为基础。在此,判断科隆州高等法院（OLG）是否有意偏离 BGHSt 23,46 的判决首先要回答的问题是"先例 BGHSt23,46 中的法律观点 R1 是什么"。此处的 R1 可以理解为一种当时法院审理案件时的裁判规则。根据科隆州高等法院的判决,R1 是："故意妨碍交通构成《刑法典》第 240 条第 2 款的违法行为"。该判决在学说和司法实践中都被理解,而且联邦最高法院还曾将该解释誉为"理由充分的"（begründet）。② R1 是一个法律语句。

（2）R1 对于先前判决是具有显要意义的（erheblich）。科隆州高等法院在判决中明确表示赞成 BGH 此前的观点,从而侧面肯定了这一前提,该理由对于判决是具有重要性的。

（3）在当前判决论证中应当以一个法律语句 R2 作为基础。此处的 R2 可以理解为科隆州高等法院审理案件时运用的裁判规则。科隆州高等法院的观点可以总结为：如果对于案件情况没有经过一个有价值的权衡时,故意阻碍交通并不构成《刑法典》第 240 条第 2 款的违法。

（4）R2 对于当前判决是具有显要意义的。R2 对于科隆州高等法院当然也是重要的。只有如此被告才能够符合《刑法典》第 240 条第 2 款的

---

① Lothar Kuhlen, Die Abweichung einer Entscheidung von einer anderen und die Betrachtung des Einzelfalles, *Juristische Arbeitsblätter*, 1986, Heft12, S.594.

② BGH StV 1986, 297（298 unterl）.

构成要件,该构成要件还被作为合宪性审查对该案发挥作用。

(5) R1 和 R2 导致了对于新案件的不同判决。R1 和 R2 的区别是否对于科隆高等法院提交的这个案件的审判具有显著的意义。因为它为了驳回检察机关的上诉,因此采取了 R2 而不是 R1 的观点作为基础。

在经过以上五个步骤的分析之后,收到提交申请的德国联邦法院将会作出判断,是否受理其提交。从案件中准确提炼裁判规则,对判断两个案件之间法律同一性以及案件之间区别的"显著性"具有重要作用,是偏离判例报告制度的重要环节。法官对裁判规则的抽象能力决定了其运用判例进行裁判的能力。

五、结　语

裁判规则是法官在使用判例时的关键环节。在我国案例指导制度中,明确裁判规则的性质、类型与特点,是进行类案比较的前提。裁判规则与案件事实在本质上是严格分离的,但由于判例属于"一事一规则",因此判例中的裁判规则常常要借助案件事实得以表达。根据裁判规则要满足的不同功能区分为解释型、回应型和补强参照型裁判规则,这是判例中裁判规则常见的表达与作用方式。

随着最高人民法院《〈关于案例指导工作的规定〉实施细则》《关于完善人民法院司法责任制的若干意见》等的出台以及一系列指导性案例的发布,我国案例指导制度的建设和发展进入了新的阶段,案例指导制度的建设和发展必然依赖方法论的构建。明确判例中发挥作用的核心是裁判规则,运用科学的手段辅助法官提取和适用判例中的裁判规则,不仅有助于在司法实践中使指导性案例发挥更大效能,助力案例指导制度在我国的蓬勃发展,更将有助于推动《最高人民法院司法责任制实施意见(试行)》的贯彻落实。

第七章　司法实践中的类案类判机制

在全面深入推进司法改革的背景下，最高人民法院出台了《最高人民法院司法责任制实施意见（试行）》，该试行方案已经于2017年8月1日起施行。为了具体落实"让审理者裁判，由裁判者负责"的要求，最高人民法院此次创设了许多新的审判监督和审判管理举措，其中就包括类案与关联案件检索机制，即"承办法官在审理案件时，应当依托办案平台、档案系统、中国裁判文书网、法信、智审等，对本院已审结或正在审理的类案和关联案件进行全面检索，制作类案与关联案件检索报告"。同时，互联网时代给司法领域也带来了深刻的变革，大数据和人工智能正在迅速渗透到法官审判的各个环节，"互联网＋司法"下的智慧法院如潮水般涌现。受益于技术变革的浪潮，司法类案的功能更加凸显，查找和检索类似案件不仅成为规范法律适用以实现"类案类判"的重要抓手，而且也在事实上改变了法官日常审判活动的行为模式。

随着大量裁判文书的上网和案例数据库的建立，司法类案将在司法活动的各个环节得到广泛应用。首先，它起到了某种"过滤器"的作用，当事人及其代理人可以通过法院的类案数据平台查阅类似案件的判决结果，大量案件将在诉前甚至立案前就被排除出去，由此极大缓解了目前法院"案多人少"的矛盾和法官的办案压力。其次，它将成为法官手中的"平衡阀"，在法律规定缺漏、不明确或有歧义的情况下，类案的审理思路和裁判规范就成为法官作出准确裁判和避免误判的重要参考。最后，它还可以在审判监督和审判管理的过程中行使"检查表"的功能，将法官的判决结果放到司法类案的数据库中进行大数据比对分析，能够在短时间内准确判断法官裁判的偏离度。

司法类案的这些预期功能需要依托于各种司法大数据平台的建立，并且还需要法院进行内部审判资源的重组和改革，从而将司法改革和信息化建设相结合,积极探索出"具有中国特色、适应时代要求的审判运行新模式"。① 对此,各地法院纷纷展开了智慧法院的建设,涌现了不少颇具特色效果良好的实践举措。笔者试图在归纳和梳理各地智慧法院建设的基础上,找到司法类案类判机制得以在"互联网+诉讼服务"的背景下被运用的内在规律,换言之,类案类判如何从理论走向实践,法院在哪个环节或阶段以及通过何种程序将司法大数据和人工智能服务融入类似案件的审理之中,而这对法院和法官的审判工作又带来了哪些明显的改变?与此同时,通过对类案类判机制走向信息化和智能化的经验分析,笔者还将提出一些反思,其中既包括以往司法改革通常都会遇到的制度协调和整体配套问题,也包括这次智慧法院建设可能面临的新问题,比如类型化审理与法官自由心证的关系,甚至还有法院数据库和人工智能服务自身的运行风险以及民众接受度的问题。对这些问题进行反思有助于我们更加理性和更加全面地审视智慧法院建设背景下的类案类判机制,在充分尊重和运用实践智慧和大数据平台优势的同时,也对作为具体正义和公正艺术的司法保持更多的敬畏。

一、司法类案机制的法院实践

2018年初,最高人民法院正式启动"智慧法院导航系统"和"类案推送服务系统"两大平台,这两套系统将极大推动全国法院系统的信息化更新,各级人民法院正在经历一场深刻的技术革命。作为案例指导制度的新近发展,司法类案成为智慧法院建设的重点实施对象,各地人民法院在引入人工智能和大数据的过程中就探索出不少行之有效的举措。这些举措主要集中在以大数据平台为支撑实现类案的标准化和统一化、打造专业化审判团队和集约化服务中心以盘活现有审判资源、充分利用法院外部资源以提高审判效率等方面。

(一) 类案裁判的标准化

推行司法类案的目标就在于最大限度做到类似案件类似处理,以统

---

① 参见李豪、董凡超:《加快推进新时代智慧法院建设》,载《法制日报》2018年1月6日,第1版。

一的裁判尺度衡量每一个相关案件,这不仅是形式公正的基本要求,也是司法公正的构成性因素。① 而要做到这一点,就必须建立起类似案例和相关案例的标准化模型,从零碎原始的案例中提炼出具有普遍使用价值的类型化因素,将其整理归纳和总结,进而产生类案的示范性效应。

从各地法院的实践来看,大概有以下几种做法:

第一,以司法大数据平台为支撑,利用裁判文书上网的便利前提,搭建司法案例数据库,为法官和当事人提供类案检索服务。提供司法类案网上查询服务可以说是各地法院进行司法大数据和人工智能建设的普遍举措,这种数据库的最大好处就是能从海量的裁判文书中以最短时间找到类似案例,大大节省了检索成本。四川省达州市达川区人民法院建立起了民事类案件指引系统,法官只需要 3 秒就可以查询到全国的类似案例。② 问题在于,如果只是一种粗放式的"关键词+案由"的模糊检索,法官仍然要对检索到的案例进行排查和筛选,很多在检索目录上排名靠前的案例可能构成实质不相关。因为判断两个案例类似的标准在于确定关键事实的比较点,在类比的过程中发现意义和事物的本质,而这需要"一种语境化和情景化的判断和认识"。③ 对此,一些法院进一步对类似案件的检索服务进行细化,研发出一套类案指引系统,它虽然也是基于海量数据库的分析,但不同于传统的简单检索,而是通过对同类案件裁判要素的量化为法官提供多维度和多案件的分析场景。④ 通过对案件事实和法律适用问题的要素化和具体化,法官对类似案件的查询就能实现精确检索。

第二,将人工智能运用到诉讼文书的生成过程,实现"类案类判"的格式化和自动化。人工智能时代已经来临,人工智能程序取代人的判断开始具有某种辨识和控制能力,韦伯在批评司法三段论时所形容的"自动售货机"似乎正以另一种方式呈现。实际上,在这之前,全国法院系统就兴

---

① 参见张骐:《论类似案件应当类似审判》,载《环球法律评论》2014 年第 3 期。
② 参见曾业:《法官"类案同判"查询只需 3 秒》,http://news.huaxi100.com/index.php?m=content&c=index&a=show&catid=18&id=979798,最后访问日期:2018 年 3 月 6 日。
③ 张骐:《论类似案件的判断》,载《中外法学》2014 年第 2 期。
④ 参见姜浩:《类案指引统一裁判标准——我省法院全国率先研发试用》,载《安徽法制报》2016 年 6 月 24 日,A1 版。在为法官提供可操作的类案裁判标准方面,苏州中院积累了较为丰富的经验,他们通过对案件情节类型和结果的提取分析,建立起具体裁判模型,为此,苏州中级人民法院的做法成功入选最高人民法院 2017 年公布的第一批司法改革案例,形成了颇具影响力的"苏州模式",参见徐清宇:《智慧审判苏州模式的实践探索》,载《人民法院报》2017 年 9 月 13 日,第 8 版。

起过一股电子化的浪潮,电脑量刑就成为当时理论界和实务界广泛热议的话题。① 时隔近10年,"电子法院"发展到了"智慧法院",人工智能开始在司法审判领域开花结果。重庆市法院在建设智慧法院的过程中搭建起"类案智能平台",通过对类型化案件要素的提取和分析,让人工智能在立案、庭审和裁判的全过程发挥作用,包括当事人通过扫描诉讼材料,自动生成起诉书,法官在对各项相关要素进行确认和核对无误之后,由人工智能程序自动生成裁判文书。② 通常诉讼文书和裁判文书的自动生成主要基于案情相对简单而且数量巨大的案件类型,这些案件具有相对确定的争议事实和法律焦点,很容易根据纠纷类型、主体责任和赔偿范围等进行格式化处理,实现裁判文书的自动生成。除了为法官提供类案的关键信息之外,人工智能加大数据的分析还能为法官的判决提供自动预警机制,以一套类案比对系统预测法官判决的偏离度。

第三,从类似案件的审理中总结审判经验,选编案例和审判指南,以统一司法管辖范围内的裁判。法官处于司法实务的第一线,最能敏锐地感觉到各种案件类型和纠纷性质的异同,也最具有把握类似案件审理规律的优势条件。以案例为载体的司法改革就是要将法官的智慧和经验上升到普遍适用的高度,正如有学者所言,"案例指导制度的本旨应当是对于法律解释的自下而上的反馈,是法官审判经验的总结,只不过为了增加其效力,确保司法统一,才由两高进一步加以确认"③。因此,由法官和法院自身主动编选类似案例以形成法官的集体理性就是法官的法律解释权的自然延伸。

在实践中,从产生类似案例的来源来看,主要有几种代表性的编选方法,一种是由上级法院分门别类统一编制某一类案件类型若干案例,以供司法辖区内全体法官学习。例如,海南省高级人民法院为了解决大量年轻法官缺乏审判经验出现"机械执法"和"书生办案"的问题,在2014年10月专门成立案例编选委员会,以最高人民法院相关案例指导刊物以及

---

① 参见冉多文:《电脑量刑能否避免同案不同刑》,载《法制日报》2006年8月2日,第5版;季卫东:《电脑量刑辩证观》,载《政法论坛》2007年第1期。
② 参见《"类案智审"、"纠纷易解"、"全域立案" 扫描重庆智慧法院建设的三张名片》,http://www.legaldaily.com.cn/locality/content/2017-11/20/content_7392577.htm,最后访问日期:2018年3月4日。
③ 陈兴良主编:《中国案例指导制度研究》,北京大学出版社2014年版,第110页。

本省的精品案例为样本，编写完成《海南法院类案参考》，以供三级人民法院法官学习参考[①]；而江苏省高级人民法院早在指导性案例发布之前就出台了江苏省高级人民法院类案审理指南，对劳动争议、建设工程施工合同纠纷等常见多发案例进行审判指引。

一种是将类似案件的审理与案件质量考核标准挂钩，通过细化评价标准对法官进行具体指引，作为最高人民法院公布的首批司法改革案例。例如，天津市高级人民法院的特色就在于在案件审理方面推行司法标准化，根据《司法标准化规划纲要》及其工作管理办法，具体制定《案件质量标准》和《裁判文书质量标准》等量化考核准则。[②]

还有一种是在法院内部通过开会讨论的方式形成针对某一类案件的裁判标准，由办理类似或关联案件的法官集中时间统一裁判规范。例如，浙江省乐清市人民法院针对危险驾驶类案件，积极总结酒精含量与量刑幅度的对应关系，并根据人身财产损失以及吸食毒品等情形制定裁判标准和量刑细则，出台了《乐清市人民法院关于办理危险驾驶罪案件裁判标准指引（试行）》。[③] 在这些类案标准化背后，体现的是不同层级和不同地区的法院和法官的经验理性，这种问题导向的法官智慧正是案例指导制度得以推行的基石。

（二）审判模式的创新

发挥司法类案的功能固然离不开类案各项要素的分解和细化，建立起统一的适用规范，同时还需要从审判人员着手，让合适的人审理合适的案件，做到"人"与"案"相匹配。在《最高人民法院司法责任制实施意见（试行）》中正式提出实行合议庭办案责任制，为主审法官＋法官助理＋书记员这种审判模式作出了示范。各地法院在此实施意见的基础上结合具体情况纷纷建立了各具特色的审判模式，这些打破传统庭室分割的新模式正是以挖掘现有审判资源为重点将"类案类判"的司法目标落到实处。

---

① 邢东伟：《海南法院探索"类案参考"破解"同案不同判"》，http://www.legaldaily.com.cn/index/content/2015-03/04/content_5986266.htm? node=20908，最后访问日期：2018 年 3 月 4 日。

② 高憬宏：《以司法标准化建设为抓手全面推进严格公正司法》，载《人民日报》2016 年 9 月 26 日，第 7 版。

③ 林向光：《常见类案裁判指引的实践探索》，载《人民法院报》2016 年 9 月 14 日，第 5 版。

为了顺应司法大数据时代的到来,许多新的审判模式开始在各地层出不穷。从实践来看,这些审判模式大体上遵循"专业化和扁平化"的设置原则,将审判人员分为员额法官、法官助理和书记员,并通过与不同类型案件的配对,最大限度实现类案审理的集中化和专业化。例如,深圳市福田区人民法院在推动审判团队改革中建立了52个审判团队,分别形成"1+2+3""1+1""1+N"三种审判模式,这种"福田模式"既能应对大量简易案件的快审速裁,也能做到疑难案件的精审细判,将过去的层叠式转变为扁平化管理,建立起了责、权、利清楚明确的业务体系。① 北京市朝阳区人民法院以专业化和集约化为抓手分别组建"1+1+1""1+2+1"和"1+N+1"的审判团队,不仅让员额法官集中精力对疑难案件分析研判,充分利用高校的法学理论资源,以实现"类案精审",同时发挥审判辅助团队的集约化优势,实现类案快审。② 黑龙江省鸡西市鸡冠区人民法院对全体法官重新编队,分为简案速裁团队、类案专业团队和难案专家团队这三个团队③,作为最高人民法院2017年确立的全国案件繁简分流机制改革示范法院,鸡冠区人民法院的人案三分法可能更值得效仿和更加简便易行。

在打造新型审判团队的过程中,如何转变院长、庭长的职能,让这些原本法院内部的精英骨干更好地服务于审判权运行机制改革,也成为此轮司法改革的重要内容。以往院长、庭长办案少并且直接或间接干预主审法官办案的情形比较普遍,加之审判委员会对相关案件的讨论,很容易造成"审者不判,判者不审"的问题。法院的纯粹审判职能和行政管理职能的高度混同已经变相扭曲了法律规定的审判制度,"一个案件的审理,实际并非承办案件的法官或合议庭最后决定,而是必须逐级上报或'请示'业务庭庭长、主管副院长,乃至院长"④。对此,此轮以司法责任制为代表的司法改革着力解决的一个重点就是将审判权真正交给合议庭和独任法官,实际上,理顺院长、庭长职能对于整合法院内部审判资源形成审

---

① 参见唐荣、周丹:《深圳法院全案适用繁简分流》,载《法制日报》2016年11月1日,第3版;黄晓云、李铁娟:《审判权运行机制改革的福田样本》,载《中国审判》2015年第17期。
② 参见黄洁:《北京朝阳法院"集约化"审案》,载《法制日报》2017年7月19日,第1版。
③ 崔东凯、张冲、邵秋迪、马文欣:《繁案精审 类案快审 小额速裁》,载《法制日报》2017年11月8日,第1版。
④ 苏力:《送法下乡——中国基层司法制度研究》(修订版),北京大学出版社2011年版,第55页。

判合力具有深远意义。

深圳市福田人民法院很早就开始新型审判权运行改革,在组建新型专业化审判团队的同时,取消庭长和副庭长的审批环节,对院领导审判案件进行去行政化。① 除了防止院庭长对案件的干预之外,重新将这些曾经的审判精英纳入审判一线,挖掘法院人力资源存量的最大潜能,也成为许多法院推进审判模式改革的一部分。江苏溧水法院结合当地交通事故案件多发的现状,专门成立交通庭,将那些拥有审判职称但没有从事审判实务的"挂空挡"法官重新编入各个审判庭,同时,将院领导和审委会委员编入案件量繁重的民事庭带头办案,形成了"溧水模式"。② 因此,在全力打造专业化审判团队的同时,改革法院领导层盘活内部资源也成为推动类案类判落到实处的重要环节。

建立专业法官会议制度,发挥法官作为审判主体的专业和经验优势,实现类案类判的沟通交流机制。尽管法官对案件的审理应该是独立的,不受外界包括法官同事的影响,但实际上法官作出裁判的过程远比我们想象中的要复杂,换句话说,即使作为最高法院的大法官,也要考虑如何对类似案件作出一贯的裁判避免司法公信力陷入危机,而不是张扬法官个性,这可能对维持人们对法治的信心更为重要。对此,如何发挥专业法官会议的类案研判功能就成为一些法院的着力点。

北京市第三中级人民法院将专业法官会议分为审判庭法官会议、条线专业法官会议和联席法官会议三个层次,根据讨论案件的难易程度和异议意见的大小,会议层次逐渐升级,参会人员一律平等,会议不形成决议,但对所研讨的类型化问题及时进行成果转化。③ 与法院审委会不同的是,专业法官会议参加者更多的是相关审判领域的专家型法官或资深法官,它对类似案件裁判标准和适用问题的研讨将更加具有针对性,既可以作为服务于裁判的咨询性机构,又可以成为法院审委会研判类似案件

---

① 参见黄晓云、李铁娟:《审判权运行机制改革的福田样本》,载《中国审判》2015 年第 17 期。

② 参见赵兴武、郑娉娉:《溧水:类案专审,实现人与案最优匹配》,载《人民法院报》2016 年 8 月 1 日,第 7 版。

③ 参见何帆:《专业法官会议不能是"高级法官俱乐部"》,http://www.360doc.com/content/16/0918/10/22741532_591668384.shtml,最后访问日期:2016 年 9 月 18 日。

的前置程序。① 因此,这种旨在交流意见和研讨适用疑难的专业会议为统一类案裁判提供了一种更接地气的制度化平台,它能够以集体理性而非自上而下的决议引导法官进行类案类判。

(三) 法院审判资源的内外整合

除了对法院中的审判因素进行专业化改造之外,司法类案在实践中的良好运行还得力于法院系统内外各种资源和环境的互动交流,正如法律社会学家卢曼所言,"法律系统是一个属于社会的、实现社会的社会性系统",并且,"作为社会性系统以及作为社会的实现,法律系统的运作具有一些不仅仅在法律系统中实现的特点"。② 因此,充分释放司法类案的潜能就不仅要从类案裁判标准和法官专业化的内部层面进行挖掘,还要为法官利用类似案件提供相应的外部条件。

继指导性案例之后,司法类案已经展露出理论与实务交流合作的良好前景,各地法院经常邀请法律院校的专家学者举办专题讲座、研讨疑难案件进行理论指导,同时,越来越多的理论研究开始从法院的实证调研中发现问题、提出对策和寻找理论与实务的对话空间。

以最高人民法院案例研究院为例,2017年针对司法类案的标准化和应用研究已经有多个项目立项,多数项目的申请者均为从事案例研究的高校教师,并且该研究院的案例研究项目仍将持续,除了法官培训之外,司法案例研究就是司法案例研究院的主业,这些连接高校与法院、学者与法官的研究课题将有助于形成司法案例的研究平台,推动案例研究资源、数据与成果的开发共享。③

法院与相关院校的案例研究不仅体现在不定期的交流和课题形式上,还表现在法院积极推动的"院校合作"和"研用同步"上,吉林省高级人民法院与吉林大学进行全面深化合作,成立了全国首家由法院与大学共同建立的司法数据应用研究中心,致力于打造专业性的法律智库,以期实

---

① 参见何艳芳:《加强研究 努力探索 促进审判质效提升:审判资源配置与审判权运行机制研讨会会议综述》,载《人民法院报》2016年6月1日,第8版。
② 〔德〕卢曼:《社会的法律》,郑伊倩译,人民出版社2009年版,第26页。
③ 参见《司法案例工作推进会发言摘登》,载《人民法院报》2017年7月30日,第2版;最高人民法院官网发布的《最高人民法院 2017 年度司法案例研究课题立项公告》,http://www.court.gov.cn/zixun-xiangqing-71572.html,最后访问日期:2018年4月28日。

现服务社会治理、服务司法审判和服务法学研究的功能。① 成都市中级人民法院与西南财经大学法学院合作,在成都市中级人民法院"司法智库大数据中心"的基础上,与校方共建"类案比对研究中心"和"法官助理培训中心",以形成"服务司法办案、服务领导决策、服务法院管理、服务教学科研"的全面双赢格局。②

学者参与案例研究的意义在于,以体系化思维从法官的裁判理由中提炼出理论和积累新的法理,通过在一些实践中有争议的问题上形成学界通说,以指引法官裁判。③ 同时,由于职业分工使然,学者更易跳出法官囿于狭隘地域和琐碎经验带来的限制,以更广阔的视角发现类案指引的内在机理。

在推行司法类案的过程中,学者贡献的是外部智识资源,而引进社会化服务从技术和管理上重新配置法院审判资源则体现了各地法院向外借力的多元化举措。在司法大数据的背景下,法院拥抱大数据和人工智能的表现即是与科技公司和互联网企业的合作,法院和法官作为法律领域的专业机构和专业人士与科技信息类企业和程序员作为互联网领域的专业机构和专业人士逐渐以司法类案为平台展开专业之间的深度融合,在法院和法官提供类似案件来源和类案裁判标准的同时,科技信息类企业提供了类案检索、类案推送、类案裁判以及类案大数据分析的技术操作指南。

成都市中级人民法院借助成都星云律例科技有限责任公司开发的类案比对软件,建立了类案对比度偏离预警机制,对于"异常"案件,系统会自动进行提示,从而实现"静默化、触发式"管理。通过购买规定范围的社会化服务,将审判法官从各种事务性工作中解放出来也是多地法院探索类案机制的一部分,广东省中山市第一人民法院将立案到归档的事务性工作外包给公司和企业,通过公开招标的方式确定具体的承包商,为法官提供送达、信息录入、庭审排期、记录统计和委托鉴定等优质服务以及提供对群众的包括登记立案、诉前调解、诉保受理、资料转递和上诉等集约

---

① 参见郭春雨:《吉林高院吉林大学就深化合作签约》,载《人民法院报》2015年10月19日,第1版。

② 参见《成都中院召开'大数据背景下的类案比对研究'课题调研座谈会》,http://cdfy.chinacourt.org/article/detail/2017/06/id/2899896.shtml,最后访问日期:2018年5月20日。

③ 参见解亘:《论学者在案例指导制度中的作用》,载《南京大学学报(哲学·人文科学·社会科学)》2012年第4期;黄卉等编:《大陆法系判例:制度·方法——判例研读沙龙Ⅰ》,清华大学出版社2013年版,第46页。

化服务。① 重庆市江北区人民法院也采取了类似做法,将所有审判辅助性事务集中归类,成立送达中心、民事财产保全中心、文书校核中心等集约化组织,并将扫描公司引入法院,专门从事文档扫描和归档工作。② 苏州市中级人民法院通过与苏州德启智能科技有限公司合作,研发出全国首个智能云柜系统,构建起了一个全方位、数字化、高效率的纸质文档智能电子管理平台,保证了审判过程中的各种材料全部留痕,可以随时备查。③ 同时,不少法院利用人民调解的优势,积极开展诉调对接,通过与当事人社区、基层政府和其他社会组织的合作,在缓解案件压力的同时,也便利了案件的分类管理。

将外部资源引入法院类案审判和审判管理之中,具有显而易见的好处:首先,它可以借助各种社会资源实现优势互补,把大量事务性和辅助性工作交给更为"专业"的人去做,将法官的工作缩减到对类似案件的判断、判决理由的论证和判决结果的确定上,从而最大限度提高法官进行类案类判的工作效率。其次,通过借助科技的力量,尽量减少法官的认知偏差,最大限度保证类案裁判的稳定性。因为随着办案数量的增加,法官的阅卷量、需要沟通的人员、裁判文书的撰写等都会增加法官的工作压力,而这些将导致法官的认知负荷不断上升,降低法官作出类案裁判的流畅度,从而增加法官裁判的不连续性和不稳定性。④ 最后,法官与学者的交流互动往往是建立法律职业共同体的重要条件,与类案标准和类案裁判相关的议题将成为连接学术与实务的纽带,从而形成构建中国特色案例制度的强大合力。

二、类案实践探索的理念转变

各地法院在类案审判方面发生的变化无疑是显而易见的,这场由大数据和人工智能主导的信息技术变革已经在司法实践中展露出巨大的发

---

① 参见《中山第一法院:以社会化解决操作性事务推进专业审判纵深发展》,http://www.gdcourts.gov.cn/web/content/40330-? lmdm=1000,最后访问日期:2018年4月30日。
② 参见陈小康、张建征、王明辉:《从粗放到精细的转型:重庆市江北区法院审判辅助事务集约改革调查》,载《人民法院报》2016年7月7日,第5版。
③ 参见林子彬:《审判如何"智慧"苏州这样装"科技大脑"》,载《人民法院报》2016年12月25日,第8版。
④ 参见李学尧等:《认知流畅度对司法裁判的影响》,载《中国社会科学》2014年第5期。

展空间,法官和当事人不仅仅受益于瞬间检索和自动服务等诉讼上的便利,更主要的是,从法官的案件审理到法院的审判管理都将经历一场制度上的"整体转换",新的审判理念和管理理念呼之欲出。

这在很大程度上也体现了法院本身的一种主动姿态,正如有学者分析最高人民法院那样,"无论是捍卫法律职业主义立场,还是迎合一时的意识形态主张,中国的最高人民法院一直都是一个理性的机构行动者,进行的是一种捍卫自身经济安全和社会政治地位的实用主义努力"[①]。然而,无论类案类判机制的实践探索是否只是一种各地法院出于维护自身利益的实用主义策略,这些回应现实需求和技术变革的行动已经带来了不一样的东西。

(一)以问题和需求为导向的司法改革

地方法院的实践探索表明以问题为导向和以社会需求为指引逐渐成为司法改革的决策依据,类案类判的目的主导了法官裁判、审判模式和管理方式的变革。当今的司法审判处于一个社会结构转型加剧和技术更新日新月异的时代,社会矛盾的集中爆发折射出民众对司法的极大诉求,法官不仅需要处理大量像交通事故、民间借贷、故意伤害和婚姻家庭等多发性传统案件,还要面对像网络侵权、环境诉讼和海外并购等诸多新类型案件。在日益严峻的案件压力之下,各级法院都必须同时处理好缓解"案多人少"的长期矛盾与做到"类案类判"追求司法公正二者之间的关系。

为此,变革原有的审判模式和案件管理方式就是法院回应自身所面临的现实问题以追求司法效率和司法公正的必经之路。从这点来看,司法大数据背景下的类案探索就是法律系统走出"传统型法"和"自治型法"的窠臼,直面现实需求,走向"回应型法"的一次集中体现,"一个回应的机构仍然把握着为其完整性所必不可少的东西,同时它也考虑在其所处环境中各种新的力量。为了做到这一点,它依靠各种方法使完整性和开放性恰恰在发生冲突时相互支撑。它把社会压力理解为认识的来源和自我

---

① See Taisu Zhang, The Pragmatic Court: Reinterpreting the Supreme People's Court of China, *Columbia Journal of Asian Law*, Vol. 25, No. 1 (2012), pp. 2-3.

矫正的机会"①。无论是打破原有庭室的界限组建专业化和扁平化的审判队伍,还是推行审判辅助事务的社会化以及加强与高校和信息科技公司的合作,中国的法院正在以缓解办案压力和统一裁判尺度为目标,努力吸纳环境外部因素融入自身发展之中。

大数据和人工智能等信息技术的出现极大便利了法院对这一双重目标的追求,类案检索、类案推送、自动裁判和裁判偏离度分析等新手段和新方法只有借助信息科技的力量才能得以完成,因此,类案类判的实践机制就成为各地法院以最新信息技术回应外部压力的一种体现。

(二) 类案的价值在于更多的使用

推动司法类案在实践中的运用本质上就是围绕案例进行加工、筛选和利用,地方探索中的所谓"苏州模式""福田模式""溧水模式"等革新反映了案例利用理念上的转变,即从"所有"走向"使用",换言之,类似案例的价值在于在更大范围内的共享和使用,而不在于由谁拥有。

互联网时代下诞生的共享经济打破了社会经济生活中以资源占有为目的的传统模式,当信息本身成为一种最有价值也最具活力的资源时,人们越来越发现,使用而不是拥有才是市场竞争的关键,在经济学理论看来,数字互联网技术和信息化生产力促成了从拥有权中心论向使用权中心论的转变,而这真正体现了合约自由和平权的本质。② 案例数据库是发挥司法类案作用实现类案类判的前提条件,它不仅仅是一种从纸质裁判文书到电子扫描文档的转变,更意味着案例本身的信息化和符号化。

尽管目前尚未形成全国统一的案例数据库,案例作为信息资源尚未成为在全国范围内自由流动的电子数据,但是,各地法院重点推进的智慧法院建设已经充分认识到案例数据库的重大意义,在以高院或中院为特定司法辖区的范围内,案例数据库的开发和应用已经在法官的类案裁判中发挥作用,比如类案裁判指引、类案比对分析和裁判偏离度预警等。

打造案例数据库背后的案例使用理念蕴藏着类案类判由地方实践走向全国的潜能,它能让那些能够统一裁判尺度的"适格"类案脱颖而出,建

---

① 〔美〕诺内特、塞尔兹尼克:《转变中的法律与社会:迈向回应型法》,张志铭译,中国政法大学出版社 1994 年版,第 85 页。

② 参见张曙光:《新经济的发展与租值理论创新——纪念〈佃农理论〉问世五十年》,载《读书》2018 年第 2 期。

立起一种"案例市场"和案例竞争机制,从而避免像最高人民法院公布的某些指导性案例那样没有约束力。① 进入这种市场机制中的案例在进行规范化和格式化之后,通过被全国各级法官频繁使用而彰显司法类案的意义。

(三) 在审判的全过程中实现人案的最佳组合

司法类案与智慧法院建设的结合带来了司法和审判管理理念的创新,各种审判资源在类案裁判的目标下得到优势重组,司法的专业化更加凸显;同时,司法活动更多地呈现出一幅前后呼应和环环相扣的整体画面,法官对类案的使用不仅仅局限于审判阶段,而是扩展到诉前、立案、庭审和审判监督等全过程。

1. 法院内部权力和职能的分工

为了迎合大数据和人工智能的司法应用,各地法院在审判模式上的创新重点体现在司法权或审判权的细化和法院事务的分类,与此相对应的是,法院人员的重新组合,做到人与事、人与权和人与责的匹配,从而"让法院更像法院,让法官更像法官"。

在改革之前,从法院内部来看,审判权与行政管理权高度混同成为制约司法公正和司法效率的重要因素。一方面,担任院庭长等领导职务的法官将大量时间和精力放在法院管理和与外界沟通等行政性事务之上②,而普通法官同样也深陷各种审判辅助事务以及其他与审判无关的琐事之中;另一方面,占有法官职位的人很少办案,甚至几乎不办案,早有报道称,在拥有法官资格的群体中,大约只有50%到80%的法官处在办案一线,中部地区基层法院办案法官的比例大约在50%左右,而东部地区基层法院的比例在80%左右,除此之外,法官花在办案上的时间只是一小部分,更多的时间用在各种非业务性活动上。③ 这种现象也导致大

---

① 参见李友根:《指导性案例为何没有约束力——以无名氏因交通肇事致死案件中的原告资格为研究对象》,载《法制与社会发展》2010年第4期。

② 无论是在普通民众的期待中,还是在律师等专业人士看来,法院院长不只是法律专家,而更应该要扮演管理家和政治家的角色,既要管理好法院内部事务,带动法官的积极性,还要对外协调好各种利益关系,为法官争取各种有利资源和福利。参见左卫民:《中国法院院长角色的实证研究》,载《中国法学》2014年第1期。

③ 参见陈磊:《只有一半法官在办案?》,http://www.legalweekly.cn/article_show.jsp?f_article_id=7703,最后访问日期:2018年6月1日。

量案件积压在某些庭室或某些法官身上,由此,法院"案多人少"的矛盾更加严重。

伴随类案裁判改革而来的审判模式和管理模式的调整,开始让法官回归审理和判断的本职工作,让那些业务能力强和审判经验丰富的法官进入员额制行列,做到"类案专审"和"类案精审",让这些法官从与审判无关的事务中解放出来,专注核心业务。

同时,在完成审判人员分类的基础上细化审判业务和审判辅助性事务的分工,真正做到"以岗定人而非以人定岗,以职能确定部门而非以部门确定职能",在区分审判事务和非审判事务的前提下,进一步划分"法官独享的审判权/职/事务与可替代的审判辅助权/职/事务"①,由员额制法官、法官助理和书记员组成的审判团队就是建立在审判事务和非审判事务、法官独享的审判权与可替代的审判权的基础之上,在繁简分流和类案类判的过程中实现人与案的最优组合。

2. 类案机制走向阶段化

审判理念和管理方式的创新还体现在司法类案机制的全流程的动态运行之中。在纠纷出现尚未转化为案件之前,类案检索服务将为当事人及其律师提供类似案件的判决分析,他们由此能够提前知晓提起诉讼可能得到的结果,这种诉前的预判能够将大量重复出现的常规案件排除在审判程序之外,当事人或者直接放弃诉讼,或者寻找其他更有效的解决方式,由此尽可能减少法院案件的增量。

到了立案阶段,通过法院审判模式的改革,那些事实简单和法律争议明确的案件将会转入适用简易程序和速裁程序,在以法官助理和书记员为主力的团队下得到尽快解决,在这种繁简分流的机制下,现有的案件存量将会得到合理的配置,司法效率将会明显提高。

真正进入到庭审阶段并由员额制法官审理的案件就需要发挥法官的专业判断,法官可以结合法院的类案指引系统和裁判指南,对类似案件进行要素化分解和争议比较点的提炼,在综合权衡之下形成公正和准确的判决结果。

在判决后的审判监督环节,法院可以利用相关软件对法官的判决进行大数据分析,计算类似案件的裁量平均值,得出法官裁判的偏离度,并

---

① 傅郁林:《以职能权责界定为基础的审判人员分类改革》,载《现代法学》2015年第4期。

将相关信息反馈给法官,从而提高法官裁判的精确性,有效制约法官裁量权的滥用。

三、类案类判司法应用的可能问题

毫无疑问,各地法院在将大数据和人工智能运用到类案类判的机制探索之中找到了不少行之有效的新举措,既有信息技术的司法应用,也有审判模式和管理方式的转变。然而,在各地法院纷纷拥抱大数据建设智慧法院的大潮中,有一些问题可能没那么想当然,或者说需要对此轮大数据背景下的司法改革进行冷思考。类案数据平台是否完全可靠?是否存在数据错漏、失误或被攻击的风险?法官是否会以类案检索结果或自动裁判结果推卸责任?普通民众能够很快接受司法类案的信息化运作吗?等等。显然这些问题并不是没有意义的"不和谐"声音,而是直接关系到当下进行的大数据的司法应用能否取得预期的效果,从深层次来看,更关系到法官的功能定位和司法权的公信力。

(一)法官缺乏对案件的完整体验

类案检索、类案推送和类案自动裁判看似便利了法官应对大量常规的多发案件,提高了审判效率,然而,法官在"减负"的同时,逐渐失去了对每个案件的全程体验,原本具有独特性的一个个当事人和事实情节,正在被贴上"脸谱化"的标签和被化约为格式化的要件。

我们知道,世界上没有两个完全相同的案件,尽管两个案件的基本事实和争议问题可能是相同或相似的,无论是判例法还是类案类判,最终的判决结果也可能就是相同或类似的,但是,法官对每个案件的自由心证的过程却是独特的,它是基于对当事人双方背景情况和案件过程来龙去脉的全面了解而形成的,更主要的是,这种建立在法官良知之上的心证依赖于特定程序下的辩论和沟通。因此,如果一味发展类案类判的大数据应用,现实情形极有可能滑向另一种机械裁判,法官的自由裁量权虽然被大大压缩,甚至取消,但是,法官也可能就更不像法官,各地各级的法院成了一个个判决工场,法官越来越像流水线上的技术工人。[①] 如此一来,吊诡

---

① 参见季卫东:《人工智能时代的司法权之变》,载《东方法学》2018年第1期。

的是,原本为了突出法官主体地位的举措将被信息技术和数据系统俘获,法院独立审判的意义逐渐丧失。

与此相关,参考类案统计数据和分析结果作出判决可能给一些法官推卸责任制造了机会,让数据说话的同时也让法官逐渐抽离于案内案外的说理和沟通,尤其对于一些所谓的棘手和难办案件,类案类判的大数据操作和技术应用就便利了法官寻求审判责任的替代,甚至成为推卸责任的借口。由于目前中国缺乏足够的职业保险制度,难以从宏观、中观和微观层面消解合法性压力,由此催生出以司法的不确定性降低外部风险和寻求非正式职业保障的现状。① 尽管类案类判旨在实现的案例指导制度能够部分缓解法院和法官的压力,但是单纯依赖信息化建设和人工智能服务的类案机制并不能从制度上和法官的行为习惯上扭转中国法官正式风险规避机制的不足,反而有可能助长法官利用数据分析和技术手段回避本应承担的责任,进而有可能加剧司法裁判的不确定性。

(二) 类案类判背后的需求差异

司法类案的信息化运作应该区分不同主体对案例的需求,法官、当事人和律师都能以各自的视角参与或影响法院的案例数据库建设,由此避免单一主体或单一视角的片面化。

尽管表面上看各地法院是这场智慧法院建设的主体,案例数据库、类案指引系统以及审判模式的革新都将法院和法官放置在现实需求的中心位置上。然而,这种以法官为中心的视角背后预设了极力追求司法效率的功利目标,这是一种以"成功为取向"的行动者态度,它容易忽视社会其他参与者的存在,造成社会关系和社会结构的紧张,而"行动之协调和互动网络之形成是借助于理解过程而进行的,就此而言,主体间共享的信念构成了社会整合的媒介。使行动者确信的,是他们所理解的并且认为有效的东西"②。从成功取向转向以理解和沟通为取向的行动者态度将有助于实现社会整合,其中,关键之处在于对某种社会实践而言,在不同主体之间进行视角转换,寻求不同主体的利益和需求的视域融合。

---

① 参见张洪涛:《中国法院压力之消解:一种法律组织学解读》,载《法学家》2014年第1期。
② 〔德〕哈贝马斯:《在事实与规范之间:关于法律和民主法治国的商谈理论》,童世骏译,生活·读书·新知三联书店2003年版,第43页。

司法类案在不同的诉讼阶段和程序中都会发挥作用,对于当前的智慧法院而言,要避免形成法官的单一视角,将当事人和律师等外部视角引入到类案机制的建设当中。事实上,无论在诉前还是诉中,不同诉讼主体对类案的需求是不一样的。

对当事人而言,他的目的是为了赢得诉讼,或者不通过诉讼也能获得自己预期的结果,因此,他所关心的是通过类案检索系统搜集到支持他的诉讼请求的类似案例,对他而言,类似案例中那些繁复的说理论证无关紧要,关键是案例中的判决结果能够符合他的预期。

对于当事人双方的律师而言,他们的任务是千方百计帮助当事人说服法官,尽可能争取诉讼优势,类似案例的判决结果固然重要,但从案例中透露出来的裁判要旨、裁判原则或裁判精神可能是更重要的,他们可以灵活运用这些抽象规范对当事人的事实情节进行加工和包装,从而以有利于当事人的形式展现出来,同时,对他们而言,通过类案检索系统查找到的本院之前判决具有特殊的意义,他们可以以法官裁判应保持一贯性和连续性的理由增加当事人胜诉的筹码。

为此,智慧法院的信息化建设就不能仅仅被缓解"案多人少"的审判效益吸引,而应该更多地注重当事人及其他主体的类案需求。

(三) 数据运行的潜在风险

当各地法院在全力建设智慧法院,积极开展信息化科技成果的转化应用时,有意无意中就忽略了数据本身是否可靠以及技术是否能解决所有问题等疑惑。类案类判的司法应用之所以能够迅速在各地各级法院铺开,部分原因在于"互联网+司法"展现了很强的技术中立性,案例的大数据分析和智能运用可以避免法官带着主观偏见对案件事实进行剪裁,选择某些支持自己先见的类案而有意回避那些跟自己预设结论不符的类案,这些通过信息技术实现的类案标准化和要素化似乎就能做到。然而,当我们继续追问这些数据库的数据从何处来、数据分类和检索的标准本身是否可靠以及在裁判过程中出现问题如何处理等问题,现有的法律规范和制度框架显然并没有做好相应的准备。

在法院与各类软件开发公司和科技信息企业合作的过程中,如何生成类型化的案例、如何检索类似案例、如何操作这些软件和智能产品等都将取决于这些数据承包商和软件开发商,随着法官的工作逐渐缩减到"类案精审"之上,对类案的前期剪辑和使用规则的制定很大程度上就脱离了法官的控制,实际上变成了算法或者软件程序在决定后续的判决结果。随之而来至少会有两个问题需要考虑:其一,如何监督这些数据承包商和软件开发商的行为?对于大数据和人工智能的技术应用,法院和法官都处于技术知识的边缘地带,即使对于一些具有敏锐嗅觉的律师而言,许多法律人工智能系统除了开发者之外,就是一个个"黑箱",他们根本不知道这些智能程序如何作出判决,由此面临的是一个想监督而不能的境地。①一旦出现当事人和律师基于对数据系统的信任而作出错误的选择并遭受损失,应该向谁主张责任,能否向这些技术公司索赔呢?再假设法官基于同样的错误作出了不恰当的判决,或者是因为数据库沿袭了类案素材本身的瑕疵,或者是因为数据运行过程的疏漏或失误,则法官是否应该受到责任追究?诸如此类的问题都极有可能在类案类判的信息化运作中出现。其二,数据系统的运行是有风险的,随着互联网的高速发展,这种风险在系统自身问题和外部黑客攻击的双重威胁下被急剧放大,如何维护数据系统的安全性和妥善保护好案例数据中的各类信息,不仅是软件开发者必须考虑的问题,也是法官在享受技术带来的便利时应该想到的可能要付出的代价。

(四)如何避免"秋菊的困惑"

过快推行类案类判的数据化和智能化还会碰到民众的接受度问题,囿于传统诉讼观念或思维方式,不少当事人不会主动寻求这些高科技产品的帮助,他们更愿意凭借直觉和经验接受传统的救济渠道。

尤其对于中西部地区的基层民众来说,法官的人生阅历、个人魅力等综合个性特征更容易让当事人产生信赖感,尽管这些案件可能只是一些土地纠纷、婚姻继承、家庭抚养等事实清楚和法律规定明确的情形,但法官的个人因素无论在判决还是调解中都会起到不容忽视的作用,"司法和调解从来都不只是知识和技能的问题",特别对于调解来说,了解纠纷和当事人之间关系的性质只是前提条件,"很重要的甚至最重要的就取决于调解者本人是否具有某些特质"②。之所以民间流行"法官老的好,律师

---

① 参见沈寅飞:《人工智能+法律=?》,载《检察日报》2017年7月26日,第5版。
② 参见苏力:《关于能动司法与大调解》,载《中国法学》2010年第1期。

少的俏",就是强调法官那种基于经验而来的权威,从这点来看,中国的民众至少在文化心理上仍然延续了传统中国"父母官为民做主"的精神理念,他们希望我们的法官能够温情脉脉地体会民众的疾苦和不平,而不是简单地依赖冷冰冰的技术。

与此相关,纠纷对普通民众而言关涉的是财产、名誉、健康甚至生命等切身利益,无论哪方当事人或多或少都占据一定的"理",内心囤积了一些"气",当事人来到法院其实就是找人说"理"和出"气"的,因此,他们对法官的期待很多时候就不单是为了一纸判决书,而是要找人沟通,就像秋菊那样,找到某种"说法"。由此,不难想象,"案结事了"和"服判息讼"是所有法官更加欲求的社会效果,在我们这种司法权威长期匮乏的体制下,法官能否做好当事人的工作避免出现上访甚至引发群体性事件就显得尤为重要。

这也从侧面反映出中国法官的裁判文书普遍存在的说理不充分甚至没有说理的内在原因,因为中国的法官一定会用更多的时间来"与当事人进行反复沟通,而非裁判书写的字斟句酌",甚至可以说,不是法官的裁判文书的书写而是法官的判前沟通决定了当事人最后对法官判决的接受。① 正因为如此,在中国的法律实践中,法官的裁判文书并没有凝聚法官的所有智慧和实际行动,它只是部分显示或者说修饰了法官的推理过程。如果将这些"干瘪"和"枯燥"的裁判文书作为类案类判的主要素材来源,进而忽视文书之外的法官沟通工作,那么所谓简单的案件也将变得复杂,当事人的诉求也不能得到真正解决。

更进一步,类案类判的大数据应用有点类似于通过技术追求司法裁判的"即事化",跟韦伯笔下分析的官僚制一样,根据可以计算的规则,不问对象地来处理事务,从而实现"非人性化"。② 无论是辅助法官实现类案审判的数据系统和软件技术,还是为此进行的人员分类改革,最终的结果就是朝着司法裁判的"去人格化"方向发展,通过对案件进行剪裁将那些不标准的情节和因素排除出去,同时通过技术中立压缩法官的裁量空间,保证统一的裁判尺度。

---

① 参见凌斌:《法官如何说理:中国经验与普遍原理》,载《中国法学》2015 年第 5 期。
② 参见〔德〕马克斯·韦伯:《支配社会学》,康乐、简惠美译,广西师范大学出版社 2010 年版,第 46 页。

然而,这种技术追求与司法裁判的性质和法官的功能定位存在内在张力,法官裁判案件往往是带有法官个性色彩的过程,法官的很多思考包括"情感的、直觉的或常识性的思考,都是压缩了的思考",而"不是从明确前提一步步推进的"。① 也就是说,司法的不确定性部分因为法官裁判的人格特征而始终存在,司法类案的技术应用就凸显了与这种人格化的紧张,在普通民众寻求法律救济的时候,作为象征符号而存在的"秋菊的困惑"有可能又将上演。

四、结 语

在这个"互联网+"的信息时代,中国的法院正在探索司法与技术的各种结合形式,司法责任制改革背景下的类案及关联案件检索机制成为此轮法院信息化建设的重点应用对象。在最高人民法院建设智慧法院的倡导之下,各地法院近几年掀起了一股大数据和人工智能的热潮,伴随着审判模式和法院内部组织结构的新一轮调整。

借助科技产品和案例数据库的应用,类案类判机制试图实现自动检索、自动推送、自动裁判和自动预警,通过对海量裁判文书的格式化和标准化处理,数据系统和相关处理软件能够为法官提供案件事实和法律争议焦点等方面的智能化提取,并提供类似案例的情况和法律法规以供法官参考。亮点在于,针对类案类判的比较点的确定,一些法院研发的类案比对技术大大提高了案例数据库的应用功能,法官能够在较短时间内迅速找到准确类似案例的本质特征,进行相关性的比较分析,并且,以类案的对比系统为基础可以对法官的判决进行提前预警和事后监督。

技术同样带来了法院内部组织和人员配置的变化,各地法院纷纷打破原有的组织结构,结合当地实际情况组建灵活机动的审判团队,以员额制法官、法官助理和书记员为基础,建立起一套有助于繁简分流、类案速裁、类案精审的审判模式。在这一过程中,审判与审判事务的分离以及审判权的进一步分工将法官从众多事务性工作中解脱出来,集中发挥判断的功能。而法院审判管理业务的外包通过社会化服务的方式显著提高了

---

① 参见〔美〕理查德·波斯纳:《法官如何思考》,苏力译,北京大学出版社2009年版,第337页。

司法工作的效率，有助于缓解案多人少的矛盾和集中类案类判的审判资源。

毫无疑问，各地法院积极拥抱大数据和人工智能给法官的审判带来了诸多改变，这反映出我们的法院作为一个独立的系统，对其所处的外部环境保持着开放的互动，在案多人少和社会压力面前，逐渐主动回应社会需求和现实问题。类案类判走向技术应用还推动了法院审判理念和管理方式的转变，案例作为一种资源逐渐成为所有人共享的数据平台，它的价值有赖于法官和当事人的使用和动态竞争，并且，类案的作用应该在司法活动的各个环节中体现。

也许，对于建设智慧法院之下类案类判的数据化应用，在乐见其成的同时应该多一点冷静的思考。司法尤其是法官的裁判活动历来都是事关公民权利和群众利益的正义事业，它需要知识、技能和方法这些可量化和可测度的技术维度，但更需要经验、感情和良知这些难以量化和难以衡量的价值维度。尽管我们可以为了提高司法效率和释放法院压力最大限度利用类案类判的技术应用，但是不同主体的需求、法官对案件及其当事人的全程体验以及当事人的接受度等诸多问题并不是可以置之不理的。当我们开足马力朝着类案的技术应用一路狂奔时，切不可忘记法官的原本定位，在与当事人的沟通中寻求理解与共识，而这不仅是对司法这一高尚职业的尊重，也是对人本身的尊重。

第八章 "类案审判"的中国实践
——以指导性案例 24 号的司法适用为切入点

一、问题的提出

最高人民法院在 2017 年 8 月 1 日实施《最高人民法院司法责任制实施意见(试行)》(法发[2017]20 号)。该意见在"类案与关联案件检索"的部分明确规定:"承办法官在审理案件时,均应依托办案平台、档案系统、中国裁判文书网、法信、智审等,对本院已审结或正在审理的类案和关联案件进行全面检索,制作类案与关联案件检索报告……"虽然从文件字面内容来看,"类案与关联案件检索"尚不属于正式审判程序的一部分,但已被最高人民法院设定为必要的庭外辅助程序,并规定了相配套的操作性措施。①

就现实而言,我国的司法裁判长久以来基本上是一种"以案找法"的进路②,案例制度的建立和运行,则通过"以案找案"③的方式丰富了原有

---

① 该意见第 39 条首先将类案检索主体限定为承办法官,并规定检索出现困难的,可由法院业务部门协助。第 40 条则以"裁判尺度"为标准,根据拟作出判决的裁判尺度与既有类案裁判尺度是否一致,确立了相应的操作规程。第 41 条则专门针对"死刑复核程序、二审程序、赔偿委员会决定程序、审判监督程序、国家赔偿监督程序审结的具有类案指导价值的案件"的类案总结作出了规定。

② 该进路的逻辑基础即"三段论"的涵摄模式,即将"法"(在我国主要指的是制定法和立法解释、司法解释等正式的法律渊源)作为推理的大前提,将"案"(即案件事实)作为推理的小前提,而对大前提的识别则以小前提为基点。有关三段论推理,请参见〔德〕卡尔·拉伦茨著:《法学方法论》,陈爱娥译,商务印书馆 2003 年版,第 150—156 页。

③ "以案找案"指的是普通法中的先例拘束原则,即法院在找不到立法规定时,应该注意先前的判决,如其适合待判案件事实,应该遵循先例。"以案找法"和"以案找案"实际是大陆法系与英美法系发现法律方式的根本性区别,请参见〔德〕K. 茨威格特、H. 克茨:《比较法总论》,潘汉典等译,法律出版社 2003 年版,第 377—385 页。

的法律发现方式。"类案与关联案件检索"的思路也是一种"以案找案",只不过所找的"案"不再限于指导性案例这一单一来源①,而是涉及与待判案件"同类"的所有案件。我们将案例指导制度和"类案与关联案件检索"制度统称为"类案审判"。理论上,我国语境下的"类案审判"应包括三个步骤:第一,以待判案件为基础,寻找与之属于同一类型的案件(群);第二,对两者之间的相似性进行判断;第三,根据有关的法律规定和与待判案件类似的其他案件的法律精神作出裁判。前两个步骤是"类案审判"的重心。因为两者均涉及案例的寻找和比较,且互相之间存在一定程度的交叉,我们将其统称为"案例识别"。第一个步骤类似于普通法系国家寻找先例的技术,其目的是要寻找到待判案件属于同一法律问题的案件群,我们称之为"类型案例识别";第二个步骤则涉及待判案件与寻找到的类型案例的相似性判断,我们称之为"类似案例识别",即通常所说的"案件相似性判断"。前者涉及的是寻找可能的裁判理由之范围,后者涉及的是确定最佳的裁判理由,即在前者所确定的范围内进行比较、选择、确认。②因此,相对于"类型案例识别","类似案例识别"无疑具有更为核心的地位。

"类似案件类似审判"作为一项"法律原则",是实现形式公正的必要条件,是司法公正的构成性因素,有助于规范法官自由裁量、限制司法专横,保证判决合理,是法治的基本要求之一。③ 而且,案例指导制度的运行,为中国"类案审判"的制度建设、发展提供了有益的实践经验基础。尽管"案例指导"与"类案与关联案件检索"名称有别,但都是基于"判例式推理"或"范例式推理"的逻辑来展开的司法实践,因此两者具有高度的相似性。④

---

① 有关寻找指导性案例的方法,请参见张骐:《论寻找指导性案例的方法 以审判经验为基础》,载《中外法学》2009年第3期。需要注意的是,寻找指导性案例的方法对寻找类型案件也非常具有启发性,限于篇幅,这里不再详细讨论。

② 《〈最高人民法院关于案例指导工作的规定〉实施细则》第10条明确规定:"各级人民法院审理类似案件参照指导性案例的,应当将指导性案例作为裁判理由引述,但不作为裁判依据引用。"因此,在我国目前的法律体制下,尚不承认指导性案例等先例的正式法律渊源的地位,裁判案件的最终依据仍然是制定法或立法解释及司法解释,指导性案例等只能作为论证裁判结果合法性与正当性的"裁判理由"。

③ 参见本书第一章。

④ 参见本书第二章。

但总体来看,国内对既有的以案例指导制度为代表的类案审判实践研究还颇为欠缺。有关经验研究,要么偏重于数据统计与罗列忽视了理论挖掘[①],要么偏重于问卷调查忽视了实际裁判。[②] 当然,这并不意味着大数据分析或田野调查不重要,而是要指出,目前对指导性案例的适用情况,缺乏以裁判文书为核心的更为深入的专题研究,尤其在"类案审判"的核心问题——类似案例识别——上缺乏深入的经验研究。

因此,本章的总体思路是,以指导性案例 24 号在全国范围内的司法适用为切入点,并通过对有关判决书的详细解读,总结提炼出目前我国既有的"类案审判"实践的特点、揭示出类似案例识别的难点,为"类案审判"制度的发展、完善贡献力量。

二、"类案审判"的中国实践:以指导性案例 24 号的司法适用为视角

本章的研究对象是"指导性案例 24 号的司法适用情况"。之所以如此选择,是基于以下几个理由:第一,该案例涉及的案由是"机动车交通事故责任纠纷",属于全国性的常发案件,且涉及的法律问题是"受害人的特殊体质对交通肇事行为人赔偿责任的影响",亦属于多发情况。因此,该类案件具有相当的普遍性,能够相对客观地反映案例指导制度背景下中国法官对该类案件的审判行为特征。第二,裁判该类案件的主要法律依据是《中华人民共和国侵权责任法》第 26 条以及《中华人民共和国道路交通安全法》第 76 条第 1 款第 2 项等,且有指导性案例 24 号作为补充,具有相对明晰的裁判规则。规则供给的相对清晰性和充分性,使得对该类裁判分析侧重点得以聚焦于"法官如何具体适用这些规则",能够相对充分地体现法官的分析和论证思路。第三,根据有关研究,截至 2017 年 12 月 31 日,指导性案例 24 号是所有指导性案例中应用最多

[①] 参见郭叶、孙妹:《指导性案例应用大数据分析——最高人民法院指导性案例司法应用年度报告(2016)》,载《中国应用法学》2017 年第 4 期。

[②] 参见秦宗文、严正华:《刑事案例指导运行实证研究》,载《法制与社会发展》2015 年第 4 期。

的,而且也是被法官主动援引最多的。① 即指导性案例在该类案件中适用广泛、充分,能够相对客观地反映案例指导制度的实际运行状况,也能相对准确地反映既有的"类案审判",尤其是"类似案例识别"的实际操作情况。

(一) 指导性案例 24 号司法适用的宏观特点

笔者选取"北大法宝"司法案例数据库为样本来源。为了全面反映指导性案例 24 号的适用情况,我们以该指导性案例颁布的时间,即 2014 年 1 月 26 日为起点,以 2017 年 12 月 31 日为终点作为样本选取的时间区间,力求在时间维度上形成全封闭。具体的操作程序如下:首先在北大法宝"司法案例—高级检索—案例与裁判文书"搜索界面,将"案由"固定为"机动车交通事故责任纠纷"。其次,为避免遗漏,分别在"全文"输入关键词"指导性案例""指导案例",各得到数据样本案例 289 个和 364 个。再次,考虑到在我国司法实践中存在的相当数量的指导性案例的"隐性适用"问题②,我们又以指导性案例 24 号案件事实中的关键术语"特殊体质"为关键词,检索到案例 504 个。如此,一共检索到 1157 个案例。最后,通过个案裁判文书读取,去除掉与指导性案例 24 号或特殊体质无关的、重复检索的 314 个案例,最后形成 843 个案例的分析样本。

根据上述条件,该样本就成为"北大法宝"司法案例数据库中自 2014 年 1 月 26 日至 2017 年 12 月 31 日之间"受害人为特殊体质的交通事故侵权纠纷"这类案件的一个"全样本"。以下是指导性案例 24 号司法适用的相关数据展示和简单分析。

1. 提出主体的特点

从是否提出适用指导性案例以及何人提出指导性案例来看,无人提

---

① 参见郭叶、孙妹:《指导性案例应用大数据分析——最高人民法院指导性案例司法应用年度报告(2016)》,载《中国应用法学》2017 年第 4 期;郭叶、孙妹:《最高人民法院指导性案例司法应用情况 2017 年度报告》,载《中国应用法学》2018 年第 3 期;赵晓海、郭叶:《最高人民法院民商事指导性案例的司法应用研究》,载《法律适用》2017 年第 1 期。

② 参见孙海波:《指导性案例的隐性适用及其矫正》,载《环球法律评论》2018 年第 2 期。

及指导性案例①的有410个,占比约48.64%,也就是说接近一半的裁判并未在判决书中明确涉及有关指导性案例;仅由当事人或其代理人提出适用指导性案例的有206个,占比约24.44%;由法院提出适用指导性案例的有191个,占比约22.66%;由当事人及法院同时提出适用指导性案例(一般情况是当事人提出参照指导性案例的要求,法官予以回应)的仅有36个,占比约4.27%。如图1所示:

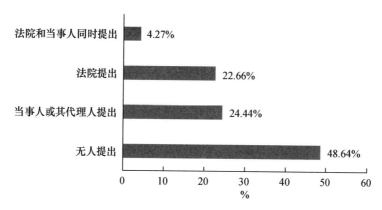

图1　指导性案例24号司法适用之提出主体分布

2. 引述方式的特点

《最高人民法院〈关于案例指导工作的规定〉实施细则》第11条规定:"……在裁判文书中引述相关指导性案例的,应在裁判理由部分引述指导性案例的编号和裁判要点……"从实践情况来看,对该规定的执行并不彻底:在明确提及指导性案例24号的433个判决中,只是提出存在某个指导性案例的78个,占比约18.01%;只提出指导性案例编号的57个,占比约13.16%;提出并引述指导性案例的裁判要点的226个,占比约52.19%;提出并引述指导性案例中的裁判说理部分的32个,占比约7.39%;提出并引述指导性案例的案件事实的8个,占比约1.85%;引述

---

① 无人提及指导性案例,指的是在"受害人为特殊体质的交通事故侵权纠纷"的案件裁判中未涉及指导性案例的情形,它们要么是对指导性案例24号的隐性适用,要么是背离了该指导性案例的精神。

指导性案例中并不具有的内容的 1 个[①],占比约 0.23%;综合引述的 31 个,占比约 7.16%。如图 2 所示:

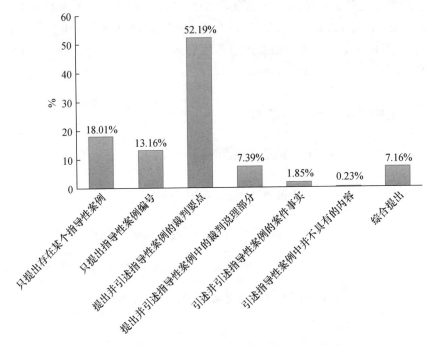

图 2　指导性案例 24 号司法适用之引述方式分布

在综合引述的 31 个裁判中,以"裁判要点＋裁判理由"方式引述的有 12 个,占比约 39%;以"裁判要点＋案例事实"方式引述的有 5 个,占比约 16%;以"裁判要点＋裁判理由＋案例事实"方式引述的有 6 个,占比约

[①] 该案指的是上海市第二中级人民法院作出的(2017)沪 02 民终 5898 号判决,根据判决书内容,上诉人在上诉理由中作出如下诉称:"一审法院法律适用错误。最高院在 24 号指导案例中规定'在侵权行为未发生时,受害人自身已经处于受损状态,如残疾、疾病、旧伤,对于残疾赔偿金等定型化赔偿的项目,可参照原因力鉴定的意见,酌情确定侵权人承担的责任比例',但一审在判决赔偿金时未考虑鉴定报告中的参与度问题。"而实际上,指导性案例 24 号中根本没有这样的内容,恰恰相反,其裁判要点的精神和结果与上诉人所引述内容完全是南辕北辙。从判决书记载的内容来看,对方当事人及其代理人并没有对这一点引用错误进行驳斥;更加遗憾的是,法院对这一错误引用没有反驳。有关该案判决书,请参见《中国平安财产保险股份有限公司上海分公司与赵某某等机动车交通事故责任纠纷上诉案》,http://www.pkulaw.cn/case/pfnl_a25051f3312b07f38b1f26d977b406ea83c285b7bde0b70abdfb.html? keywords＝%282017%29%E6%B2%AA02%E6%B0%91%E7%BB%885898%E5%8F%B7&match＝Exact&tiao＝1,最后访问时间:2018 年 5 月 22 日。

19%；以其他组合方式提出的有 8 个，占比约 26%。如图 3 所示：

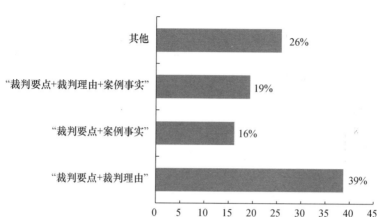

图 3　指导性案例 24 号应用之综合引述方式分布

3. 适用结果特点

就适用结果而言，对指导性案例 24 号不予适用的有 187 个，占比约 22.18%；予以适用的有 656 个，包括明示适用的有 194 个，共占比约 23.01%，隐性适用的有 462 个，共占比 54.81%。隐性适用包括两种情况：一种情况是，当事人提及指导性案例而法官不予回应，但其作出的判决结果与指导性案例保持一致，我们称之为"隐性适用一"，共 146 个，占比约 17.32%；另一种情况是，当事人与法官均未提及指导性案例，但法官作出的判决结果与指导性案例保持一致，我们称之为"隐性适用二"，共 316 个，占比约 37.49%。如图 4 所示：

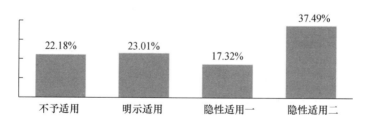

图 4　指导性案例 24 号司法适用之适用结果分布

比较突出的一点是：指导性案例 24 号的隐性适用比例达到一半以上。而根据其他的研究，不限于该指导性案例，在其他所有指导性案例的司法适用中,隐性适用的比例基本都在一半以上。①

4. 审级分布特点

在不适用指导性案例 24 号的 187 个判决中,一审程序有 92 个,占比 49.20%,二审程序有 88 个,占比 47.06%,再审程序有 7 个,占比 3.74%。如图 5 所示:

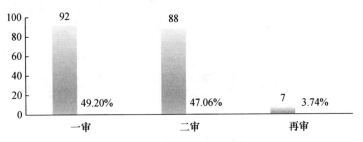

图 5　不适用指导性案例 24 号判决之审级分布情况

在明示适用指导性案例 24 号的 194 个判决中,一审程序有 103 个,占比 53.09%,二审程序有 88 个,占比 45.36%,再审程序 3 个,占比 1.55%。如图 6 所示:

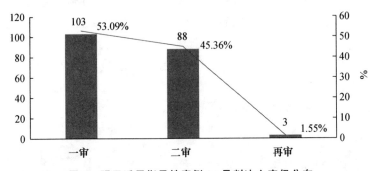

图 6　明示适用指导性案例 24 号判决之审级分布

在隐性适用指导性案例 24 号的 462 个判决中,一审程序有 175 个,占比 37.88%,二审程序有 279 个,占比 60.39%,再审程序有 8 个,占比 1.73%。如图 7 所示:

---

① 根据郭叶、孙妹的研究,2017 年度在所有指导性案例的司法适用中,明示援引共涉及 580 例,总占比 37%,包括法官主动援引的 401 例和法官被动援引的 179 例。隐性援引共涉及 980 例,总占比 62%,参见郭叶、孙妹:《最高人民法院指导性案例司法应用情况 2017 年度报告》,载《中国应用法学》2018 年第 3 期。

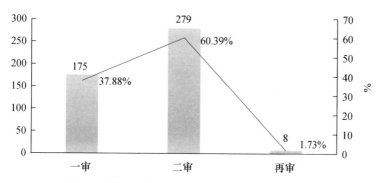

图 7　隐性适用指导性案例 24 号判决之审级分布

对比三种情况下的审级分布不难看出：在不适用或明示适用指导性案例 24 号的情况中，一审与二审的数量基本持平；而在隐性适用指导性案例的情况下，二审程序明显多于一审。这组数据与其他指导性案例应用的审级分布情况略有差别。① 从笔者在四川省的调研情况来看，一线法官们更重视具有"发、改"权力的上级法院对指导性案例的态度，在审判时会自觉与上级法院法官保持一致。② 这一观点也显示出科层制模式下的法官们对一致性的追求。③ 虽然还有部分二审程序不适用指导性案例 24 号，但从绝对数量上看，适用的情况还是占多数。因此，指导性案例 24 号在二审程序中的适用，无疑会给该指导性案例在未来一审程序中更为广泛的适用提供"内在"动力。④

5. 参照内容的特点

在适用指导性案例的 656 份判决中（包括明示适用和隐性适用），参照裁判要点的有 125 个，占比约 19.05%；参照裁判理由的有 52 个，占比约 7.93%；参照裁判结果的有 152 个，占比约 23.17%；综合参照的有 327 个，占比约 49.85%。如图 8 所示：

---

① 根据有关研究，应用指导性案例的二审程序占比约 53%。参见郭叶、孙妹：《最高人民法院指导性案例司法应用情况 2017 年度报告》，载《中国应用法学》2018 年第 3 期。
② 笔者在四川省法院系统调研时，多次听到基层法官表达出类似的观点。
③ 有关科层制中的秩序追求，参见〔美〕米尔伊安·R. 达玛什卡：《司法和国家权力的多种面孔——比较视野中的司法程序》（修订版），郑戈译，中国政法大学出版社 2015 年版，第 25～27 页。
④ 在我国法院的绩效考核体系中，普遍将二审改判率、发回重审率、再审改判率作为考核指标，考察基层法院的审判质量，上述以二审为核心的考核体系决定了一审法院特别重视二审法院对某类法律问题的观点并自觉与其保持一致。有关法院的绩效考核，请参见沐润：《法院绩效考核机制的评析及其完善》，载《云南大学学报（法学版）》2012 年第 2 期。

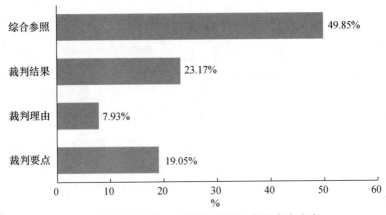

图 8　指导性案例 24 号司法适用之参照内容分布

在综合参照的 327 个案件中,参照裁判要点和裁判理由的有 81 个,占比约 25%;参照裁判要点和裁判结果的有 152 个,占比约 46%;参照裁判理由和裁判结果的有 94 个,占比约 29%。如图 9 所示:

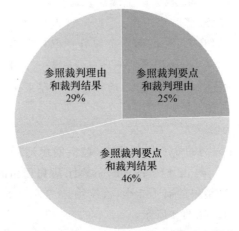

图 9　指导性案例 24 号司法适用之综合参照分布

从参照内容来看,在适用指导性案例 24 号的裁判中,仅有不到 1/5 的案件是参照裁判要点作出裁判,有 1/5 强的案件是参照裁判结果作出裁判[①],大约有一半以上采用的是综合参照的方式。这与《最高人民法院

---

① 参照裁判结果做出裁判属于隐性适用的典型方式之一,法官并不进行案件相似性、推理过程、裁判理由等方面的说理,直接作出结果一致的裁判。当然,隐性适用的类型并非仅参照裁判结果一种,还会参照其他部分。

《关于案例指导工作的规定》实施细则》第 9 条所规定的"参照裁判要点"的要求并不相符。① 在仅需要参照裁判要点即可满足文件要求的情况下,综合参照指导性案例中的其他部分,无疑丰富了裁判法理、强化了论证效果、增加了裁判结果的正当性。② 其背后的动力机制还有待于详细考察,但这至少说明,中国法官在裁判案件时并非真的是"说理不全、说理不透甚至干脆不说理"。③

6."类似案例识别"的比例

在本章选取的案例样本中,仅有 79 个判决进行了"类似案例识别",占比仅 9.37%。即绝大多数案件裁判回避了"判断待判案件事实与指导性案例的案件事实是否相似"的问题。甚至在有的案件中,当事人为了支持自己的主张,对指导性案例与待判案件进行了翔实的事实比较,而法官并没有进行回应。④

(二)司法实践中"类案审判"的难点

根据前述的数据分析,从司法适用这一宏观视角出发,目前影响我国"类案审判"的困难在于以下几点:

第一,在主观意识上,当事人及其代理人尚未养成"类案思维"的习惯。从提出主体和适用类型的情况综合来看,约有一半以上的案件是在无人提出指导性案例、无人"言明"适用指导性案例的情况下作出与指导性案例一致的裁判。这说明,案件当事人及其代理人普遍不熟悉指导性

---

① 该条规定,"各级人民法院正在审理的案件,在基本案情与法律适用方面,与最高人民法院发布的指导性案例相类似的,应当参照相关指导性案例的裁判要点作出裁判。"

② 很多学者鼓励法官在参照指导性案例时不要局限于裁判要点。参见孙光宁:《反思指导性案例的援引方式——以〈关于案例指导工作的规定〉实施细则为分析对象》,载《法制与社会发展》2016 年第 4 期。

③ 有关中国法官说理不足的概括,请参见庄绪龙:《裁判文书"说理难"的现实语境与制度理性》,载《法律适用》2015 年第 11 期。

④ 如浙江省杭州市中级人民法院做出的(2015)浙杭民终字第 706 号判决。上诉人对该案是否与指导性案例 24 号案件事实相似进行了颇为详尽的分析,指出指导性案例中涉及的是"特殊体质",而本案涉及的是"病理改变",两者不能等同;而被上诉人也对此进行了自己的回应。但遗憾的是,法院并没有对上诉人提出的这种区分比较予以回应,只是简单重复了指导性案例 24 号的裁判要点,并直接指出上诉人的主张"于法无据",然后维持原判。有关该案判决书,请参见"安诚财产保险股份有限公司浙江分公司与姜某某等机动车交通事故责任纠纷上诉案",http://www.pkulaw.cn/case/pfnl_a25051f3312b07f348ddac79ff2dcf7fe856bc49b3666fabbdfb.html?keywords=%282015%29%E6%B5%99%E6%9D%AD%E6%B0%91%E7%BB%88%E5%AD%97%E7%AC%AC706%E5%8F%B7&match=Exact&tiao=1,访问时间:2018 年 5 月 22 日。

案例,以至于不能提出既有的指导性案例支持及强化自己的主张。毕竟还有近三成裁判没有适用指导性案例的裁判规则,但它们未必不与指导性案例类似。法官背离指导性案例的理由可能有很多,但当事人未以指导性案例作为支持自己主张的论据,无疑是原因之一。

第二,在说理方式上,中国法官尚未普遍形成运用"类案"进行论证的习惯。典型的体现就是,法官普遍回避"类似案例识别"这一关键问题。理论上,无论判断"类案"的标准或方法是什么,"指导性案例与待判案件是否属于类似案件"的结论,是决定是否适用指导性案例的基础前提,是类似案件类似审判的首要步骤之一。① 在全部 843 个裁判中,尽管适用(包括明示适用和隐性适用)指导性案例 24 号的裁判占比约 76%,但是只有不到 10% 的裁判对"类似案例识别"进行了专门分析。从大多数判决来看,仿佛不需要对案件相似性进行分析,裁判结论就能"自动产生"。就法律问题本身而言,指导性案例 24 号所涉及的实际是发源自英美侵权法中"蛋壳脑袋(头骨)原则"②的司法适用。③ 其内容实际非常丰富④,包括特殊体质类型判断⑤、损害可预见性⑥、赔偿项目区分⑦、精神

---

① 有关论述,请参见本书第三章。

② "蛋壳脑袋原则"(eggshell-skull rule),又称为"蛋壳原告原则"(eggshell-plaintiff rule)、"薄脑袋原则"(thin-skull rule)、"特殊敏感原则"(special-sensitivity rule)或"老兵原则"(old-soldier rule),指的是被告由于自己的疏忽或故意行为对原告造成无法预见的后果时,仍然对原告负有责任。See Bryan A. Garner ed. *Black Law's Dictionary*(9th edition),West,p. 593.

③ 有学者专门分析了指导性案例 24 号的裁判规则与英美法中"蛋壳脑袋原则"的区别,认为前者是从被告人角度入手,而后者则是从原告角度入手。参见傅强:《特殊体质受害人的侵权法救济——兼评指导案例 24 号》,载《北方法学》2017 年第 4 期。

④ 有关"蛋壳脑袋原则"的发展与评析,请参见孙鹏:《"蛋壳脑袋"规则之反思与解构》,载《中国法学》2017 年第 1 期。

⑤ 即便是在美国,关于特殊体质的认定也存在认定困难的问题。See Rowe P. J., The Demise of the Thin Skull Rule, 40 *Modern Law Review*, pp. 377-388(1977).

⑥ 在澳大利亚,损害后果是否超出预期以及其对被告责任的影响也在该类诉讼中被注意到。See Tanya Jones, The Commonwealth v W L Mclean: Developments Inconsistent with the Tradition Nature of the Egg shell Skull Principle, 8 *James Cook University Law Review*, pp. 78-91(2001).

⑦ 赔偿项目一般对应的是不同的伤害类型,在我国的司法实践中包括医疗费有关的直接费用、精神损害赔偿费以及如果致残所产生的残疾赔偿金和如果致死所产生的丧葬费等。在美国的司法实践中,一般区分三种伤害类型:身体伤害(Physical injuries),精神损害(Emotional harms)和无形伤害(Invisible injuries)。第一种损害普遍得到认可,但后两种在技术上很难认定而且原告负有较重的论证负担。See Shaun Cassin, Eggshell Minds and Invisible Injuries: Can Neuroscience Challenge Longstanding Treatment of Tort Injuries, 50 *Houston Law Review*, pp. 929-962(2013).

损害赔偿①、参与度鉴定与适用②、保险制度构建③等,再加上交通事故的多发性、个人特殊体质差异的多样性等因素,使得该类案件相似性的判断极为复杂,绝非可以"一眼看出"裁判结果。回避类似案例识别的论证,实际是一种贫乏的论证,也构成对中国法官说理特征的一个侧写。

第三,在程序上,缺乏对法官怠于回应当事人的案例参照要求而实施的程序性制裁措施。根据前述分析,当事人提出参照案例要求而法官予以回应的仅占全部案件的 4.27%;如果从当事人提出指导性案例的角度分析,法官予以回应的仅占 14.88%(包括仅有当事人及其代理人提出的 206 个和当事人提出、法官予以回应的 36 个)。大部分情况下,面对当事人参照指导性案例的要求,法官的态度是不予理睬。胡云腾大法官曾撰文指出,案例指导制度"在效力上不能太软,应当赋予一定的严肃性和权威性",因此在起草《关于案例指导工作的规定》时特意将"可以参照"改为"应当参照"。④ 但该规定对"不回应参照要求"或"不参照"并未规定制裁措施,使得法官对指导性案例的无视实际上并无任何成本。无论导致法官保持沉默的动机究竟为何,缺乏针对此种情况的程序性制裁无疑是法官有恃无恐的重要原因。⑤ 尽管从具体裁判来看,有些二审程序对一审

---

① 在普通法国家,特殊体质损害所引发的精神损害赔偿也是一个颇为棘手的问题。理论上,需要区分受害人自身的特殊精神状况是"潜在的"(latent)还是一种"既存的"(preexisting)。如果是前者,被告需要对原告所有的损害负责;如果是后者,则被告只需要因其行为所导致的原告精神损害的"恶化"负责。但如何区分这两者,司法上并没有统一、有效的做法。See Candice E. Renka, The Presumed Eggshell Plaintiff Rule: Determining Liability When Mental Harm Accompanies Physical Injury, 29 *Thomas Jefferson Law Review*, pp. 289-312(2007).

② 参与度的概念来自日本学者渡边富雄提出的"事故寄予度",后来被广泛接受,其主要思路是在多因一果的情况下将特定原因的作用予以量化,并为赔偿责任的分担提供依据,但遗憾的是,虽然参与度广泛应用于交通肇事、医疗事故等领域,但国内对此的理论研究较为贫乏,大部分研究集中于法医学领域以及个案评析方面,与侵权责任法中的因果关系理论联系较少。有关参与度概念及应用的介绍,请参见成静:《试析损伤参与度在法医学鉴定中的应用》,载《安康学院学报》2012 年第 4 期。

③ 有学者使用经济学方法分析"蛋壳脑袋原则",指出其没有充分考虑风险问题、道德问题、司法证明问题,实际降低了特殊体质人群自我保护的意识,并主张在司法中用"可预见性原则"替代之。被告只对可预见的损害负责,而保险公司则对不可预见的损害负责。See Steve P. Calandrillo & Dustin E. Buehler, Eggshell Economics: A Revolutionary Approach to the Eggshell Plaintiff Rule, 74 *Ohio State Law Journal*, pp. 375-422(2013).

④ 胡云腾:《关于参照指导性案例的几个问题》,载《人民法院报》2018 年 8 月 1 日,第 5 版。

⑤ 向力指出,"参照要求不具有强制力且缺乏外在形式要求"以及"参照指导性案例缺乏来自诉讼当事人的制约机制"是案例指导制度的"硬伤",尤其后者是造成法官不予回应的重要原因。参见向力:《从鲜见参照到常规参照——基于指导性案例参照情况的实证分析》,载《法商研究》2016 年第 5 期。

程序中对指导性案例的忽视或违反作出了更正,但这种更正行为是分散的个案操作,无法形成系统的制度性压力。从本质上讲,"是否应当参照指导性案例"是一个实体问题,而"是否应当对当事人提出的参照指导性案例的要求进行回应"是一个程序问题。《中华人民共和国民事诉讼法》第 170 条第 4 项规定"原判决遗漏当事人或者违法缺席判决等严重违反法定程序的,裁定撤销原判决,发回原审人民法院重审"。《中华人民共和国刑事诉讼法》第 238 条也将"其他违反法律规定的诉讼程序,可能影响公正审判的"情形作为撤销原判并发回重审的条件。但对参照指导性案例要求不予回应是否可以归类于同"遗漏当事人"或"违法缺席判决"性质同样严重的程序性错误,是否属于"可能影响公正审判"的程序性问题,则是一个需要进一步解释的问题,更有可能,是一种政策抉择问题。

三、"类似案例识别"的中国实践:以案件相似性分析为视角

前一部分是以指导性案例 24 号司法适用的宏观情况为分析视角;本部分则从"案件相似性判断"这一微观视角出发,对指导性案例 24 号司法适用样本中明确对"案件相似性"作出判断的 79 个裁判为"二级样本"进行分析。尽管裁判文书数量不多,但由于其脱胎于之前的"全样本",因此有资格构成分析中国法官"类似案例识别"经验的适当样本。从整体来看,"不适用指导性案例"和"适用指导性案例"的裁判在"类似案例识别"的论证要求、论证负担、论证方法等方面存在较为明显的差异,因此,本部分以此为区分进行研究。

(一)"不适用指导性案例"裁判中的"类似案例识别"

在 79 个进行案件事实比较的裁判中,不适用指导性案例 24 号的裁判有 29 个,占比约 36.71%。在这个 29 个判决中,只有 1 个判决简单地认为待判案件与指导性案例不同,但没有给出理由[①];剩余 28 个判决均对待判案件与指导性案例之间的区别作出了相对详细的分析。其中,有 26 个案件根据一项理由区分指导性案例与待判案件,有 2 个案件使用了

---

① 判决书文书号为:(2015)滨中民一终字第 461 号。

两项理由予以区分。在只使用一项理由区分案件中,有 19 个案件的区分理由涉及的比较点是"交通事故与损害后果之间的法律因果关系":认为两者之间"不具有法律上的因果关系"的有 4 个①,认为两者之间"不具有直接因果关系"的有 9 个②,认为两者之间"不具有主要因果关系"的有 3 个③,认为"无法证明两者之间存在因果关系"的有 1 个④,认为属于"多因一果"的有 1 个⑤,认为"在确定赔偿责任时,法律因果关系地位优先于特殊体质"的有 1 个。⑥ 剩余的只根据一项理由区分的 7 个案件:有 3 个认为当事人不属于特殊体质⑦,有 2 个认为待判案件受害人的事故责任不同于指导性案例中受害人的事故责任⑧,有 1 个认为损害后果超出了预期⑨,有 1 个认为本案的法律问题不同于指导性案例的法律问题。⑩ 在适用两种理由区分指导性案例与待判案件的判决中,一个判决的区分理由分别是"交通事故与损害后果不具有直接因果关系"和"责任差别"⑪,另一个判决的区分理由分别是"交通事故不是损害后果的主要因果关系"和"受

---

① 判决书文书号分别为:(2016)鄂 01 民终 7032 号、(2016)皖 01 民终 1457 号、(2015)寒朱民初字第 36 号、(2014)东民初字第 2978 号。

② 判决书文书号分别为:(2017)川 09 民终 672 号、(2017)内民申 1870 号、(2014)浙绍民终字第 642 号、(2013)绍诸民初字第 1905 号、(2016)鄂 01 民终 7032 号、(2016)鄂 0192 民初 3643 号、(2014)铁民初字第 1249 号、(2017)鲁 08 民终 2374 号、(2016)黑 02 民终 1442 号。

③ 判决书文书号分别为:(2016)豫 07 民终 2122 号、(2017)粤 01 民终 578 号、(2017)粤 01 民终 578 号。

④ 判决书文书号为:(2017)浙民申 203 号。

⑤ 判决书文书号为:(2015)沪二中民一(民)终字第 2767 号。

⑥ 判决书文书号为:(2016)京 02 民终 6675 号。

⑦ 判决书文书号分别为:(2017)兵 08 民终 746 号、(2017)粤 06 民终 4070 号、(2015)浦民一(民)初字第 25306 号。

⑧ 判决书文书号分别为:(2017)皖 0803 民初 1637 号、(2017)内 09 民终 752 号。

⑨ 判决书文书号为:(2015)温瓯民初字第 1320 号。

⑩ 该案为河南省新乡市中级人民法院作出的(2015)新中民一终字第 241 号判决。本案虽然也是交通事故侵权纠纷,但与特殊体质无关,原告提出指导性案例 24 号是为了主张"应由保险公司首先承担赔偿责任",而法院则明确指出,"指导案例第六批第 24 号案裁判要点是解决交通事故的受害人没有过错,其体质状况对损害后果的影响不属于可以减轻侵权人责任的法定情形。而本案解决是否涉及无意思联络共同侵权人责任分配的法定情形。鉴于第 24 号指导案例与本案不属同一类案件性质,童长文请求参照第 24 号指导案例,不考虑其他介入因素,由保险公司首先承担赔偿责任的上诉理由无法律依据及事实根据,本院不予采纳。"http://www.pkulaw.cn/case/pfnl_a25051f3312b07f3dc2e9aeebb77375952a775938b5275acbdfb.html?keywords=%282015%29%E6%96%B0%E4%B8%AD%E6%B0%91%E4%B8%80%E7%BB%88%E5%AD%97%E7%AC%AC241%E5%8F%B7&match=Exact&tiao=1,最后访问时间:2018 年 5 月 23 日。

⑪ 判决书文书号为:(2017)内 09 民终 356 号。

害人并非特殊体质"。①

不难发现,实践中不适用指导性案例的判决所使用的理由绝大部分并不在裁判要点的范围内,而更多涉及裁判理由的内容。指导性案例 24 号的裁判要点为:"交通事故的受害人没有过错,其体质状况对损害后果的影响不属于可以减轻侵权人责任的法定情形。"裁判理由中重要的内容有如下几点:第一,"个人体质状况对损害后果的发生具有一定的影响,但这不是侵权责任等法律规定的过错",受害人对损害的发生或者扩大没有过错;第二,损害后果系交通事故导致,受害人无责任;第三,根据个人体质在计算残疾赔偿金时予以扣减是法律适用错误;第四,交强险立法并未涉及可以根据受害人体质状况减轻赔偿义务的内容,参照"损伤参与度"确定损害赔偿责任和交强险责任均没有法律依据。②

对比前述 29 个判决与指导性案例 24 号的主要内容,不难发现以下几个问题:第一,指导性案例虽然涉及了"个人体质"(特殊体质)问题,但对什么情形属于不能减轻被告赔偿责任的"个人体质"并没有提出明确的界定,既没有理论上的界定,也没有经验上的列举。③ 第二,该指导性案例的基本裁判逻辑是"受害人个人的特殊体质不属于侵权法上的过错",那么如果受害人的情况被认为不属于"特殊体质",是否可以因此减轻赔偿义务人的赔偿责任?第三,指导性案例模糊地提及了当事人体质对损害后果产生有一定影响以及损害系交通事故所致,但没有清晰地界定特殊体质、交通事故、损害后果三者之间的"事实上的因果关系"。④ 进而,

---

① 判决书文书号为:(2016)鲁 1691 民初 349 号。
② 《指导案例 24 号:荣宝英诉王阳、永诚财产保险股份有限公司江阴支公司机动车交通事故责任纠纷案》,http://www.court.gov.cn/fabu—xiangqing—13327.html,最后访问时间:2018 年 3 月 1 日。对该指导性案例的解读,请参见石磊:《〈荣宝英诉王阳、永诚财产保险股份有限公司江阴支公司机动车交通事故责任纠纷案〉的理解与参照——个人体质特殊不属于减轻侵权人责任的情形》,载《人民司法》2015 年第 12 期。
③ 在美国的司法实践中,基本是通过判例来确定具体的特殊体质类型。See Rowe P. J., The Demise of the Thin Skull Rule, 40 *Modern Law Review*, pp. 377-388(1977).
④ 事实上的因果关系的确定是一个复杂的理论和实践问题。一种观点是将因果关系区分为四类:必要并充分的因果关系,必要但不充分的因果关系,充分但不必要的因果关系,促发性(contributory)因果关系。参见 John Monahan and Laurens Walker, *Social Science In Law: Cases and Materials* (8th edition), Foundation Press, 2014, pp. 55-57.

缺乏基于对事实因果关系进行评价而形成的"法律上的因果关系"。① 第四,同样不明确的是,受害人在交通事故中的具体责任类型是否是影响裁判结果。②

实际上,在不予适用指导性案例的29个判决中,以上几点不明确的地方恰恰成为区分适用指导性案例的关键比较点。对这些关键比较点的法律判断,就成为形成判决结果的主要判决理由。"判决理由的确定不是静止不变的,而是动态的——判决理由以及实质事实是由后来的法官加以认定的。"③因此,尽管经过人为剪裁和总结的指导性案例本意或许是为了提供更为详尽、明晰、便于操作甚至无需进一步解释、可以拿来就用的规则,但在实践中也摆脱不了被后案法官"重新解读"④的命运。

上述关键比较点的解读及其在指导性案例中的意义的对比如表1所示:

表1 "不适用指导性案例"裁判中的比较点及其法律意义

比较点	指导性案例中比较点的法律意义	后案裁判对比较点的分析结果	后案裁判赋予比较点的法律意义
特殊体质	特殊体质不减轻赔偿责任,但什么是特殊体质不明确	不属于特殊体质	不能要求全部赔偿
事故责任	不明确	受害人负有一定责任	受害人的事故责任是减轻侵权人赔偿责任的理由
损害后果	未涉及	超出预期	无需(全部)赔偿

---

① 指导性案例24号涉及的是侵权法问题,在承认特殊体质与交通事故均与损害后果有事实上的因果关系的基础上,如何评价该因果关系在法律上的意义就成为一个棘手的问题。从司法实践来看,很多判决提到了"原因力"理论,即关于"多因一果"的法律理论。有关分析,请参见张新宝、明俊:《侵权法上的原因力理论研究》,载《中国法学》2005年第2期,以及杨立新、梁清:《原因力的因果关系理论基础及其具体应用》,载《法学家》2006年第6期。

② 有学者已经注意到了指导性案例24号中所疏于分析的事故责任问题,以及该问题在实践应用中的具体表现。参见孙光宁:《司法实践需要何种指导性案例——以指导性案例24号为分析对象》,载《法律科学(西北政法大学学报)》2018年第4期。

③ 参见本书第三章。

④ 卢埃林指出,美国法上遵循先例的一个因素是"任何后来的法院总是可以重新检验某个先例"。〔美〕卢埃林:《荆棘丛:关于法律与法学院的经典演讲》,明辉译,北京大学出版社2017年版,第67页。

(续表)

比较点	指导性案例中比较点的法律意义	后案裁判对比较点的分析结果	后案裁判赋予比较点的法律意义
因果关系	未涉及,但无因果关系无赔偿符合法律基本原理和通说	交通事故与损害后果不具法律上的因果关系	无需赔偿
	不明确	多因一果	按照各个原因的作用确定赔偿比例
	个人体质不减轻赔偿责任	法律上的因果关系优于特殊体质作用	个人体质首先作为致损原因来评价赔偿责任
	不明确	非直接因果关系	无需全部赔偿
	不明确	非主要因果关系	无需全部赔偿
	未涉及,但举证不能承担败诉风险符合法律规定和通说	无法证明因果关系	举证不能承担败诉风险

因此,指导性案例中所包含的比较点的法律意义越不明确,其解释空间就越大,后案法官对其作出偏离指导性案例本意的解读可能性就越大,进而,得出待判案件与指导性案例并不相似的结论的可能性就越大。所以,法律意义不明确的比较点被用来作为不适用指导性案例之理由的概率更高。这是能够从"不适用指导性案例"的裁判中解读出的中国司法中"类似案例识别"的第一个显著特点。

其次,"特殊体质"和"事故责任"虽然都属于案件事实部分,但都需要做出法律评价或者价值判断,而"法律因果关系"本来就属于"法律关系"中的内容。因此,正如张骐教授所指出的,"确定比较点的过程并非一个单纯的事实发现过程",而"充当案件比较支点的比较点,需要面对事实与法律、事实与规范或事实与价值之间的双重争议"。[①] 在这里,需要再次强调,我们所使用的"比较点",是"包含事实与规则"的"关键事实"。[②]

此外,需要注意的是,比较点的法律意义存在程度不同的不明确之处,这是难以避免的客观现实,无法在绝对意义上被消除,无需对此做过于负面的评价。对于当事人、法官和法学研究者而言,更重要的是直面这

[①] 参见本书第三章。
[②] 有关"关键事实"的分析,请参见本书第五章。

种不确定性,根据具体的案件事实、法律诉求,作出自己的主张和判断。即在具体实践中通过法律规定以及指导性案例与具体事实的彼此关照,以贯彻相关的法律精神,实现正义。

(二)"适用指导性案例"裁判中的"类似案例识别"

在 79 个进行案件比较的裁判中,适用指导性案例 24 号进行裁判的有 50 个,占比约 63.29%。就类案判断而言,在这 50 个判决中,有多达 22 个判决简单地得出"本案与指导性案例类似"的结论[①],占比达 44%;有 12 个判决根据单一的比较点(理由)得出两案类似的结论,占比 24%;有 16 个判决根据多重比较点(理由)得出两案类似的结论,占比 32%。

相对于不适用指导性案例的情形,在适用指导性案例的情形中的"类似案例识别"有着自己的特点:

第一,在适用指导性案例的情形中,简单得出结论的裁判占比更高。这恐怕与论证负担有关。[②] 从根本上讲,指导性案例 24 号的法律精神是有利于交通事故受害人的。在背离该指导性案例情形下,法官为了说服受害人、平息受害人的不满或者减少自己判决被改判的风险,自然要拿出更多精力来证明自己裁判的正当性;而在适用指导性案例的情形下,则没有这么重的论证负担,且涉及的大部分交通事故都是发生在机动车与非机动车或行人之间,而机动车大部分都有交强险和商业险,赔偿主体更多情况下是具有赔偿义务和赔偿能力的保险公司,案件受到信访、"维稳"的压力大大减轻,因此法官不做过多论证也是可以理解的。

第二,在"适用指导性案例/不适用指导性案例"两种情形中,比较点的选择倾向存在显著差异。在 12 个根据单一比较点判断两案类似的裁

[①] 判决书文书号分别为:(2016)粤 03 民终 986 号、(2017)吉 01 民终 5090 号、(2016)豫 10 民终 1046 号、(2015)宜民一终字第 01515 号、(2015)沭胡民初字第 01042 号、(2016)赣 08 民终 79 号、(2015)梅丰法民一初字第 21 号、(2016)内 0726 民初 873 号、(2016)鲁 0983 民初 4690 号、(2015)博民初字第 609 号、(2015)浙杭民终字第 1012 号、(2016)皖 01 民终 5298 号、(2017)粤 0606 民初 5094 号、(2014)泰姜民初字第 0943 号、(2017)黑 05 民终 122 号、(2016)内 09 民终 851 号、(2016)豫 1622 民初 2511 号、(2017)粤 04 民终 2920 号、(2015)峄民初字第 62 号、(2016)鲁 04 民终 643 号、(2016)鲁 0811 民初 5465 号、(2016)粤 04 民终字 1399 号。

[②] 有关"相似案件相似审判"中的论证负担的理论分析,请参见本书第二章。

判中,有 9 个的比较点是"非过错认定"①,有 3 个的比较点是"个人体质"。② 在另外 16 个判决中,法官综合"非过错认定""个人体质""事故责任""案件性质"等多种比较点确认待判案件与指导性案例的相似性。③

具体而言,与不适用指导性案例的情形相比:**其一**,在选择适用指导性案例的情形中,"非过错认定"是被选用频率最高的比较点。首先,就法律意义而言,个人体质作为"客观现实"无法被归于"主观过错",这就直接否定了以个人体质为由减轻赔偿义务人赔偿责任的结论。这一比较点,无法为不适用指导性案例的裁判"直接"采用,除非付出巨大的论证代价。但由于其与裁判要点的精神直接相悖,因此将面临极大的被推翻的危险④,是纯粹的"费力不讨好"。因此,从"成本—收益"的角度来看,为了不适用指导性案例,绕开该比较点是更为经济和安全的做法。反过来讲,为了适用该指导性案例,选取该比较点则是更为经济的做法。其次,裁判要点对该比较点的法律意义进行了较为明晰表述。根据有关规定关于参照裁判要点的要求,该比较点自然受到更多的关注,更容易被检索到或者被记住。**其二**,"个人体质"与"事故责任"是两者都会用到的比较点,只不过在不同的情形中对该比较点的判断结果直接相反。由于裁判要点明确规定"个人体质"不属于可以减轻侵权人责任的法定情形,因此,要想否定指导性案例的适用,进路之一就是作出本案当事人的身体情况不属于指导性案例中涉及的"特殊体质"的判断。而要想适用指导性案例,则需要作出相反的判断。在指导性案例 24 号中,"事故责任"对于赔偿义务之影响的法律意义实际是不明确的。不适用指导性案例的裁判往往会指出两

---

① 判决书文书号分别为:(2016)苏 12 民终 1074 号、(2016)浙 0205 民初 4475 号、(2017)冀 09 民终 2382 号、(2017)吉民申 274 号、(2017)津 01 民终 1318 号、(2015)肇中法民三终字第 360 号、(2017)鲁 08 民终 2667 号、(2016)津 0114 民初 4141 号、(2017)津 01 民终 1318 号。

② 判决文书号分别为:(2016)浙 0604 民初 4368 号、(2014)东民一终字第 108 号、(2016)闽 0902 民初 2608 号。

③ 判决文书号分别为:(2016)闽 0602 民初 10771 号、(2016)闽 0602 民初 10771 号、(2017)赣 04 民终 1374 号、(2014)沪铁民初字第 278 号、(2014)阳西法民初字第 1043 号、(2017)吉 0105 民初 29 号、(2017)鲁民申 106 号、(2015)普民一(民)初字第 871 号、(2016)赣 02 民终 535 号、(2017)豫 01 民终 4626 号、(2014)沪铁中民终字第 14 号、(2015)浦民一(民)初字第 27104 号、(2017)辽 04 民终 1780 号、(2017)粤 12 民终 944 号、(2017)内 0702 民初 249 号、(2016)辽 01 民终 1641 号。

④ 胡云腾:《违背指导性案例的判决可被推翻》,http://article.chinalawinfo.com/ArticleFullText.aspx? ArticleId=100431&listType=0,最后访问时间:2017 年 7 月 31 日。

案中受害人责任的不同而予以区别①,而适用指导性案例的裁判则会指出两案在"受害人均不负事故责任"这一点上是一致的,并因此将指导性案例的法律效果赋予待判案件。

在适用指导性案例的情形中,后案裁判对比较点意义的解读与指导性案例本身相关内容的法律意义之间的对比如表2所示:

表2 "适用指导性案例"裁判中的比较点及其法律意义

比较点	指导性案例中比较点的法律意义	后案裁判对比较点的分析结果	后案裁判赋予比较点的法律意义
非过错认定	特殊体质不属于侵权法中的过错,不因此减轻赔偿责任	特殊体质不属于侵权法中的过错	不因此减轻赔偿责任
特殊体质	特殊体质不减轻赔偿责任,但什么是特殊体质不明确	属于特殊体质	特殊体质不减轻赔偿责任,但什么是特殊体质不明确
责任差别	不明确	受害人不负事故责任	不因此减轻侵权人赔偿责任

第三,根据多重比较点进行案件相似性判断的裁判,论证相对较为充分、说服力强。如下面这份判决书的论证部分(括号中内容为笔者归纳)②:

> ……本案中,交通事故认定书认定孙桂琴对案涉交通事故无责任,即孙桂琴对交通事故的发生及损害后果的造成均无过错(**事故责任及过错分析**)。至于论及受害人孙桂琴的身体状况对损失的扩大是否存在过错的问题,本案中,虽然孙桂琴的个人身体状况对损害后果的发生具有一定的影响,但这不是侵权责任法等法律规定的过错(**进一步的过错分析**),孙桂琴的身体状况仅是损害后果发生的客观因素,其身体状况与损害后果的发生并无法律上的因果关系(**因果关**

---

① 这一点区别来自具体案件中公安机关对于事故责任的认定:在指导性案例24号中,受害人在事故中不负责任,在根据此点背离指导性案例的裁判中,受害人在事故中均负一定的责任,包括次要责任和同等责任。

② 该案来自辽宁省抚顺市中级人民法院做出的(2017)辽04民终1780号判决,http://www.pkulaw.cn/case/pfnl_a25051f3312b07f3e293cad6fe7ccc01ac86915896ef495bbdfb.html?keywords=%282017%29%E8%BE%BD04%E6%B0%91%E7%BB%881780%E5%8F%B7&match=Exact&tiao=1,最后访问时间:2018年6月3日。

系)。因此,受害人孙桂琴对于损害的发生或扩大均没有过错,不存在减轻或者免除加害人赔偿责任的法定情形。我国交强险的立法中并未规定确定交强险责任时应依据受害人身体状况对损害后果的影响作相应的扣减,保险公司的免责事由也仅限于受害人故意造成交通事故的情形,即便是投保机动车无责,保险公司也应在交强险无责限额内予以赔偿(**交强险立法规定**)。因此对于受害人符合法律规定的赔偿项目和标准的损失,均属于保险公司的赔偿范围。综上,经二审审查,本案案情与指导性案例相似(**案件相似性判断**),指导性案例可以作为本案判决的依据(**适用指导性案例的判断**)。至于上诉人阳光财险提出指导性案例的伤者与本案伤者在年龄方面存在差异、个人体质与基础性疾病也属于完全不同的概念,本院认为,阳光财险提出的此两方面差异并不是指导案例指引的实质和精髓,此类案件的关键问题是审查伤者是否有过错及伤者自身身体因素对于损害的发生、扩大是否有法律上的因果关系(**对当事人异议的回应**)……

法院并没有单纯按照有关规定的要求只引述"裁判要点"进行审理,而是基本按照类似于指导性案例中"裁判理由"的分析思路,从事故责任、个人体质性质、过错分析、交强法立法原意对待判案件进行分析,并得出"本案案情与指导性案例相似,指导性案例可以作为本案判决的依据"的结论。难能可贵的是,针对对方提出的本案伤者与指导性案例中伤者的不同情况的抗辩,法院清晰地指出该差异"不是指导性案例指引的实质和精髓",并进一步明确该"类"案件的关键问题是"审查伤者是否有过错及伤者自身身体因素对于损害的发生、扩大是否有法律上的因果关系"。因此,法院在该判决中不但做了充分的正面论证,还针对当事人的异议进行了有理有据的反驳。一方面,正确地实现了立法目的和指导性案例的法律精神,有效地维护了受害人的权益;另一方面,对提出相反意见的当事人进行了充分、理性地回应,能够有效地平息当事人的不满。类似这样的判决,才是符合案例指导制度初衷的判决。

(三)司法实践中"类似案例识别"的难点

根据前述分析,从法律论证的微观视角来看,类似案例识别的难点在于以下几点:

第一,比较点的选取存在较大差异。对比"适用指导性案例"和"不适用指导性案例"两种情形,很容易发现两种操作对具体比较点的选择存在明显的差异。前者多选取裁判要点中予以明确表述的比较点,而后者多选取裁判理由中出现的比较点。两种比较点均来自指导性案例本身。虽然有关规定和学理分析都赋予了裁判要点相对优势的地位,但裁判理由也是论证裁判结果正当性的重要依据,不能因比较点仅存在于裁判理由中而简单拒绝选取。

第二,比较点的法律意义存在不同程度的不明确之处。指导性案例大体框定了可能的比较点选取范围,但是却无法保证其能完整地、无争议地界定所有比较点的法律意义。因为,说到底,指导性案例只是"一个"案件,而非"一簇"案件,其难免在一些"看似"不重要但"实际"很重要的法律问题上论证不足、态度暧昧。

第三,比较点法律意义存在被差异化解读的可能性。进一步地,对这些法律意义模糊的比较点进行完全不同的解读将直接导致对"案件是否相似"作出完全相反的判断,进而导致不同的判决结果。重要的是,缺乏判断这种差异化解读的正当性的标准,而由此而造成的"适用/不适用"指导性案例的正当性也无从判断。对指导性案例的遵守未必一定是正确的,与之背离未必一定是错误的,但必须要给出理由。① 缺乏理由的类似案例识别实际上严重制约了案例指导制度所期许的"类似案件类似审判"的制度效果的实现。

四、中国的"类案审判"为什么难

根据前述分析,在中国目前的司法实践中,从提出指导性案例的主体、引述指导性案例的内容、适用指导性案例的类型等方面来看,"类似案件类似审判"的情况并不普遍,这当然绝不意味着案件(群)彼此之间不存在类似性。根据本章基于指导性案例 24 号之司法适用和类似案例识别

---

① 在卢曼看来,如果将正义的判准解释为"决定一致性的判准"(即类似案件类似审判),那么一致性就被理解为信息的"冗余",非一致性就被理解为"变异"。而两者的区分,需要通过法律论证给出理由,并使得法律系统因此具有自我组织性和学习性。参见〔德〕尼古拉斯·卢曼著:《社会中的法》,李君韬译,台湾五南图书出版公司 2009 年版,第 406—410 页。

的经验分析可以明显看出,在中国的现实语境中,"类似案件类似审判"的实践面临以下两个核心的难点:

第一,从操作上讲,目前类案审判的核心难点在于"类似案例识别"。

一是,"类似案件类似审判"并没有作为一项"法律责任"或"法律义务"而被明确认可。制度层面缺乏违背指导性案例而导致改判的强制性的程序要求以及与之相适应的司法惩戒措施。因此所导致的结果是,"类似案例识别"就成为中国法官可有可无的论证策略。**二是,比较点的确定本身就充满争议和疑难**。不同的人可能出于利益考量、法律理解等因素选取完全不同的比较点论证同一案件。**三是,"类似案例识别"在操作方面的困难可能导致对类案相似性作出南辕北辙的判断**。正是因为"类似案例识别"如此费力而且未必能够讨好,且即使不进行"类似案例识别"也没有任何责任,因此中国法官在司法判决中普遍回避"类似案例识别",就成为他们面对具体案件、法律规则、指导性案例、说理论证需要等多重压力以及即使回避也不承担责任的司法环境下所形成的一种特殊的"地方性知识"。①

第二,从制度上讲,经验研究所能揭示出来的"类似案例识别"的实际困难最后反过来指向了"案例指导制度"本身,即我国的指导性案例在"规则供给"方面存在如下的天然不足:

一是,裁判要点具有天然的局限性。从制度设计的角度,案例指导制度实际赋予了裁判要点更为优先的地位,甚至可以说,只承认参照裁判要点的合法性。但从实践来看,裁判要点并不能保证能够完全满足论证的需求:本章所涉及的那些说理较为充分的裁判,均没有按照有关规定的要求只是将指导性案例的适用局限在裁判要点上,反而是更多地从指导性案例的裁判理由中寻找论据来支撑自己论述。**二是,指导性案例的人为剪裁和总结不能完全满足论证的需求**。指导性案例遴选和发布的行政化操作,虽然看似能总结出相对明确的裁判要点,但其并不能保证涵盖案例所有的比较点,更不能保证明确所有比较点的法律意义,甚至还有可能曲

---

① 有关"法律作为一种地方性知识"的理论,请参见〔美〕克利福德·吉尔兹:《地方性知识:事实与法律的比较透视》,邓正来译,载梁治平编:《法律的文化解释》(增订本),生活·读书·新知三联书店1998年版,第73—171页。

解原判决的法律意义。① 尤其是在裁判理由等处出现的比较点,一旦未能充分明确其法律意义,反而对类似案例识别的实践带来冲突和困惑。②

三是,指导性案例缺乏"补强机制"。就指导性案例 24 号而言,其实际只是对"特殊体质不属于侵权法上的'过错'"这一点做出了明确表述,而对与之密切相关甚至可能影响裁判结果的"特殊体质界定""不同因素与损害后果之间的因果关系""事故责任差别"等重要问题并未做出明确回答。而上述问题在几乎所有的"特殊体质受害人交通事故侵权纠纷"中都普遍存在,其差别有可能左右最终的裁判结果。概言之,案例指导制度在规则供给方面不足,实际导致的是"识别类案之权威标准"的供给不足,因此反过来又加剧了"类似案例识别"的困难。

从前述分析来看,中国的法官以及案件当事人并没有形成自觉使用类案的意识。意识的改变也许并非一朝一夕之功,但制度层面的问题,却可以通过查缺补漏予以改进。值得期待的是,从规定内容来看,新构建的"类案与关联案件检索"机制并未将检索的范围局限于指导性案例或其裁判要点,而是更注重"案例识别"中"类型案例识别"的问题。就"特殊体质受害人交通事故侵权纠纷"这类案件而言,在"类案与关联案件检索"机制下,承办法官理论上可以不受指导性案例 24 号的局限,而是在丰富的既往裁判中检索对前述争议比较点论证更为充分、说服力更强的判决理由,以协助进行判断和论证,以弥补案例指导制度在"规则供给"方面的缺陷。因此,从扩大可资利用的法律论证资源这一角度讲,"类案与关联案件检索"相对于"案例指导制度"无疑是一种进步,但该制度只是在初创阶段,一些必要的配套制度尚未建立起来,其实际效果还有待实践检验。

---

① 很多学者在论及裁判要点的撰写时,仅将裁判要点作为某种"语言陈述"来看待,即从"抽象/具体"的角度入手,考察裁判要点与判决文书本身的关系。但笔者认为,应该跳出"语言陈述"的视角,回归到判决的推理过程,尤其要重视裁判要点的内容是否获得了广泛的一致性认可,并总结了规范裁判要点撰写的系列规则。请参见张骐:《指导性案例中裁判要点的撰写》,载张骐等:《中国司法先例与案例指导制度研究》,北京大学出版社 2016 年版,第 239—274 页。

② 裁判理由撰写的不足已经被注意到。参见孙光宁:《指导性案例的技术性缺陷及其改进》,载《法治研究》2014 年第 7 期。

参 考 文 献

一、期刊

1. 白建军:《同案同判的宪政意义及其实证研究》,载《中国法学》2003年第3期。
2. 曹志勋:《论指导性案例的"参照"效力及其裁判技术——基于对已公布的42个民事指导性案例的实质分析》,载《比较法研究》2016年第6期。
3. 陈景辉:《同案同判:法律义务还是道德要求》,载《中国法学》2013年第3期。
4. 傅郁林:《以职能权责界定为基础的审判人员分类改革》,载《现代法学》2015年第4期。
5. 顾培东:《判例自发性运用现象的生成与效应》,载《法学研究》2018年第2期。
6. 冯文生:《审判案例指导中的"参照"问题研究》,载《清华法学》2011年第3期。
7. 郭琳佳:《参照指导性案例的技术和方法》,载《人民司法》2014年第17期。
8. 胡国均、王建平:《指导性案例的司法运用机制——以〈关于案例指导工作的规定〉的具体适用为视角》,载《上海政法学院学报(法治论丛)》2012年第4期。
9. 胡云腾、于同志:《案例指导制度若干重大疑难争议问题研究》,载《法学研究》2008年第6期。
10. 黄泽敏、张继成:《案例指导制度下的法律推理及其规则》,载《法学研究》2013年第2期。
11. 季卫东:《人工智能时代的司法权之变》,载《东方法学》2018年第1期。
12. 雷槟硕:《如何'参照':指导性案例的适用逻辑》,载《交大法学》2018年第1期。
13. 雷磊:《指导性案例法源地位再反思》,载《中国法学》2015年第1期。
14. 雷磊:《为涵摄模式辩护》,载《中外法学》2016年第5期。
15. 李艳:《指导性案例的参照适用问题研究》,载《法治社会》2017年第2期。
16. 凌斌:《法官如何说理:中国经验与普遍原理》,载《中国法学》2015年第5期。
17. 刘金洪、纪长胜:《在强制与任意之间:"参照"之于司法裁判》,载《深化司法改革与行政审判实践研究(下)——全国法院第28届学术讨论会获奖论文集》。

18. 刘作翔：《案例指导制度："人民群众"都关心些什么——关于指导性案例的问与答》，载《法学评论》2017年第2期。
19. 刘作翔：《中国案例指导制度的最新进展及其问题》，载《东方法学》2015年第3期。
20. 马一德：《借名买房之法律适用》，载《法学家》2014年第6期。
21. 泮伟江：《论指导性案例的效力》，载《清华法学》2016年第1期。
22. 潘林：《重新认识"合同"与"公司"——基于"对赌协议"类案的中美比较研究》，载《中外法学》2017年第1期。
23. 彭宁：《指导性案例的现实困境及其成因》，载《天府新论》2018年第2期。
24. 秦正文、严正华：《刑事案例指导运行实证研究》，载《法制与社会发展》2015年第4期。
25. 屈茂辉：《类推适用的私法价值与司法适用》，载《法学研究》2005年第1期。
26. 沈宗灵：《佩雷尔曼的"新修辞学"法律思想》，载《法学研究》1983年第5期。
27. 四川省高级人民法院、四川大学联合课题组：《中国特色案例指导制度的发展与完善》，载《中国法学》2013年第3期。
28. 苏力：《关于能动司法与大调解》，载《中国法学》2010年第1期。
29. 孙光宁：《反思指导性案例的援引方式——以〈关于案例指导工作的规定〉实施细则为分析对象》，载《法制与社会发展》2016年第4期。
30. 孙光宁：《指导性案例裁判要旨概括方式之反思》，载《法商研究》2016年第4期。
31. 孙光宁：《司法实践需要何种指导性案例——以指导性案例24号分析对象》，载《法律科学（西北政法大学学报）》2018年第4期。
32. 孙海波：《指导性案例的隐性适用及其矫正》，载《环球法律评论》2018年第2期。
33. 孙海波：《论指导性案例的使用与滥用》，载《法学方法论论丛》（第三卷），舒国滢主编，中国法制出版社2016年版。
34. 郭叶、孙妹：《指导性案例应用大数据分析——最高人民法院指导性案例司法应用年度报告（2016）》，载《中国应用法学》2017年第4期。
35. 郭叶、孙妹：《最高人民法院指导性案例司法应用情况2017年度报告》，载《中国应用法学》2018年第3期。
36. 王利明：《成文法传统中的创新——怎么看"案例指导制度"》，载《人民法院报》2012年2月20日，第2版。
37. 吴建斌：《指导性案例裁判要点不能背离原案事实——对最高人民法院指导案例67号的评论与展望》，载《政治与法律》2017年第10期。
38. 向力：《从鲜见参照到常规参照——基于指导性案例参照情况的实证分析》，

载《法商研究》2016 年第 5 期。

39. 杨立新、梁清:《原因力的因果关系理论基础及其具体应用》,载《法学家》2006 年第 6 期。

40. 于同志:《论指导性案例的参照适用》,载《人民司法》2013 年第 7 期。

41. 张超:《论"同案同判"的证立及限度》,载《法律科学》2015 年第 1 期。

42. 张洪涛:《中国法院压力之消解:一种法律组织学解读》,载《法学家》2014 年第 1 期。

43. 张骐:《试论指导性案例的"指导性"》,载《法制与社会发展》2007 年第 6 期。

44. 张骐:《论寻找指导性案例的方法:以审判经验为基础》,载《中外法学》2009 年第 3 期。

45. 张骐:《论类似案件的判断》,载《中外法学》2014 年第 2 期。

46. 张骐:《论类似案件应当类似审判》,载《环球法律评论》2014 年第 3 期。

47. 张骐:《再论类似案件的判断与指导性案例的使用》,载《法制与社会发展》2015 年第 5 期。

48. 张志铭:《中国法院案例指导制度价值功能之认知》,载《学习与探索》2012 年第 3 期。

49. 张志铭:《司法判例制度构建的法理基础》,载《清华法学》2013 年第 6 期。

50. 赵晓海、郭叶:《最高人民法院民商事指导性案例的司法应用研究》,载《法律适用》2017 年第 1 期。

51. 郑永流:《法律判断形成的模式》,载《法学研究》2004 年第 1 期。

52. 资琳:《指导性案例同质化处理的困境及突破》,载《法学》2017 年第 1 期。

53. 周光权:《类型思考与中国法学研究》,载《中国社会科学评价》2015 年第 4 期。

54. 周光权:《刑事案例指导制度:难题与前景》,载《中外法学》2013 年第 3 期。

55. 周少华:《同案同判:一个虚构的法治神话》,载《法学》2015 年第 11 期。

56. 左卫民:《如何通过人工智能实现类案类判》,载《人民法院报》2018 年 6 月 13 日第 5 版。

57. 邹兵建:《非法持有枪支罪的司法偏差与立法缺陷》,载《政治与法律》2017 年第 8 期。

二、中文专著

1. 陈兴良主编:《中国案例指导制度研究》,北京大学出版社 2014 年版。

2. 黄卉等编:《大陆法系判例:制度·方法——判例研读沙龙》,清华大学出版社 2013 年版。

3. 于同志:《案例指导研究:理论与应用》,法律出版社 2018 年版。

4. 苏力:《送法下乡——中国基层司法制度研究》(修订版),北京大学出版社 2011 年版。

5. 最高人民法院研究室:《审判前沿问题研究——最高人民法院重点调研课题报告集》,人民法院出版社 2007 年版。

三、译著

1. 〔德〕阿图尔·考夫曼:《法律的获取程序——一种理性分析》,雷磊译,中国政法大学出版社 2015 年版。

2. 〔德〕亚图·考夫曼:《类推与事物本质——兼论类型理论》,吴从周译,台湾学林文化事业有限公司 1999 年版。

3. 〔德〕卡尔·恩吉施:《法律思维导论》,郑永流译,法律出版社 2014 年版。

4. 〔德〕卡尔·拉伦茨:《法学方法论》,陈爱娥译,商务印书馆 2003 年版。

5. 〔德〕罗伯特·阿列克西:《法律论证理论》,舒国滢译,中国法制出版社 2002 年版。

6. 〔美〕P. S. 阿蒂亚、R. S. 萨默斯著:《英美法中的形式与实质》,金敏、陈林林、王笑红等译,中国政法大学出版社 2005 年版。

7. 〔美〕杰弗里·布兰德:《法治的界限:越法裁判的伦理》,娄曲亢译,中国人民大学出版社 2016 年版。

8. 〔美〕卢埃林:《荆棘丛:关于法律与法学院的经典演讲》,明辉译,北京大学出版社 2017 年版。

9. 〔美〕哈贝马斯:《在事实与规范之间》,童世骏译,生活·读书·新知三联书店出版社 2014 年版。

10. 〔美〕理查德·波斯纳:《法官如何思考》,苏力译,北京大学出版社 2015 年版。

11. 〔美〕米尔伊安·R. 达玛什卡:《司法和国家权力的多种面孔——比较视野中的司法程序》(修订版),郑戈译,中国政法大学出版社 2015 年版。

12. 〔美〕约翰·亨利·梅利曼:《大陆法系》,顾培东、禄正平译,法律出版社 2004 年版。

13. 〔美〕约翰·罗尔斯:《正义论》(修订版),何怀宏等译,中国社会科学出版社 2009 年版。

14. 〔日〕大木雅夫:《比较法》,范愉译,法律出版社 1999 年版。

四、外文文献

1. Andrei Marmor, Should Like Cases Be Treated Alike? in *Legal Theory II*, Oxford University Press, 2005.

2. Anthony T. Kronman, Precedent and Tradition, 99 *The Yale Law Journal*, 5 (1990).

3. Bryan A. Garner ed., *Black Law Dictionary* (Abridged Ninth Edition), Thomson Reuters, 2010.

4. Bryan A. Garner ed., *The Law of Judicial Precedent*, Thomason Reuters, 2016.

5. Brian Tamanaha, *A Realistic Theory of Law*, Cambridge University Press, 2017.

6. Cass Sunstein, *Legal Reasoning and Political Conflict* (2nd edition), Oxford University Press, 2018.

7. Chaim Perelman. *The Idea of Justice and the Problem of Argument*. Humanities Press, 1963.

8. Aristotle, *The Works of Aristotle: Ethica Nicomachea*. Translated by W. D. Ross, Oxford University Press, 1925.

9. David A. Strauss, Must Like Cases Be Treated Alike? University of Chicago Public Law & Legal Theory Working Paper, No. 24 (2002).

10. E. W. Thomas. *The Judicial Process: Realism, Pragmatism, Practical Reasoning and Principles*, Cambridge University Press, 2005.

11. Frederick Schauer, *The Force of Law*. Harvard University Press, 2015.

12. Ferdinand Regelsberger, *Pandekten I*, Leipzip, 1893, Band 9, Kap. 1.

13. Greenwalt, The Enduring Significance of Neutral Principles, 78 *Col. L. Rev.* 982(1978).

14. H. L. A. Hart, *The Concept of Law*, Second edition. Oxford University Press, 1994.

15. Ingeborg Puppe, *Kleine Schule des juristischen Denkens*, 3. Aufl. Vandenboeck & Ruprecht.

16. Jerome Frank, *Courts on Trial*, Princeton University Press, 1971.

17. John Bell, Precedent, in *The New Oxford Companion to Law*, Peter Cane & Joanne Conaghan eds., Oxford University Press, 2008.

18. John Monahan and Laurens Walker, *Social Science in Law: Cases and Materials* (8th edition), Foundation Press, 2014.

19. John R. Searle. Speech Acts: *An Essay in the Philosophy of Language*. Cambridge University Press, 1970.

20. Lloyd L. Weinreb, *The Use of Analogy in Legal Argument* (2nd edition), Cambridge University Press, 2016.

21. Neil Duxbury, *The Nature and Authority of Precedent*, Cambridge University Press, 2008.

22. Neil MacCormick and Robert S. Summers eds. *Interpreting Precedents: A Comparative Study*, Dartmouth Publishing Company Limited, 1997.

23. Peter Westen, The Empty Idea of Equality, 95 *Harvard Law Review*, 3 (1982).

24. Randy J. Kozel, Precedent and Reliance, 62 *Emory Law Journal*, 1 (2013).

25. Randy J. Kozel, *Settled Versus Right: A Theory of Precedent*, Cambridge University Press, 2017.

26. Richard A. Wasserstrom, *The Judicial Decision: Toward a Theory of Legal Justification*, Stanford University Press, 1961.

27. Robert Alexy. *A Theory of Constitutional Rights*, Oxford University Press, 2002.

28. Ronald Dworkin. *Taking Rights Seriously*, Harvard University Press, 1978.

29. Steven Burton, *An Introduction to Law and Legal Reasoning* (2nd edition), Little Brown & Co. Law & Business, 1995.

30. Taisu Zhang, The Pragmatic Court: Reinterpreting the Supreme People's Court of China, *Columbia Journal of Asian Law*, Vol. 25, No. 1, 2012.

五、判决书

1. (2017)沪02民终5898号,上海市第二中级人民法院。
2. (2015)浙杭民终字第706号,浙江省杭州市中级人民法院。
3. (2015)滨中民一终字第461号,山东省滨州市中级人民法院。
4. (2015)新中民一终字第241号,河南省新乡市中级人民法院。
5. (2017)辽04民终1780号,辽宁省抚顺市中级人民法院。

六、网络资源

1. 《我国交通运输事故总量仍居高位,去年造成6万多人死亡》,http://www.legaldaily.com.cn/index/content/2017-12/19/content_7424913.htm? node=20908。
2. 胡云腾:《违背指导性案例的判决可被推翻》,http://article.chinalawinfo.com/ArticleFullText.aspx? ArticleId=100431&listType=0,最后访问日期:2017年7月31日。